Sur l'auteur

Historien de formation, journaliste, musicien, libraire, traducteur, et auteur d'une quinzaine de romans et d'une vingtaine d'essais, François Thomazeau est l'un des pionniers du polar marseillais.

FRANÇOIS THOMAZEAU

MARSEILLE CONFIDENTIAL

**10
18**

PLON

Ouvrage précédemment paru
dans la collection « Grands Détectives »
créée par Jean-Claude Zylberstein

1

C'était peut-être l'ivresse ou bien les rumeurs de la ville. À moins que le tueur n'eût utilisé un silencieux. En tout cas, aucune détonation n'annonça à Antoine Cardella la douleur cinglante qui soudain le traversa de part en part. Comme la piqûre d'une guêpe géante. Il tituba jusqu'au trottoir et son cerveau de flic ne put s'empêcher d'ajouter A+B, de déduire. C'était automatique, une seconde nature. Si on lui avait tiré dans le dos, et avec un silencieux, c'était pour n'alerter personne et sans doute aussi parce qu'il connaissait le tireur. Ce n'était pas fair-play, pas dans les règles de l'art. C'était surtout stupide. Qu'importait qu'il reconnût son assassin puisqu'il allait mourir ? C'était même la première conclusion à laquelle était parvenu son cerveau. Ses jambes chancelèrent. C'était d'autant plus stupide qu'il s'en moquait. Quel que fût l'assassin, quel que fût celui pour lequel il roulait, c'était une crapule. Ils ne valaient pas mieux les uns que les autres. Et si quelqu'un le savait, c'était bien lui, Antoine Cardella, gardien de la paix de première classe, qui avait travaillé en douce pour les uns et les autres, sans juger, sans prendre parti, emporté par le torrent implacable de la putréfaction de la ville et de sa propre déchéance. Tous pourris. Jusqu'aux tréfonds. Lui le premier. Et l'ultime pourriture allait enfin pouvoir s'installer. Le libérer. Le trottoir monta jusqu'à lui et vint le percuter en pleine poire. Le choc fut rude, lourd. Mais indolore. Les endorphines avaient commencé leur besogne. Une bave chaude coulait de sa bouche, semblable à celle des après-midi de sieste qu'il s'octroyait sans vergogne depuis toutes ces années. C'est ça, il allait dormir. Un petit somme réparateur. Mais pas tout de suite. Il n'allait pas leur faire ce plaisir. Pas partir ainsi, la tête dans le caniveau. À cause d'eux, il était devenu un demi-flic, un demi-voyou. Il allait rester à demi mort. Aussi longtemps que possible. Pour peser encore un peu sur le destin. Pour s'accrocher encore à la crasse de ce port qui ne valait pas qu'on y vive et encore moins qu'on meure pour lui. Marseille. Dévorée par tes enfants. Qu'en as-tu fait ? Qu'ont-ils fait de toi ? Du coin de l'œil, qu'il ne parvenait plus à fermer, il aperçut le mouvement furtif et frénétique d'une bande de beaux *garis*, ces gros rats repus de merde. Il ne leur manquait plus que le borsalino pour coller parfaite-ment au tableau. Parasites du demi-monde, profiteurs du système, engraissés par le labeur des autres. Si les collègues n'arrivaient pas vite, les rongeurs n'allaient pas tarder à s'enhardir, à s'approcher, à venir lécher le sang et lui bouffer les yeux. S'il se laissait partir, ils viendraient, attirés par la mort. Tant pis. Pour le bourgeois marseillais, c'était l'heure de couvrir bobonne et d'enfiler le bonnet de nuit. Ici, dans ce coin sombre de l'avenue Camille-Pelletan, l'heure était aux rôdeurs. Un peu plus bas, l'un des sbires de Ferri-Pisani tirait le rideau de la permanence de l'élu socialiste. Un peu plus haut, les porte-flingues de Sabiani hésitaient sur le restaurant de bord de mer qui aurait leurs faveurs ce soir. Les uns ou les autres allaient le trouver. Les uns ou les autres l'avaient buté. Les deux nieraient.

Pour Antoine, c'était l'heure de la sieste. Il vomit le pastis ingurgité toute la journée. Un volcan anisé. Il sentit qu'il commençait à fuir de toute part et qu'il ne pouvait rien y faire. La gerbe, la merde, la pisse. C'était la vie. *Pace i salut.*

Ça y est. La mort le transportait à tire-d'ailes vers Zevaco, vers le village. Vers la maison grasse de pierre sèche où il était né. Bientôt il allait rejoindre les anciens, son oncle Octave, si fier de lui quand il avait endossé l'uniforme. Son grand-père Hyacinthe, aujourd'hui disparu, qui avait pris une biture de honte d'avoir un gardien de la paix dans la famille. Il tenait un peu des deux. Elle était désormais pour lui, cette éternité de caillasse et de soleil rude rythmée par la scie des cigales. Plutôt être bouffé par les rats de chez moi. Je rentre à la maison. *Pianu. Adasgiu. Salutu.*

2

Marseille libre, édition du 17 avril 1936

JUSTICE POUR NOTRE CAMARADE CARDELLA

La démocratie n'est plus qu'un mot vide de sens dans ce pays. Depuis les événements de février 1934, et l'éviction partisane de mon ami le préfet Jean Chiappe, la police est aux ordres. Aux ordres du désordre marxiste qui tente aujourd'hui de s'imposer par les urnes. Certains représentants des forces de l'ordre, pourtant, ont fait le choix de l'intégrité en refusant de se rallier aux thèses mortifères de la SFIO et des bolcheviques. Antoine Cardella était de ceux-là, qui avait eu le courage de rejoindre les rangs du Parti d'action socialiste que je dirige et de faire sien notre mot d'ordre : ni droite ni gauche, la France d'abord ! Cardella vient de payer cette bravoure de son sang. Abattu lâchement à deux pas de notre permanence de l'avenue Camille-Pelletan où il participait, hier encore, à nos travaux en vue des prochaines élections législatives, ce gardien de la paix exemplaire oscille aujourd'hui entre la vie et la mort. Voilà les méthodes de nos adversaires : l'intimidation, la violence, le meurtre ! L'opinion sait maintenant dans quel camp se trouvent les gangsters ! Aussi demandons-nous solennellement justice pour Antoine Cardella, conscients que ses anciens collègues, inféodés aux donneurs d'ordre, ne feront guère diligence pour retrouver ses assassins. Et pour qu'un crime aussi odieux ne reste pas impuni, je vous demande de bien vouloir me faire l'honneur de me reconduire, les 26 avril et 3 mai prochains, à l'Assemblée nationale où je représente le peuple de Marseille depuis maintenant huit ans. Pour l'heure, mes prières vont à mon camarade Antoine Cardella et aux siens.

Simon Sabiani

3

Grimal détestait ça. Qu'on bute un flic dans les rues de Marseille contrevenait bien sûr à ses convictions les plus profondes. Tout était possible dans cette ville, deux décennies passées à y combattre le crime l'en avaient convaincu. Mais qu'on abatte un policier marron lui inspirait des sentiments mitigés. Il sentait s'insinuer une forme de satisfaction sournoise. Cardella l'avait bien cherché. Et Grimal le savait d'autant mieux qu'il avait eu une certaine estime pour lui. Il se souvenait de cette affaire, une petite dizaine d'années plus tôt, une enquête sur le rapt d'un enfant avec demande de rançon à laquelle le Corse avait collaboré. Alors inspecteur de la Mobile de Marseille, qu'il dirigeait désormais, Grimal avait apprécié ce jeune gardien de la paix motivé, scrupuleux, attentif et facétieux. Il ne l'avait revu que de loin en loin, mais avait constaté à chaque rencontre cette dérive qu'il ne cherchait même pas à dissimuler. Cardella avait basculé peu à peu, contaminé par cette peste endémique qui infectait la ville. Les compromissions. La corruption. Le clientélisme. Les arrangements entre copains, entre *pays*, entre amis politiques. Lorsqu'ils avaient échangé quelques mots pour la dernière fois, voilà un ou deux ans dans un couloir de l'Évêché, Grimal s'était dit que l'humour du garçon avait viré caustique, cynique. Que ce métier difficile dans cette ville impossible avait fait voler en éclats l'ancienne carapace de moralité. Grimal avait détesté cette sensation d'échec, pourtant si répandue ici. Combien étaient-ils à conserver son estime ? Les plus « incorruptibles » étaient aussi souvent les plus fanatiques, des « purs » qui roulaient pour François Billoux, un militant venu de Saint-Étienne pour réorganiser le parti communiste local. Cela le gênait, Grimal, que l'intégrité soit trop souvent voisine de l'aveuglement. Mais c'était un pis-aller. Lui-même ? Il n'avait tout bonnement pas le gène de la corruption. Il n'aimait pas l'argent, pas d'autre femme que la sienne. Il n'avait pas de penchant pour la boisson, même si un petit ballon de bordeaux ne le rebutait pas. Il avait la passion de son métier. Chercher, fouiner, déduire et confondre. Rafistoler chaque jour la frontière du bien et du mal. Il venait d'une vieille famille provençale gentiment catholique, vivait dans la maison de famille de Bonneveine bâtie par son grand-père. Son épouse était tendre et compréhensive, son fils bon élève. Il n'attendait rien d'autre de la vie que ce confort bourgeois. Son métier en était le garant.

Pourtant, comme chacun, il avait sa part d'ombre. Ses hommes, ceux qui avaient appris à le connaître, savaient bien que c'était un dur. Que derrière la façade rangée, bourgeoise, rôdait un homme déterminé, aux accès de violence insoupçonnée. Pendant longtemps, Grimal lui-même avait refoulé cette colère froide, cette haine bien planquée dans des recoins de son âme. La guerre l'avait exhumée. Comme tant d'autres, il avait été broyé dans l'effroyable rotation de Verdun, ce roulement incessant entre le front et l'arrière exposant chaque homme de son âge au déluge du feu allemand. À la folie pure. Fou, il l'était devenu comme les autres. Et comme les autres il se réveillait la nuit en poussant ce même cri qui l'avait propulsé vers les lignes ennemies, oubliant le poids du barda, espérant presque en finir le plus vite possible. Il avait survécu malgré lui à la grande loterie de la connerie humaine ; et découvert ce trésor de violence ambiguë qu'il conservait désormais au fond de lui comme une arme à n'utiliser qu'en dernier ressort.

Son métier, parfois, l'obligeait à la dérouiller. Un mois plus tôt, au bout d'une longue traque, son équipe avait repéré, dans une villa inoccupée de Carry-le-Rouet, la planque d'un déséquilibré qui, avec un complice, avait séquestré des enfants des rues pour les violer avant de les tuer, non sans les avoir auparavant atrocement mutilés. Lorsqu'ils avaient investi les lieux, le suspect, à court d'idées, s'était réfugié sous le sommier de sa chambre à coucher. Grimal n'avait pu s'empêcher de penser aux horreurs que cet homme, échappé de la Légion étrangère, avait pu faire subir à ses victimes dans ce lit. Lorsqu'il avait tenté de sortir de sa cachette, l'inspecteur l'y avait renvoyé à grands coups de croquenots dans la figure. Et c'est le visage tuméfié, ensanglanté, un œil à moitié crevé, que l'homme avait été conduit dans le fourgon cellulaire. Personne n'avait tenté de raisonner Grimal, de l'arrêter, ni ses hommes, ni les gendarmes de faction, ni le correspondant du *Petit Marseillais* qui s'était glissé sur les lieux de l'arrestation. Et l'inspecteur n'en avait ressenti aucune honte, aucun remords. Les tranchées lui avaient aussi appris où se situaient les limites. Dans les situations extrêmes, la frontière n'est pas aussi floue qu'on veut le faire croire. En tout cas, pas à ses yeux. Son rôle, justement, était de veiller sur cette frontière. De mener cette drôle de guerre de tranchée à la face la plus sombre de la nature humaine.

Certes, la fréquentation des criminels, des nervis, des mauvais garçons l'avait poussé à s'interroger sur les ressorts du crime, sur cette fascination de ses semblables pour les bars enfumés, les demi-mondaines, les cercles de jeu, la compagnie de caïds embagouzés, tatoués, gominés, borsalinés. Tout ce petit monde lui paraissait aussi artificiel qu'une crèche de Noël ou le rayon quincaillerie du magasin Empereur. Du clinquant sans lustre réel. Du toc pour enfants mal dégrossis. Son luxe à lui, aujourd'hui, c'était une belle affaire…

Et ce n'était pas le cas cette fois-ci. Grimal se demandait même si la tentative d'assassinat d'Antoine Cardella était de son ressort. Si l'affaire ne relevait pas plutôt de l'Inspection générale des services administratifs (IGSA). Il serait toujours temps de lui repasser le fardeau le jour venu. Pour l'instant, place était à la routine, à ces premiers moments si cruciaux dans l'élucidation d'une tentative de meurtre. Ici, le tableau était limpide. Antoine Cardella avait été abattu d'une balle dans le dos. La balistique préciserait la distance où se trouvait le tireur et identifierait l'arme, si on retrouvait la balle. Même chose si un silencieux avait été utilisé. Mais, à première vue, l'agresseur devait se trouver à trois ou quatre mètres et l'arme serait certainement un de ces pistolets prisés des « professionnels », un Colt 1911 ou 1908, ou encore un de ces Beretta 34 de l'armée italienne qui faisaient fureur en ville. Selon toute vraisemblance, l'arme ne parlerait pas plus que les hommes. La balle était entrée au milieu du dos, ce qui laissait penser que Cardella n'avait pas entendu le tireur approcher, ni la détonation, et ne s'était pas retourné. Comme il n'était pas mort, il avait dû bouger après l'impact et il serait impossible de déterminer d'où précisément le tir était parti.

L'enquête de voisinage avait commencé. Elle n'était pas bien difficile. Les riverains n'avaient rien vu, rien entendu. Les témoins, pourtant, ne manquaient pas. Ils étaient vingt-deux au total, comme un pied de nez à la police. Il y en avait encore douze dans le local des sabianistes au moment de l'agression. Dix dans la permanence de Ferri-Pisani, dont le candidat lui-même. Tous avaient vu Antoine Cardella. Il avait passé une petite heure avec les militants du Parti d'action socialiste à mettre au point les détails d'une campagne d'affichage dans le quartier. D'après les partisans de Sabiani, le gardien de la paix les accompagnait fréquemment lors des collages d'affiches pour assurer « le service d'ordre ». Grimal ricana sous cape. Les fréquentations douteuses de l'ancien premier adjoint de la ville étaient trop connues pour les mettre en avant dans de si basses besognes. On déléguait cela aux flics marron. Cardella était parti vers vingt et une heures en annonçant qu'il se rendait « en face pour régler une affaire ». Cette version était confirmée par les militants socialistes. Le gardien de la paix était en effet « passé pour voir si tout allait bien ».

— C'était un des nôtres, contrairement aux apparences, insistait un certain Moracchini, un proche de Ferri-Pisani que Grimal connaissait. Disons qu'il nous donnait d'utiles renseignements sur le camp d'en face.

Grimal n'avait pu parler que brièvement au candidat de la SFIO, Pierre Ferri-Pisani, qui avait tenu à accompagner personnellement la victime lors de son transfert vers l'Hôtel-Dieu. L'élu municipal avait promis de se tenir à la disposition de l'enquête. Lorsqu'il était monté dans l'ambulance, les partisans de Sabiani s'étaient massés autour du véhicule. Les quolibets avaient fusé : « Achève-le bien dans la bagnole, qu'il ne parle pas ! »

Des deux côtés, des « Assassins ! » avaient été scandés et il avait fallu tirer en l'air pour ramener un peu de calme. Les noms et les adresses des présents avaient dûment été recueillis. Tous étaient honorablement connus des services de police. Depuis quelques années, tous ces braves gens passaient leur temps à l'Évêché, dans les commissariats de quartier, dans les gendarmeries. Bagarres à coups de poing, de matraque, de chaîne de vélo, de rasoir, de barre à mine, de manivelle, fusillades... Pas une semaine sans son échauffourée. On comptait déjà quelques morts. Mais pas encore un flic. Même pourri.

4

Antoine ouvrit les yeux. Le bon Dieu ressemblait sacrément à Ferri-Pisani. Et il lui tenait la main. *Tiens bon, petit.* Antoine devait avoir dix ans de plus que l'élu, mais qu'importait ? Ils se connaissaient depuis longtemps. Le bon Dieu parlait corse et ses paroles de réconfort le berçaient. Il perdit pied une nouvelle fois, transbahuté illico vers le village. Vers le visage austère de son père et de son oncle, héros de la Grande Guerre. Ils étaient tous héros de la Grande Guerre. Sabiani, Carbone. Leurs médailles militaires valaient tous les certificats de moralité. Comment les critiquer, les remettre en cause, les contester ? Des héros de la Grande Guerre ! Le vieil Octave s'étonnait de le voir si souvent au village, alors qu'il aurait dû se trouver sur le continent, à « faire son devoir ». Où était-il aujourd'hui le devoir d'un flic, d'un honnête homme, dans ce pays, dans cette ville ? Devoir d'être plus stupide encore que les autres ? De risquer une balle perdue pour l'honneur ou l'honnêteté ? Antoine avait tenté de se faufiler dans son métier, à la manière des lézards verts entre les dalles de la vieille maison de pierre. Il avait fui ses responsabilités avec autant de couardise. Ou plutôt de prudence. C'est aussi pour cela qu'il prolongeait ses vacances, prenait des congés sans solde, se faisait porter pâle. Tout était tellement plus simple sur l'île. Dans la beauté aride et encaissée du Taravu, où tout le monde connaissait chacun. Le village avait été fondé au XIVe siècle par des Giovanelli, ces cathares corses qui professaient la pureté, l'honnêteté, la propreté immaculée de l'âme. Avec un tel bagage, comment pouvait-il être préparé aux mille perversités de la rue marseillaise, aux combinards, aux magouilleurs, aux voleurs et aux receleurs, aux corrupteurs, aux mystificateurs, aux escrocs et aux menteurs, aux faux amis et aux vrais traîtres. Toutes ses valeurs s'étaient effritées, puis totalement évaporées. Il n'était plus sûr de rien. Du bien, du mal, du vrai, du faux, du juste... Il eût fallu qu'il fût un héros. Un ange. Il traversa la mer à tire-d'ailes.

La fissure dans sa coquille, il se la rappelait trop bien. Les ombres du souvenir venaient rôder certaines nuits, le tenaient éveillé. La première plaie ne cicatrise jamais. C'était en 31. Déjà les débats politiques se réglaient au calibre. Déjà Sabiani faisait sa loi. Il était même devenu le seul maître à bord au prix d'une alliance contre nature avec le vieux maire socialiste Siméon Flaissières, l'ancien « médecin des pauvres », qui avait vendu son âme pour un dernier mandat. Réélu en 1929, le vieillard, premier maire socialiste d'une grande ville de France, avait tenu deux ans avant de claquer, à l'âge de quatre-vingts ans. Son pacte avec le diable ne l'avait mené qu'à la fosse commune où, libre-penseur, il avait demandé à être jeté. Son décès avait ouvert les portes de la ville à son allié, nommé maire par intérim.

Naïf sans doute, Antoine avait déjà mal compris ces alliances douteuses. Proche des socialistes comme la plupart des membres des forces de l'ordre, il avait suivi de près, en civil comme en tenue, la campagne de 1931 opposant Sabiani et son homme de paille, le docteur Georges Ribot, au socialiste Henri Tasso et son adjoint Ferri-Pisani. On ne pouvait rêver meilleure initiation aux mœurs locales. Injure, insultes, intimidations, bastonnades, boules puantes dans les réunions publiques, agents provocateurs, calomnies, chantages… Et partout, dans les cafés, dans les bars, dans les salles de réunion, ces calibres qu'on agitait à tout bout de champ comme on donnait l'heure. Les coups de feu partaient parfois. Le plus souvent en l'air. Antoine avait la culture de l'arme à feu. Comme tout garçon du village, il avait eu son fusil à la majorité. Mais avec cette profusion d'artillerie dans une ville aussi peuplée, sous pression permanente, c'était un miracle qu'il n'y eût pas plus de morts. Il y en eut un pourtant, qui arrangeait bien tout le monde.

C'est en tenue qu'Antoine avait été chargé d'assurer avec d'autres la surveillance d'un meeting de la SFIO aux arènes du Prado. Il s'en souvenait d'autant mieux que c'était un 29 février. Et la tension était aussi lourde que la date était exceptionnelle. Les amis de Sabiani étaient venus faire la claque à leur façon. Les communistes aussi. Et notamment Rodolphe Carini. Celui-là était un original, sans aucun doute. Un enragé aussi, mais doté d'un courage qui forçait l'admiration. Avant ce soir de l'hiver 31, cet ouvrier d'origine suisse avait déjà fait parler de lui en grimpant au sommet de l'église des Réformés, en haut de la Canebière, pour y planter deux drapeaux rouges. Une autre fois, au plus fort d'un conflit social, il avait gravi une cheminée d'usine à la Corderie pour la coiffer, elle aussi, de la faucille et du marteau. Et cela en face de la caserne des gardes mobiles. Ce soir-là, rien d'aussi spectaculaire. Sa grosse bouille empourprée, Carini avait juste entonné une longue *Internationale* au milieu du discours de Vincent Auriol, figure socialiste venue soutenir Tasso, tout en brandissant son drapeau fétiche. La hampe lui avait fait une arme de premier secours lorsque les gros bras socialistes s'étaient précipités sur lui. Antoine et ses collègues avaient tenté d'intervenir, mais les sabianistes avaient profité de l'aubaine pour se jeter dans la mêlée. Pris à partie, Vincent Auriol avait tenté de quitter l'enceinte, escorté par les gorilles habituels de Victor Buitton, l'ancien président du Sénat, qui avait expédié ses hommes de main pour parer à tout incident. Ancien rugbyman à l'OM, Buitton aurait sans doute tenu son rang dans ce pugilat, mais c'est Carini qui était parvenu à s'extraire de la meute pour faire face à Auriol et à sa garde rapprochée en hurlant des invectives. C'est alors que le coup de feu était parti, mettant fin à l'affrontement. Comprenant que la situation sentait le roussi, la plupart des pugilistes avaient déguerpi avant de pouvoir être interpellés. Un peu débordés, Antoine et ses collègues avaient paré au plus pressé en portant secours à Vincent Auriol puis à Rodolphe Carini, qui se tenait l'abdomen et pissait le sang.

Antoine cligna des yeux et aperçut Ferri-Pisani qui l'observait comme il avait toisé cinq ans plus tôt le visage incrédule du militant communiste. Leurs traits se confondirent. Il s'enfonça dans le passé. Il la revoyait sans cesse, le soir avant de s'endormir, cette bonne face boursouflée, ce sourire presque enfantin, cette bouche tombante qui disait : « C'est pas grave, la lutte continue... » Deux heures plus tard, décédé dans une clinique de la rue Paradis, Carini plantait des drapeaux rouges en enfer. L'affaire était simple. Tout le monde avait vu le tireur. Et tout le monde le connaissait. C'était Noël Santucci, l'aîné du clan, proxénète et trafiquant notoire, propriétaire avec son frère Joseph, dit Jo le Bègue, d'un bar de nuit rue Haxo, le Dan's, où venait s'encanailler le Tout-Marseille. Impossible de le manquer. Impossible de le confondre. Impossible de ne pas le reconnaître. Antoine se souvenait de la description qu'en avait fait *L'Humanité* le jour du procès.

L'exploitation de la prostitution nourrit son homme. Noël Santucci est un individu gras et gros, mis avec élégance. La physionomie est bestiale, la stature puissante. Les yeux bleus ou gris, fuyant sans cesse, sont couverts par d'épais sourcils. Les lèvres très minces tracent à peine un trait rouge sur la face large, poupine, rasée de frais. Il porte la cravate mode, manchette et col blanc sur chemise blanche à plastron.

Et pourtant, Noël Santucci fut relaxé au bénéfice du doute. On ne retrouva jamais l'arme qui était passée de main en main avant de quitter les arènes. On ne retrouva même pas de témoin... Tout le monde regardait ailleurs au moment du coup de feu. Même ses collègues placés au plus près de l'action n'avaient rien vu. Seul Carini avait accusé Santucci sur son lit de mort. Mais il n'était plus là pour assurer sa défense. Antoine avait questionné ses camarades, parfois brusquement. L'un lui avait expliqué : « Santucci est un homme à Buitton. » Comme si cela expliquait tout. Un autre lui avait raconté un procès d'assises contre le même Santucci, deux ans plus tôt, où un juré « mort de peur » s'était récusé. Inculpé à trois reprises, le patron du Dan's avait bénéficié de trois non-lieux. Abasourdi, Antoine s'était même rendu à la boîte de nuit pour discuter avec le caïd. Tenter de comprendre, peut-être de justifier. L'autre l'avait fait boire, pastis, myrte, cédratine, les bonnes tisanes du pays, avant de lui rappeler les règles de bienséance et la santé déclinante de son oncle Octave, un vieil ami de la famille et du président Buitton. Antoine avait appris vite, sur le tas. Il avait alors décidé de s'affranchir par lui-même.

5

C'était un cliché, mais Raoul Pichotte n'y résistait pas. Arriver à Marseille et surplomber la ville par l'escalier de la gare Saint-Charles était un miracle aussi bref qu'enivrant. La vue donnait envie de s'envoler, d'aller rejoindre les gabians qui se poursuivaient en piaillant au-dessus des tuiles. Sans voir la mer, on la devinait au reflet bleu que lui faisait le ciel, et il se dégageait de cet horizon bordé de collines un sentiment de plénitude et de liberté. L'impression que tout était possible. Mais Raoul savait de ses précédents séjours à Marseille que cette courte halte au faîte de la colline ferroviaire n'était qu'une illusion. Que s'il gorgeait sa poitrine de l'air marin, il emmagasinerait à pleins poumons bien des relents fétides. Marseille était à l'image de la Méditerranée qui la bordait, un parc fermé. L'escalier de la gare en était l'un des rares accès terrestres, et il n'était pas des plus hospitaliers. Le descendre marche par marche vous précipitait dans la fosse aux lions. S'échapper était beaucoup plus difficile. On se demandait qui avait eu l'idée saugrenue d'installer une gare centrale au sommet d'une colline, contraignant les voyageurs en partance à s'imposer la pénitence de ces lourdes marches à franchir, le dos courbé, les bras fourbus par des valises plombées par le soleil. Raoul le savait bien. C'était le *bizness*. La gare avait été placée à l'endroit le plus pratique pour transférer les marchandises du port et de la manufacture de tabacs de la Belle de Mai vers le nord de la France. Qu'importait le voyageur. Il n'était que de la matière première. De la main-d'œuvre. Une cargaison.

Raoul baissa les yeux vers le luxueux hôtel Splendid, qui bombait sa marquise au bas des marches. Lui avait ses habitudes au Grand Hôtel, sur la Canebière, depuis cette première visite en 34 qui avait lancé sa carrière. Il alluma une cigarette anglaise et le mistral inclina la flamme de son briquet. Derrière lui, le porteur s'impatientait, prêt à entamer la descente. Il allait lui faire signe d'y aller lorsque les portières d'une Delage noire claquèrent au vent, libérant trois chapeaux mous de la même couleur, coiffant trois gaillards bien trop endimanchés pour un lundi. L'un d'eux releva la tête et s'exclama :

— Monsieur Pichotte !

Raoul se retourna et reconnut le rictus, piqué d'un cigare, de Paul Bonaventure Carbone, dit Venture. Les yeux en amande du parrain de la ville scintillaient de malice et donnaient l'impression immédiate qu'il vous méprisait. La sensation se renforçait au fur et à mesure que le rictus rétrécissait.

— Monsieur Carbone… Impossible d'être en voyage sans croiser une connaissance !

— Bien heureux de vous voir à Marseille. Et triste de constater que vous déclinez mes invitations et préférez venir ici par vous-même. Cette sacrée *indépendance* des journalistes. Elle vous perdra !

— Je n'ai pas jugé utile de répondre à vos faveurs parce que je vais m'installer ici durablement. Nous aurons tout le temps de nous croiser.

— C'est ce qu'on m'a dit, en effet. Que *Le Petit Parisien* vous détachait chez nous comme « envoyé spécial permanent ». Vous avez pris goût à nos mœurs depuis l'assassinat du roi de Yougoslavie !

— Ce n'est pas faux et je vois que vous êtes bien renseigné, comme à votre habitude. Vous montez à Paris ?

Carbone opina et brossa du dos de la main la manche de son pardessus. Il faisait plus de vingt-cinq degrés, mais il fallait se préparer au frimas du « Grand Nord ».

— Un simple aller-retour, pour affaires. Je ne peux pas m'absenter très longtemps, les élections ont lieu dimanche. Simon peut avoir besoin de soutien.

— Je vois que les mœurs locales ne se sont pas franchement adoucies depuis mon départ...

Raoul désigna du menton l'affichette de la SFIO placardée sur les murs de la gare : JUSTICE POUR NOTRE CAMARADE CARDELLA !

Carbone pouffa.

— Propagande électorale. Cardella était des nôtres. Un patriote...

Derrière le truand, sa petite garde s'impatientait. Un porte-flingues en manteau caramel tapotait nerveusement sa cibiche. L'autre, campé sur des jambes de catcheur, les battoirs rivés sur la taille, imitait plutôt bien les statues flanquant l'escalier monumental.

— Je dois y aller, mais je rentre demain. Passez donc me voir au bar...

— Vous êtes toujours au Beauvau ?

— Toujours.

Ils se serrèrent la main. Raoul fit un signe de tête au porteur. L'autre dégringola aussi sec les marches de Saint-Charles, comme s'il venait de croiser le diable. Ce n'était pas faux.

6

Ainsi qu'il l'avait promis, Pierre Ferri-Pisani se présenta spontanément à l'Évêché dans le bureau d'André Grimal.

— Monsieur Grimal, nous n'allons pas nous mentir. N'importe qui peut avoir fait le coup.

L'inspecteur principal de la 9e brigade mobile n'avait pas eu le temps de l'inviter à s'asseoir que le candidat socialiste à la députation dans le 3e secteur de Marseille, traditionnellement tenu par des Corses, entamait la joute. C'était un homme trapu, tout en muscles, déterminé et un peu brusque. Un battant qui s'était frayé un chemin dans les rues du Panier et les quais du port à la force de ses poings et de son bagout. Son éloquence était proverbiale, sa probité enviable selon les critères locaux. Ses amitiés étaient longues, ses haines farouches. Il ne se connaissait que des amis. Et des ennemis. Pas d'entre-deux.

— Lorsque vous dites « n'importe qui », vous voulez dire que cela pourrait être quelqu'un de vos rangs ? renvoya Grimal, alors que son hôte s'était enfin posé sur le fauteuil qui lui faisait face.

— C'est exactement ce que j'ai dit. N'importe qui. Un sabianiste. Un socialiste. Un nervi ou un condé.

Comme vous le savez sans doute, Antoine Cardella n'était pas le plus honorable représentant de votre profession.

— Et pourtant vous n'avez pas hésité à le revendiquer comme l'un des vôtres.

Ferri-Pisani écarta devant lui une mouche imaginaire.

— Ne soyez pas naïf. Nous sommes en campagne. Tout est bon pour grappiller une ou deux voix. L'élection va être serrée. Et la police, pour l'essentiel, est de notre côté. C'est pourquoi nous nous devions de prendre position vigoureusement lors de l'assassinat d'un flic.

— Qui sortait d'ailleurs de votre local de campagne...

— C'est exact.

— Et que venait-il y faire ?

— Il venait nous proposer ses services.

— Vous voulez me dire que Cardella a quitté la permanence de Sabiani pour venir directement chez vous proposer ses services ? Aussi simplement que ça ?

— C'est la stricte vérité. Il a tenu à me parler personnellement, pour me dire que Sabiani était sur le point d'intégrer le Parti populaire français de Jacques Doriot et que, dans ces conditions, il ne pouvait plus le soutenir.

Grimal ricana.

— Ce n'est pourtant pas d'hier que Sabiani affiche ses sympathies fascistes !

— Oui. Mais pour Cardella, c'était le pas de trop. Son père et son oncle sont des militants socialistes de longue date. Doriot est une canaille.

Grimal soupira, ses yeux glissèrent sur les photos de la scène du crime étalées sur le bureau.

— Et ce sursaut soudain de conscience vous a paru crédible ?

— Pourquoi pas ? Cardella est toujours membre du syndicat des gardiens de la paix, qui a expurgé la plupart de ses éléments sabianistes depuis les événements de 34. Et puis, à l'origine, c'était un bon flic, vous le savez bien...

L'inspecteur principal haussa les épaules.

— Admettons. Donc, si je suis votre raisonnement, Cardella quitte la permanence de Sabiani outré par le virage à droite de son candidat et rallie votre candidature. Il n'a pour cela pas beaucoup de chemin à faire, juste à traverser l'avenue Camille-Pelletan. Pour faire payer le traître, un homme de Sabiani l'abat d'une balle dans le dos à sa sortie de votre local... C'est cela ?

Ferri-Pisani secoua la tête.

— La conclusion, c'est vous qui la tirez, ce n'est pas moi. Mais si vous la tirez, c'est qu'elle paraît logique. Moi, ce que je constate, c'est qu'un homme vient me voir pour me dire qu'il va me soutenir dans la campagne difficile que nous menons et que, quelques minutes plus tard, il est abattu comme un chien. Mon devoir était de rester à ses côtés dans ses derniers instants.

Un silence maladroit vint rendre hommage au mourant.

— Je n'ai que peu de respect pour M. Sabiani. Tout héros de guerre qu'il soit, il s'est acoquiné depuis de longues années avec les crapules les moins fréquentables de cette ville. Mais ce qui me gêne dans votre histoire, outre le revirement subit de Cardella en votre faveur, c'est qu'il n'y avait parmi les militants sabianistes présents ce soir-là aucun repris de justice. On ne peut pas dire la même chose des hommes qui se trouvaient chez vous.

Ferri-Pisani se leva.

— Je me permets de protester vigoureusement !

— Barthélemy Guérini.

Ferri-Pisani se rassit.

— Pour moi, c'est un bon militant. Je sais qu'il a pu exercer des activités plus ou moins illicites, mais avouez que c'est le cas de beaucoup de monde dans cette ville.

— Racket, prostitution, maisons closes, bars borgnes... Votre militant modèle les accumule tout de même !

— Mais s'il est si malhonnête, pourquoi n'est-il pas en prison ? Ce n'est à ma connaissance qu'un enfant de chœur en comparaison des chers amis de Simon Sabiani, Carbone et Spirito.

— Que vous avez fort bien connus ! s'exclama Grimal se dressant à son tour.

L'ancien secrétaire du syndicat des inscrits maritimes acquiesça.

— C'était il y a longtemps et j'étais très jeune. Je n'ai jamais caché que j'ai été l'ami de Simon Sabiani ! J'étais même plus que ça ! J'avais remplacé dans son cœur les trois frères qu'il a perdus à la guerre... Mais c'est devenu un aventurier, qui a oublié ses origines prolétariennes.

— Épargnez-moi la rhétorique ! Vous avez côtoyé Carbone et Spirito. Il se dit même que c'est vous qui avez eu l'idée de faire appel au Milieu pour venir en aide à votre parti, inspiré par ce que vous aviez appris chez Sabiani.

Ferri-Pisani se leva comme s'il allait prendre congé.

— Ce n'est pas moi qui ai changé, c'est Sabiani. Et je vous ai dit d'entrée de jeu que tout le monde pouvait être coupable ! Oui, il y a des hommes déterminés, au passé douteux, au sein de nos troupes. Mais ils servent la bonne cause. Et nous ne faisons que reproduire les méthodes de l'ennemi. Sans quoi nous serions balayés.

Grimal n'était pas un grand amateur de téléphone. Et il utilisait avec parcimonie l'appareil de bakélite posé devant lui. Ferri-Pisani parti, il prit des nouvelles de la santé de Cardella. État stationnaire. L'idéal serait tout de même qu'il en réchappe. Peut-être serait-il capable de désigner son agresseur. Et puis, dans ce cas, ce serait à peine un homicide. Il pourrait alors repasser l'affaire à un subalterne, ou à un de ses nombreux « collègues » politisés pour qui la mort d'un flic, même marron, revêtait plus d'importance que celle d'un enfant.

7

La fissure s'était d'autant plus étendue qu'elle avait déchiré ses convictions, ses valeurs familiales. Pour son père et son oncle, l'ennemi était désigné : le capital. Le socialisme était une religion qui faisait se signer les femmes. Oui, Antoine aimait à penser qu'un sang pur de Giovanelli coulait dans ses veines, que le sang impur devait abreuver les sillons de la République. Alors, le meurtre impuni de Rodolphe Carini avait ébranlé le fragile édifice de sa vie. Quand il rentrait au village, son oncle lui demandait pourquoi il ne s'impliquait pas plus dans le syndicat. Il fallait défendre leurs valeurs. Antoine se faisait évasif. Il avait tellement honte de ne pas être à la hauteur des ambitions que son oncle plaçait en lui depuis que son frère, son père à lui, était mort à la guerre. C'était un fardeau trop lourd, sans doute. Lui ne serait jamais un héros de la guerre. De celle-là, en tout cas. Parfois, emporté par sa fougue, le vieux l'appelait Pascal au lieu de Toniu. Le message était clair.

Ses yeux s'ouvraient par à-coups, comme lorsqu'on tombe de sommeil et qu'on se redresse en sursaut pour éviter de sombrer. Des voix autour de lui n'étaient plus qu'un murmure confus, une compote de mots. Il ne fallait pas lâcher prise. Pas encore. S'accrocher à cette vie qu'il avait ratée pour réussir sa mort.

Fin décembre 1931, étant parmi les dernières recrues, il était de service. Impossible de prendre le bateau et de rentrer au village pour Noël. Le soir du réveillon, il avait copieusement arrosé l'arrivée du Christ avec quelques lointains amis insulaires, exilés comme lui. Antoine avait le pastis triste et le vin querelleur. Vers une heure du matin, malgré les tentatives de ses camarades de le raisonner, il était retourné rue Haxo. Le Dan's fermait. Il était resté tapi dans l'ombre, au coin de la rue de la Darse, attendant que les derniers s'en aillent. Et lorsque les lumières de la boîte s'étaient éteintes, il s'était approché en titubant pour soulager sa vessie sur la porte de l'établissement. Il avait à peine terminé que deux mains vigoureuses l'empoignaient par-derrière et le précipitaient à travers les vitres du bar. Il reconnut Jo Santucci, le frère cadet de Noël, lorsque le guéridon qu'avait saisi le voyou s'abattit sur lui. Jo le Bègue s'acharna à coups de chaise, à coups de pied en hurlant que c'était Noël, que c'était « la fête à son frère » et qu'il fallait respecter ça. Antoine se réveilla dans des poubelles, derrière les carcasses de deux cabanons en ruine sur la route du cap Croisette. Joyeux Noël.

8

On frappa à la porte et Adèle Cardella pensa que c'était encore un voisin ou un collègue d'Antoine qui venait présenter ses condoléances. Une heure plus tôt, elle avait reçu la visite de Tassy, un vieux camarade de son époux, qui l'avait assurée qu'il veillerait personnellement à ce qu'il soit vengé. Elle n'avait pas trop su quoi dire, l'avait laissé sur le seuil face à un mur de silence. Il semblait tellement plus vindicatif qu'elle-même. Pour l'heure, elle se sentait surtout accablée, son dos la faisait souffrir, comme opprimé par une charge invisible. L'incertitude était atroce. Antoine vivait, mais pour combien de temps. Et qu'allait-elle devenir sans lui ?

Le type qui se tenait dans l'encadrement de la porte lui déplut aussitôt. Quand on avait grandi comme elle à la Belle de Mai, on savait à quoi s'en tenir avec ce genre d'individus. C'était une crapule, un nervi, une « bordille » aurait dit sa mère. Attifé au dernier chic avec de l'argent gagné de rapines, il s'était accoudé au chambranle et la regardait de traviole, un sourire mi-figue, mi-raisin plaqué sur sa face mate. Elle comprit qu'il faisait de son mieux pour avoir l'air éploré. Il retira son galurin à 600 francs, farfouilla dans la poche de son veston rayé et en sortit une enveloppe qu'il lui tendit de ses gros doigts manucurés, barré pour celui du milieu d'un anneau figurant une tête de mort.

— C'est pour vous, madame Cardella. Ne vous inquiétez de rien… récita le dur d'opérette.

Sa façon traînante d'appuyer les « é » trahissait ses origines insulaires.

Elle prit l'enveloppe machinalement, comme s'il s'agissait d'une carte de vœux de Noël offerte par les *boueux*. Mais le contact et l'épaisseur du pli lui firent comprendre tout de suite de quoi il s'agissait. Une grosse liasse de billets de banque.

— Votre mari va bien se remettre. Nous nous occupons de tout et vous ne manquerez de rien.

Ayant rempli son office, il se redressa, vissa le *capéou* sur ses cheveux brillantinés et prit congé. Les fers de ses talons résonnèrent dans l'escalier puis s'évanouirent dans la rue. Adèle resta coincée dans l'entrebâillement sans rien faire. Puis elle glissa l'enveloppe dans la poche de son tablier, laissa la porte ouverte et descendit jusqu'au bistrot du rez-de-chaussée, qui avait le téléphone. Elle demanda l'Évêché et l'inspecteur Grimal.

9

Simon Sabiani lui avait fait savoir qu'il préférerait le recevoir à son local de campagne, si cela ne le dérangeait pas. C'était sa façon de lui faire entendre qu'il était un homme occupé par des tâches plus urgentes. Après tout, il était encore le député de la 3ᵉ circonscription de Marseille et l'ancien maire de la deuxième ville de France. Bref, ici, personne ne comptait plus que lui, et certainement pas un inspecteur de la Mobile, même s'il enquêtait sur l'abominable assassinat d'un « camarade ». De toute façon, Grimal avait prévu de retourner avenue Camille-Pelletan faire le point avec ses hommes qui bouclaient les interrogatoires des témoins et voisins. Et autant ménager pour l'instant l'un des commanditaires éventuels du meurtre de son collègue.

La permanence était une vaste salle au rez-de-chaussée d'un ancien relais de poste du XIXᵉ siècle attenant à la place Marceau, un immense rond-point encerclé d'entrepôts et d'huileries, où le député sortant avait accepté d'en découdre avec le candidat communiste François Billoux lors d'un grand *meeting* à deux jours de là. Bien sûr, « le chef », comme l'appelaient ses partisans, le fit patienter, devisant avec les uns et les autres de sujets de la plus haute importance. D'autres attendaient sagement leur tour d'approcher le grand homme, tenus à distance par des chiens de garde particulièrement peu amènes.

L'ancien maire de la ville était tel que Grimal l'avait aperçu, de temps à autre, lors de cérémonies officielles. Il n'était pas très grand, mais il en imposait avec ce port de tête latin dont Mussolini était l'adepte le plus altier. De toute évidence, « le chef » s'inspirait largement du Duce par ses postures militaires, la raideur du dos, le cou long et rigide, les manières un peu brusques. L'œil de verre venait rehausser l'impression d'ensemble. Il fallait cependant reconnaître à Sabiani une vraie élégance, une grandeur autoproclamée sans doute, mais indéniable. Le regard avide, un peu inquiet, que portaient sur lui ses partisans massés ici pour réclamer une faveur, un coup de pouce, ou proposer leurs services, témoignait du magnétisme trouble qui émanait du personnage. La mèche rase plaquée sur le côté, la prunelle sombre, les lèvres fermes, le patron du Parti d'action socialiste n'était pas un tendre, ni un comique. Grimal ne le vit pas esquisser un sourire jusqu'à ce qu'il daigne le mander d'un signe de tête, dépêchant l'un de ses sbires pour le conduire dans le bureau du patron, au fond de la pièce.

Sabiani l'attendit devant la porte vitrée où il lui serra la main, et la referma derrière lui, laissant la campagne électorale à ses menues intrigues et discutailleries. Il se posa derrière un bureau impeccablement rangé, les avant-bras posés sur la table, comme prêt à dégainer. Sur le mur du fond, au-dessus d'un placard rempli de dossiers et d'affiches roulées, un aigle empaillé déployait ses ailes.

— Je vous prie encore de m'excuser de vous avoir fait déplacer, mais comme vous le voyez, la campagne bat son plein. Nous préparons le grand meeting du 20, à deux pas d'ici sur la place Marceau. Nous attendons dix mille personnes, il faut donc faire du *planning*, comme l'on dit. D'autant que nous ne pouvons guère compter sur l'aide des forces de police pour assurer le bon déroulement de cette réunion…

Grimal haussa les épaules.

— Je ne suis pas chargé du maintien de l'ordre, mais de l'élucidation de meurtres et d'assassinats. Aussi pour moi, tant que vous ne tuez personne…

— Je ne veux voir dans cette remarque aucune insinuation et je vous garantis que mes hommes, en dépit de la réputation injuste qui leur est faite, ne sont ni des fauteurs de troubles ni des assassins.

L'inspecteur toussota.

— Je ne demande qu'à vous croire. Mais il se trouve que vos adversaires socialistes portent sur vous des accusations plus ou moins directes. Selon eux, Cardella venait de leur annoncer qu'il quittait vos rangs pour passer dans le camp d'en face. Cela fait un beau mobile pour l'assassiner.

Le député corse ne se démonta pas. Son œil valide était plus fixe encore que son double de verre.

— Tout d'abord, sachez qu'un sabianiste n'aurait pas abattu un homme de dos. S'il nous est parfois arrivé de défendre notre honneur, nous l'avons toujours fait debout. Et de face. Par ailleurs, je vais effectuer, si vous le permettez, un petit rappel historique. C'est en 1922 que j'ai compris que, pour défendre efficacement les intérêts des dockers que je représentais face à la violence impitoyable des capitalistes et aux manœuvres de nos adversaires, il n'y avait malheureusement pas d'autre solution que de faire appel à des « professionnels ». C'est en cette année 1922 que fut assassiné sauvagement un de mes hommes. Et par qui, je vous le demande ? Par ce que nous appelions péjorativement « le Marteau », le service d'ordre musclé du Parti socialiste sur les quais. La méthode forte, c'est eux qui l'ont inventée, pas moi ! Et le premier acteur de la vie politique locale à s'être entouré de « mauvais garçons », comme l'on dit, ce n'est pas moi non plus. C'est bel et bien l'honorable Victor Buitton, l'ancien président plus ou moins socialiste du Sénat, qui fit appel pour ses joutes électorales aux frères Santucci, que tout le monde connaît ! Lorsque je décidai de faire entendre ma parole, mes actes et les droits de mes camarades, je n'eus guère d'autres solutions que de faire appel à des hommes de la même trempe. Et si je fis le choix de Paul Bonaventure Carbone et François Spirito, ce n'est pas en raison de leur casier judiciaire, mais bien parce que ce sont des patriotes, des hommes issus du peuple, comme moi, et qui restent soucieux des intérêts du milieu qui les vit naître. Je suis corse, tout le monde le sait, Carbone l'est aussi. Mais Carbone est aussi un enfant de Saint-Jean, un chien des quais élevé sur les docks de Marseille, comme moi ! Paul Bonaventure Carbone, je vous le rappelle, porte la croix de guerre pour ses blessures et sa bravoure au Chemin des Dames. Qui parmi les caïds de l'autre bord peut en dire autant ? Lorsque je me suis résolu à faire appel à ses services pour défendre la juste cause de ceux qui furent ses amis, ses semblables sur les quais du port, qui était mon bras droit, chargé précisément de ces questions de sécurité ? Qui était le plus ardent partisan du recours à la force contre nos ennemis ? Qui, je vous le demande, sinon Pierre Ferri-Pisani, qui aujourd'hui vient m'accuser des pires turpitudes et de l'assassinat d'un de mes propres hommes ? Alors, je vous le dis tout net, c'est scandaleux, c'est honteux et je vous enjoins de chercher tout simplement à qui profite ce crime !

Grimal se retint d'applaudir ce beau discours.

— Il me semble que cela vous profite au moins autant qu'aux socialistes. Vous avez beau jeu de passer pour des martyrs et de discréditer vos opposants en aboyant pour les accuser de la rage.

— C'est à vous de déterminer tout cela. C'est une lutte âpre et sans merci que nous menons, et il y a parfois de la casse. J'ai pris des renseignements sur vous par l'intermédiaire des rares policiers qui me sont restés fidèles. On m'assure que vous êtes intègre, ce qui n'est pas un mince exploit par les temps que nous vivons. Cependant, je vous préviens que vous ne devez guère compter sur le soutien de vos collègues. Depuis deux ans, et plus encore depuis l'élection du social-traître Tasso à la mairie, la police est aux ordres. Et soyez sûr que si, comme j'en suis convaincu, mes adversaires sont coupables, ils vous mettront des bâtons dans les roues. Et si toutefois vous parveniez à découvrir l'assassin, croyez-moi, il sera promptement blanchi par la justice. Je me bornerai à vous faire remarquer que je n'avais aucun intérêt à faire assassiner un des rares membres des forces de l'ordre qui continuait de m'apporter son soutien.

Grimal baissa les yeux. L'œil de verre attirait son regard et il ne parvenait pas à éviter que cette fascination gênante ne transparaisse.

— Ce matin même, enchaîna-t-il, l'épouse de la victime, Adèle Cardella, a reçu la visite d'un homme qui lui a remis une enveloppe contenant 1 000 francs. Serait-ce un effet de votre générosité ?

— Peut-être bien. Pourquoi pas ? Qu'en déduiriez-vous ? Que j'ai cherché par ce biais à me dédouaner du crime ? Ou au contraire que je soutiens une presque veuve dans la détresse, dont l'époux était un proche ? Si vous trouvez qui a remis cette enveloppe, tiendrez-vous le coupable ?

Grimal esquissa un sourire.

— Pas du tout. Mme Cardella m'a simplement chargé de rendre cette somme à son propriétaire.

— Eh bien, si cet argent m'appartenait, je vous prierais de faire en sorte qu'elle le garde ou d'en faire don aux œuvres de la police, qui en ont sans doute bien besoin.

— Aurez-vous l'amabilité de me faire part de tout renseignement que vous pourriez obtenir ? Vous êtes un homme influent. Et bien renseigné…

Pour la première fois, Sabiani sembla se déraidir.

— Mais j'ai toujours collaboré bien volontiers avec la police, sauf lorsqu'elle s'est fourvoyée. Ce sera un plaisir.

Il se dressa légèrement pour signifier la fin de l'entrevue. Grimal ramassa son chapeau et se leva. L'ancien maire lui posa la main sur l'épaule.

— Et n'oubliez pas les communistes. Malgré leurs cris de vierges effarouchées, ce sont tout sauf des enfants de chœur, croyez-moi. Depuis l'assassinat de Carini par vos amis socialistes, ils ont su s'organiser. Et pour manier la matraque ou le calibre, un fanatique vaut largement un criminel !

Sabiani l'escorta à travers le local, méprisant les « Simon ! Simon ! » qui fusaient de toute part, chacun quémandant un avis, un aval.

— Bon courage, inspecteur.

Un homme entrait au moment où Grimal regagnait le trottoir. En l'apercevant, il hésita, retira son chapeau pour le saluer et leva les yeux vers Sabiani qui s'éloignait.

— Hé, Sabiani ! J'ai un message pour toi de la part de mes collègues. Nous avons un traitement de faveur pour les tueurs de flic !

Le député se retourna. La foudre menaçait.

— Tassy, tu n'es pas un flic, tu es un traître, la pire des crapules bolcheviques. Si tu as quelque chose à me dire, viens me le dire en face, d'homme à homme, l'arme au flanc, quand tu veux ! Mais si tu tiens à la vie, tire-toi !

Grimal entraîna son collègue par la manche au-dehors.

Depuis la fusillade, ils défilaient dans son bureau. L'un après l'autre. Les flics sabianistes, les flics socialistes, les flics buittonistes, les flics communistes. Les flics corses et les *pinsouts*. Chacun avec sa bonne raison de venger « le collègue ». Chacun avec son coupable idéal. Chacun aveuglé par son appartenance à tel parti ou clan. Chacun infecté par le poison sournois du clientélisme. La vérité n'avait pas de camp. Voilà pourquoi Marseille était la ville de la galéjade et du faux-semblant.

Parmi les hommes de la brigade, il y en avait un en qui Grimal avait pleinement confiance. Il n'y avait à cela aucune raison particulière ou objective. Au contraire. Lucien Théroz était un petit bonhomme trapu, caché derrière des lunettes opaques, qui travaillait dans son coin, à l'écart des intrigues de couloir et des petites magouilles de l'Évêché. Personne ne savait vraiment par quel bout le prendre. Il n'était pas fuyant comme un lézard – ce modèle-là était répandu dans les forces de police marseillaises –, juste impossible à approcher, un peu comme ces pigeons qu'on cherche à écarter d'un coup de pied et qu'on n'atteint jamais, parce qu'ils s'écartent sans effort, d'un coup d'aile paresseux. Personne ne lui connaissait d'attache politique, et c'était encore plus rare. C'était un « gavot », comme on disait ici, un homme des Basses-Alpes, sec et dur au mal, sans acoquinements avec les Corses et les Italiens qui formaient le gros des effectifs. D'aussi loin que Grimal s'en souvienne, Théroz avait officié aux mœurs. Depuis quelques années, le trafic de stupéfiants, en constante augmentation dans le quartier réservé, entrait également dans ses attributions. L'opium et la coco circulaient dans les mêmes boîtes, dans les mêmes cabarets, dans les mêmes bouges que les filles, qui en étaient parmi les premières consommatrices. C'est d'ailleurs Carbone et Spirito qui avaient longtemps tenu ce double trafic avant de laisser tomber la prostitution. Comme le disait le Tatoué, la pute est une matière première peu fiable et capricieuse.

Grimal appréciait l'indépendance de Théroz, son opiniâtreté, son intelligence secrète et laconique. Et lorsqu'il avait fallu remplacer le chef de la Mondaine marseillaise, il avait poussé ce candidat inattendu, qui ne disposait d'aucun des appuis habituels, politiques ou régionaux. Et finalement, parce que c'était un bon flic, mais surtout parce qu'il ne gênait personne, le gavot avait obtenu le poste. Filori avait expliqué à Grimal que cette nomination arrangeait bien le Milieu, parce qu'il était de notoriété publique que le nouveau patron de la brigade des mœurs vivait à la colle avec une prostituée. Les voyous pensaient ainsi avoir prise sur lui. Le patron de la Mobile était persuadé du contraire. Et de toute façon, ces connivences étaient précisément ce que Grimal attendait de son poulain.

Son poste l'éloignait du terrain. Il lui fallait des yeux et des oreilles, une bouche discrète. Et la certitude que, malgré les apparences, et à la différence d'Antoine Cardella, son homme de l'ombre n'était pas un pourri.

Les circonstances, les évidences, l'état d'esprit de ses collègues poussaient naturellement à rechercher la piste politique dans l'affaire Cardella. Mais il pouvait y avoir bien d'autres mobiles. Le gardien de la paix avait peut-être une maîtresse ? Des vices cachés ? Une passion pour le jeu, pour la drogue ? Théroz connaissait le moindre recoin, la moindre chambrette, le moindre bout de cave du Panier où se consommaient la chair, la poudre, les illusions de fortune et de gloire, les évasions d'un soir avant les rêves en partance. Grimal savait que ses hommes le comparaient à un gros chien bourru. Dans ce registre animal, Théroz était un de ces rats du port, invisibles et futés, qui filaient dans les rigoles et chapardaient sans se démonter. Le gavot était un homme de l'ombre et des bas-fonds, mais il n'avait pas peur de la lumière. Au contraire. Il la cherchait méthodiquement et sans relâche. En ce sens, il était de la même espèce que Grimal, celle des limiers, des fouille-merde, des boueux de la vie et du crime.

— Théroz, tu vas me filer le train à Cardella.

— Je ne vais pas avoir beaucoup de boulot alors, chef... Il est à l'Hôtel-Dieu.

— Tu sais bien ce que je veux dire. Tu vas filer son ombre. Je veux que tu saches où il allait, où il traînait, ce qu'il faisait, ce qu'il prenait, qui il baisait.

Théroz lissa de la main son menton, rugueux d'une barbe de deux jours.

— Bizarrement, je ne le connaissais pas très bien. Nous frayions pourtant dans les mêmes parages, mais c'était comme si nous nous évitions.

— Disons que tu bosses pour la bonne cause. Enfin, je le pense. Lui, c'est moins sûr. Il avait évidemment des choses à se reprocher. J'aimerais savoir quoi.

— OK.

Théroz passa vite fait à son bureau expédier les affaires courantes. Des messages, des plis, des pneus s'amoncelaient sur son bureau. Il farfouilla dans la pile, les parcourut d'un œil. Les filles n'étaient pas à l'Évêché, mais dans la rue. La vérité aussi. Peut-être.

10

Raoul déjeuna au Grand Hôtel, dans l'intimité feutrée du patio coiffé d'une verrière ouvragée. L'élégance Art nouveau de l'endroit était surannée, provinciale, mais le personnel était aux petits soins et le poisson gras et goûteux. Le journaliste retrouvait avec délices la légèreté de ce vin de Cassis qu'on ne servait pas à Paris. Et c'est une chanson sur les lèvres qu'il descendit la Canebière pour retrouver Marseille.

Le printemps l'avait gâté. La ville s'était faite belle pour lui. Le soleil glissait sur le port avec la grâce d'un patineur. Ses reflets irisés illuminaient d'un doux halo la marquise du Glacier, les tentures du Riche. Il aurait voulu s'arrêter dans chacun des cafés pour humer les odeurs d'anis ou de Picon, surprendre les conversations des marlous affairés, des affairistes madrés, les combines des fainéants et les intrigues des receleurs. Sur les trottoirs, l'œil voyageait du boubou d'un grand Noir au panama d'un hidalgo râblé. Chacun déambulait pour tuer le temps, de retour ou en partance, même ceux qui étaient d'ici. Seuls entraient pour se mêler au tumulte des grands cafés les vendeuses de roses ou de limaçons, les crieurs des éditions du soir. *Affaire Cardella : la Veuve parle !*

Fraissinet : la grève continue ! Dans les cinémas, le *César* de Marcel Pagnol tenait encore le haut de l'affiche. Au fronton des Variétés, la dernière opérette marseillaise en vogue, *Au soleil de Marseille*, revenait de Paris et retrouvait ses racines. Les poubelles qui s'amoncelaient sur les flancs du grand magasin des Nouvelles Galeries rappelaient la vague de grèves qui déferlait sur la ville à quelques jours du premier tour des élections. Devant la Bourse, une poignée de manifestants agitait des drapeaux rouges en demandant la démission du président de la chambre de commerce. Raoul leva les yeux pour suivre le vol dissipé d'une nuée de goélands qui manifestaient pour Dieu sait quoi. Aux fenêtres des immeubles de bureaux du bas de la Canebière, des drapeaux tricolores tentaient d'endiguer la marée annoncée des faucilles et des marteaux. Il fit une halte à l'endroit précis où le prince Alexandre avait été assassiné voilà dix-huit mois. C'était pour lui un retour sur les lieux du crime. Planqué juste en face, chez un banquier de ses amis, Raoul avait assisté à l'attentat aux premières loges et dicté au fur et à mesure l'évolution de la situation à la rédaction du journal à Paris.

Souvent, au moment de trouver le sommeil, Raoul revoyait la scène, comme figée dans un tableau hyperréaliste. Les mouvements de chacun des protagonistes presque au ralenti. L'antique Delage noire fendant la foule désordonnée, mal contenue par des agents trop occupés à épier le monarque. Le petit poste de garde, en face, sur la place de la Bourse, les curieux juchés sur son toit et cet homme corpulent, accoudé nonchalamment aux côtés d'un gendarme en tenue. L'homme s'ébroue, se détache du tableau, se faufile et s'avance, en dix, onze pas tout juste, vers la Delage bloquée par l'affluence au beau milieu de la Canebière. Un dernier pas sur le marchepied de la vieille limousine. Le bras qui se lève, le Mauser qui déverse une salve sur le torse immaculé, bariolé de décorations. Le sabre du garde à cheval qui s'élève et tente de frapper l'agresseur, le geste désespéré du général Georges pour s'interposer. Les balles qui fusent et l'atteignent à son tour. Puis Louis Barthou, le ministre des Affaires étrangères, qui s'écroule lui aussi. Le regard de Raoul se pose sur le plastron du monarque. L'uniforme blanc d'amiral de la marine yougoslave est piqueté de points rouges. L'épée d'or dégringole dans la chute du prince, le bicorne se détache et va rouler sur la chaussée entravée de badauds. Une vision de rêve éveillé. Et la panique gagne la populace, qui veut fuir, qui veut voir, qui hésite et se bouscule. Des coups de feu crépitent au hasard. La maréchaussée a repris ce qui lui reste d'esprit. L'agresseur est tiré en arrière, maîtrisé, bousculé, piétiné, massacré. Des gémissements ponctuent l'impact des balles perdues. On tire, mais n'importe où, sur n'importe qui. La clameur enfle. C'est un murmure puis un grondement. Les sifflets de la police lacèrent ce brouhaha.

Raoul s'est précipité, il est dans les escaliers, il est en bas, sur le trottoir. La garde à cheval disperse la foule à coups de matraque. Le défilé s'est mué en procession mortuaire, la Delage en corbillard. Barthou est tiré de la voiture. Il vit encore. Pour quelques instants. Le cortège avance mètre par mètre. La meute des spectateurs ne peut pas, ne veut pas bouger. L'horreur est communicative mais grisante. Elle attire le rapace en chacun. Les gabians, au plafond, poussent de funèbres youyous. Marseille est un mouroir, une chapelle ardente. Marseille a honte.

— Pardon !

Un portefaix le bouscule et file vers la rue Beauvau. Raoul le suit distraitement. Le café de Carbone est là, à cent mètres. Le journaliste s'y était réfugié, après l'attentat, pour prendre le pouls de l'opinion. Le patron se tenait dans l'entrée, le revers de son veston ouvert sur une arme de beau calibre. À l'intérieur, les analystes de comptoir ne décoléraient pas. On allait accuser la ville. Et son premier adjoint, Simon Sabiani. Alors que Marseille n'y était pour rien. Les mesures de sécurité venaient d'ailleurs. De Paris. C'était la faute des étrangers, des métèques, des apatrides. Les plus engagés y voyaient la main de la finance internationale, de la juiverie et des francs-maçons. Marseille, meurtrie, accusait encore et toujours les mêmes. Ce n'était jamais sa faute. De toute éternité, un complot s'ourdissait pour la dénigrer, la dévaloriser, la repousser.

Et pourtant Raoul aimait cette ville. Son magnétisme incongru, sa beauté sale, cette promesse d'autant plus belle qu'elle n'était et ne serait jamais tenue. Il débarqua sur le Vieux Port et l'arôme doux-amer de l'eau, mêlé au remugle des poubelles délaissées, le ramena au temps présent. Il longea le quai des Belges, s'engagea d'un pas leste vers le quartier réservé, bien décidé à gagner l'Évêché à pied.

11

La balistique ne l'aida guère. On n'avait pas retrouvé la balle. Elle avait traversé le corps sans toucher d'organe vital, faisant assez de dégâts cependant pour maintenir Antoine Cardella entre la vie et la mort. Que la balle eût pu ainsi filer au travers du thorax du flic marron indiquait un petit calibre, une arme rapide. Plutôt en effet le profil d'un pistolet de professionnel, même s'il paraissait mal adapté à un meurtre commandité. Une bonne grosse décharge de chevrotine aurait fait plus de dégâts. C'est aussi pour cela qu'il n'avait pas rechigné à retourner avenue Camille-Pelletan. Grimal n'avait qu'une confiance limitée dans certains de ses auxiliaires et l'un d'entre eux avait tout à fait pu escamoter la balle de peur qu'elle ne parle et n'indique l'identité du tueur, ou en tout cas son bord. L'inspecteur se rendit à l'endroit où Cardella avait été découvert, toujours délimité par un trait à la craie. Logiquement, il avait sans doute avancé d'une dizaine de mètres avant de tomber à terre. S'il avait basculé en avant, l'orientation de son corps n'avait pas dû varier énormément. Au moment de l'impact, il devait donc être là, au milieu de la chaussée, pratiquement à mi-chemin des deux perma-

nences. Le tireur devait alors se tenir sur le trottoir
« côté Ferri-Pisani ». La balle avait par conséquent
dû aller se ficher quelque part dans le mur de cette
modeste maison de quartier à deux étages arborant de
dérisoires instructions « défense d'afficher ». Grimal
se pencha, étudia la façade érodée, grisâtre, sans
dénicher la moindre trace de balle. Le projectile avait
peut-être ricoché sur le trottoir… Il fouina, centimètre
après centimètre, sans rien trouver.

Tant pis. L'indication principale du *modus operandi*
était que l'on n'avait pas cherché à achever le gardien
de la paix. Il eût suffi, lorsqu'il était à terre, de vider
le chargeur sur le corps. Ou alors l'arme s'était
enrayée ? Le choix du calibre était aussi surprenant.
Voulait-on avant tout faire un exemple, lancer un
avertissement ? C'était un travail de professionnel
réalisé à la manière d'un amateur.

Le rapport médical ne lui en apprenait pas vraiment
plus. Ni le cœur ni le foie n'avaient été sérieusement
touchés. La rate était perforée. Cardella courrait plus
vite en enfer. Même s'il ne semblait guère pressé de
mourir.

Grimal pressentait que l'examen des circonstances du crime ne lui apprendrait rien d'essentiel.
Comme l'avait si bien dit Ferri-Pisani, cela pouvait
être n'importe qui dans cette ville où tout militant
de base était armé. Le seul élément qui pouvait le
conduire au tueur était le mobile. Différend politique ?
C'était une évidence un peu trop évidente pour son
esprit d'enquêteur, rendu retors par l'expérience.
Vengeance ? Mais qu'avait bien pu faire Cardella
pour que l'on souhaite ainsi attenter à sa vie ?
Message adressé à un autre, à d'autres ? Règlement
de comptes crapuleux ? Le gardien de la paix avait-il

failli à une mission qu'on lui avait confiée ? Avait-il parlé, trahi ? Ce pauvre type accumulait tant de casseroles depuis des années que la batterie des mobiles était copieusement garnie. Bien qu'il lui rechignât de le faire, Grimal comprit qu'il allait lui falloir se lancer dans la tournée des suspects habituels, de ces tueurs patentés que chacun connaissait et qui n'étaient jamais bien loin lorsqu'on relevait un cadavre. Les Santucci, Carbone, Spirito et leurs hommes, et ces petits nouveaux dont l'influence grandissait et qu'on disait très proches de Ferri-Pisani : les Guérini. La seule certitude qui habitait Grimal à ce moment précis était que son « collègue » était tombé pour un motif qui le dépassait largement, qu'il n'était que la victime d'une balle perdue dans une fusillade aux enjeux bien plus vastes. Un mort pour l'exemple. Ou un simple instrument pour faire monter la tension, la violence et la peur dont se nourrissait la rue marseillaise pour régler ses querelles.

12

Non. Pas encore, pas encore. Laissez-moi le temps.

Le temps de quoi ? De parler, d'accuser, de dire tout le mal qu'il avait fait, qu'il avait vu ? Si seulement sa mort pouvait favoriser le grand coup de balai. Antoine n'entendait plus les voix, n'entrapercevait plus les visages brouillés. Il avait fait un pas de plus sur le chemin qui conduisait à l'oubli. Retrouver les racines du mal. Était-il entré en lui dès la petite enfance, résidait-il dans l'âme insulaire ? Le constat l'avait toujours meurtri au plus profond de sa chair que tous les acteurs du pourrissement de la ville et de son propre avilissement fussent corses, comme lui. L'entraide, la solidarité n'étaient plus que des mots galvaudés au bénéfice des plus retors, des plus impitoyables, des plus sanguinaires.

Son âme partit se balader sur les flots écarlates. La vie n'était qu'un long cimetière, une procession de tombes roses. Goélands et corbeaux, des oiseaux de jour et de nuit. Rentrer.

La première fois qu'il avait aperçu l'inspecteur Bory, Antoine venait d'entrer en service. C'était en 1927 et quasiment la première enquête à laquelle il participait sous les ordres de l'inspecteur Taddei de la Mobile : une certaine dame Annezin tentait de faire chanter le sénateur Maurice Sarraut, frère du ministre de l'Intérieur Albert Sarraut. Ils avaient recueilli des renseignements précis non seulement sur la tentative de chantage, mais également sur les éléments qui mettaient en cause le politicien radical. C'est alors que Pierre Bory, semble-t-il mandaté par le ministère pour des « missions spéciales », s'était présenté à Marseille et avait discrédité la maîtresse chanteuse, liée par alliance avec le sénateur. Le flic parisien avait tout bonnement introduit de la cocaïne dans les affaires de Mme Annezin et menacé de la faire arrêter pour possession de drogue. L'affaire avait été étouffée et le rapport établi par Taddei escamoté par Bory. La silhouette particulière de l'inspecteur avait frappé Antoine. Une raideur guindée, un air inquisiteur et légèrement hautain, souligné par une moustache noire. Bory avait l'apparence de ces exécuteurs des basses œuvres de l'État pour qui la fin justifiait toujours les moyens. La culpabilité, les scrupules semblaient glisser sur sa physionomie sévère et lui donnaient une aura malsaine. Comme s'il avait pris sur lui de se consacrer aux viles besognes et que ce sacrifice faisait sa grandeur. La beauté du bourreau. Antoine n'avait jamais pu effacer le souvenir inquiétant de cet homme. Et il suivit régulièrement par la suite son étrange parcours par voie de presse.

Quatre ans plus tard, lorsqu'il était revenu à lui dans la caillasse des calanques après son passage à tabac par Jo Santucci, Antoine avait ourdi sa vengeance et tout de suite pensé à Bory comme un instrument possible de sa rédemption. Quelques jours après l'incident, il s'était rendu au Beauvau, le bar de Carbone, et avait demandé à voir le patron. Que le truand sût qui il était et ce qu'il faisait ne l'étonna pas. Le Milieu était mieux renseigné que la police. Antoine expliqua à Carbone qu'il avait conservé le rapport établi par Taddei en 1927 et que ce document pouvait encore être très utile pour mettre en cause Albert Sarraut, alors ministre de la Marine, et ses amis comme Victor Buitton, l'ancien président du Sénat. Le rictus ravi de Venture confirma à Antoine qu'il avait touché juste.

— *Ne parleramu a Simon*, avait promis Carbone.

Et c'est ainsi qu'Antoine Cardella, gardien de la paix, était entré dans les bonnes grâces de Simon Sabiani.

13

Quand Monique rentra, elle trouva Théroz étalé sur le canapé, son galure sur la tête, une cibiche à la bouche. À son air renfrogné, elle comprit.

— Faut bien que je gagne ma croûte, Lucien…

Il roumégua.

— Tu sais bien que ce n'est pas avec ta paie de condé qu'on va pouvoir vivre à deux ! Et tu sais bien que j'ai encore des dettes à honorer…

Théroz l'avait symboliquement « rachetée » à son souteneur, Boumaza, un Kabyle filiforme aux yeux clairs, connu sous le surnom de « grand Boubou ». Mais Monique continuait à faire des gâches pour son ancien patron sous son nom d'artiste Ariane. Si elle ne se prostituait plus, son spectacle d'effeuilleuse à la Rose des Vents, un bouge du bien nommé boulevard des Dames, connaissait toujours un franc succès auprès des coloniaux en transit, qui tuaient le temps dans le quartier dans l'attente du prochain départ d'un bateau de la Transat pour Alger.

— Après tout, c'est un job artistique et, sans lui, tu ne m'aurais pas rencontrée.

Monique avait été une évidence, un coup de foudre, même si Théroz détestait l'expression. De son enfance alpestre, il avait en tout cas appris à ne pas se protéger des éclairs sous les arbres. Il ne s'était donc pas caché de leur liaison, même si elle pouvait troubler ses collègues et remettre en cause sa probité. Lui n'avait pas le moindre doute. Il était flic. Et il aimait Monique. Il faudrait bien que les deux aillent ensemble. Sinon ? Il évitait de s'appesantir sur ces idées parasites.

— Tu connais un mec qui s'appelle Antoine Cardella ?

Elle jeta sa veste sur lui.

— Le flic ? On ne parle que de lui, dans le quartier. Il a été buté pas très loin de la Rose…

— Il n'est pas mort, mais on en dit quoi, dans le quartier ?

— Rien de très précis. On se demande qui a fait le coup. Mais tu devrais en parler à Boubou, lui connaît tout le monde.

Il soupira longuement, se leva pour l'embrasser.

— Et les filles, tu crois que ça l'intéressait ? Tu peux te renseigner ?

Elle secoua ses cheveux d'un blond vénitien de facture récente.

— Non, ça m'étonnerait. Les flics qui vont aux putes, on les connaît. Tu parles, ça peut toujours servir ! Enfin, à part toi… L'incorruptible !

Il la repoussa en riant. Elle se laissa tomber sur le canapé et écarta son corsage d'un geste vif. C'était l'avantage des professionnelles, ces tenues à la conception sophistiquée qui épargnaient de longs préambules. Faire l'amour à Monique, c'était sans doute toucher à l'interdit, passer les bornes, repousser les limites. Mais il avait besoin de ça, comme autrefois le prenait cette envie incontrôlable de sauter du haut de la falaise de Talard et de voler comme un oiseau. Un vautour.

Il l'embrassa à pleine bouche, mêlant le goût de sa nicotine à ses relents de champagne bon marché. Il pinça ses mamelons. Elle éclata de rire.

— Tu y penseras ? Cardella, c'est devenu ma cible, mon obsession.

Il cessa d'y penser pendant la demi-heure qui suivit. Elle s'endormit, écrasant son bras sous ses fesses. Il parvint à attraper d'une main le paquet de Celtiques et à en fumer une dernière. Demain, il se mettait en chasse. Sans trop savoir où et comment. Au pif, au museau, au flair. Il reniflerait dans les coins, le long des murs et des caniveaux. L'instinct lui disait qu'il y avait quelque chose à trouver.

14

En sortant de l'hôtel de police de l'Évêché, Adèle Cardella se sentit un peu mieux. Une brise chaude et parfumée montait de la mer, balayait le parvis de la cathédrale de la Major et respirait la vie. Elle s'était sentie tellement humiliée par cette enveloppe, cette tentative de l'acheter comme une vulgaire catin. Comme si on lui annonçait pour la deuxième fois qu'Antoine avait été abattu. Elle savait bien que son époux n'était plus le policier qu'il était autrefois, que sa passion s'était émoussée et que les attentes déçues l'avaient aigri, vieilli prématurément. En dix ans, il avait perdu la fougue naïve qui l'avait séduite jadis. Mais il ne s'était jamais vengé sur elle, ne l'avait jamais accablée, insultée, battue. Il portait son fardeau tout seul, se consumait doucement, avec pudeur et le sourire aux lèvres. Elle aurait aimé l'aider, le forcer à partager sa peine, mais chaque fois qu'elle l'interrogeait, il esquivait, plaisantait, et cette défiance la désolait. Elle n'avait pas toute sa confiance. Elle ne serait pas sa confidente. Il répétait que cette ville était pourrie jusqu'au trognon et qu'il fallait penser à rentrer au village. Il échafaudait des plans fumeux de retour au pays, évoquait l'héritage de l'oncle Octave, mais l'aïeul n'avait nulle intention de quitter ce monde et qu'auraient-ils fait à Zevaco ? Antoine n'était ni cultivateur ni artisan. C'était un flic et il n'y en avait pas vraiment besoin là-haut. Alors il rêvait à voix haute de mutation, mais qui aurait voulu de lui en Corse, avec ses états de service ? C'était affreux à dire, mais Adèle n'avait pas été surprise à l'annonce de l'agression. Au fond d'elle-même, elle s'y attendait, persuadée qu'il faisait tout son possible pour se punir de ne pas avoir été le policier que son oncle aurait voulu qu'il fût. L'aïeul était sans doute au courant à présent. Le télégramme qu'elle avait envoyé avait dû parvenir jusqu'à lui. Elle n'avait pas encore de retour et le téléphone ne montait pas jusqu'à Zevaco. Elle lui avait demandé de ne venir qu'en cas d'issue fatale, mais il était tout ce qu'il lui restait de descendance puisqu'ils n'avaient pas eu d'enfants. Il pouvait tout aussi bien débarquer à tout moment. Il y avait aussi le frère d'Antoine, mais ils étaient fâchés. Elle n'avait pas encore osé le prévenir.

Elle regagna la ville par ces rues du Panier où elle venait rendre visite à sa grand-mère, la rue de la cathédrale, la rue du Petit-Puits, la place des Treize-Cantons, la place de Lenche. Les minots gambadaient autour d'elle et deux vieilles chuchotèrent en la voyant passer. Elle était la femme du flic qu'on avait abattu.

Les reflets bleutés du port pétillaient au travers des tuiles et elle chassa cette idée qui revenait sans cesse : qu'elle préférait presque qu'il meure, pour être enfin libéré de cette honte rentrée qui rongeait leur couple, corrodait leur amour. Finalement, elle souhaitait tant qu'il trouve enfin la paix. Elle descendit la rue Caisserie, rejoignit la Grand-Rue. La carcasse écrasante de l'Hôtel-Dieu se dressait sur sa gauche. Elle pénétra dans l'entrée du vieil hôpital, encombré de malades en attente. De vrais éclopés, des mutilés, des « fatigués » venus faire reconnaître leur droit à toucher « l'assurance », des ouvriers fauchés dans leur labeur, des dockers burinés par l'air du port. Des femmes aux yeux baissés, des marmots plein les bras. Qui hurlaient, qui beuglaient, qui couraient çà et là pour ceux qui le pouvaient. Toute une cour des miracles habitait la longue rangée de bancs du dispensaire. Personne ne savait au juste quand son cas serait pris en charge. L'attente impatiente entretenait une tension que renforçaient la chaleur et les gémissements des salles d'opération. Adèle traversa le grand hall et gravit les marches d'un des deux majestueux escaliers en colimaçon qui flanquaient le vieux bâtiment. Les chambres étaient à l'étage. La plupart étaient des dortoirs à six places où se mélangeaient les maladies les plus disparates. Les plus valides parcouraient la travée qui menait aux chambres en pyjama, l'air hagard. Beaucoup fumaient, monnayaient une course pour les plus atteints : un journal, un café. Antoine avait eu droit à une chambre individuelle, gardée en permanence par un planton. On avait tenté de l'assassiner. On pouvait recommencer.

Le planton la reconnut et prit un air embarrassé.

— Des messieurs sont déjà là...

Elle entra. Un homme, abonné au même tailleur que le livreur d'enveloppe, s'appuyait à la fenêtre ouverte. La même posture avachie, le même regard effronté. Assis au chevet d'Antoine, un autre homme releva la tête. Lui portait beau. Vraiment. Sa mise de dandy n'avait rien de forcé, d'outré. Il n'avait pas l'allure d'ours de foire de ses congénères. Sans cette petite vérole qui avait grêlé ses joues de multiples crevasses, il aurait été beau. Séduisant en tout cas. Il se leva, porta à son torse le feutre qui reposait sur ses genoux.

— Madame Cardella, toutes mes condoléances. Nous avons sincèrement souhaité être aux côtés d'Antoine dans ce rude combat qu'il mène.

— Sortez !

Le cri avait jailli comme une gifle. L'ours se redressa mollement. Le bellâtre s'inclina et replaça son couvre-chef sur son visage émacié.

— Je comprends que vous désiriez être seule avec lui. Nous partons. Mais sachez que nous sommes à vos côtés. Antoine sera vengé.

Il fit signe au primate qui le suivit vers la sortie. Elle les regarda passer la tête haute, le regard froid. Le planton leur tint la porte non sans un certain respect. Adèle alla remplacer Lydro Spirito aux côtés de son mari. La rage faisait remonter les larmes. Elle les refréna.

— Mais qu'est-ce que tu as fait, mon chéri ? Qu'est-ce que tu as donc fait ?

15

Raoul avait connu l'inspecteur Filori dans la foulée de l'assassinat du roi de Yougoslavie. Le policier corse, connu pour son amitié avec Ferri-Pisani et l'actuel maire socialiste Henri Tasso, avait été parmi les plus virulents critiques du service d'ordre mis en place lors de la visite du souverain et en avait directement tenu pour responsable Simon Sabiani, alors premier adjoint au maire, et sa mainmise sur des forces de police corrompues ou embauchées sur recommandation et au mépris des compétences. Placé à la tête du syndicat policier, Filori avait exigé un grand ménage que l'État français tout aussi bien que la nouvelle municipalité avaient commencé à entreprendre.

— Et si nous gagnons les élections, cela va encore s'arranger, assura-t-il au journaliste.

Raoul n'osa pas demander si le « nous » ainsi employé par un impartial serviteur de la loi et de l'ordre n'était pas paradoxal. Depuis les émeutes de février 1934 et la menace que les ligues d'extrême droite avaient fait peser sur la démocratie, l'engagement politique était moins un handicap pour un représentant des forces de l'ordre que le gage de son attachement aux valeurs de la République. Quitte à favoriser des excès inverses. La droite et notamment Sabiani avaient d'ailleurs beau jeu de fustiger la police marxiste aux ordres des bolcheviques. Mais l'intégrité de Filori ne faisait aucun doute, et Sabiani lui-même en aurait sans doute attesté, même si cet ancien compagnon de ses années communistes avait juré publiquement qu'il aurait un jour sa peau, et celle de Carbone et de Spirito dans la foulée. Dans cette étrange surenchère qui exacerbait les haines et les acoquinements, les violences et les fidélités, Filori avait même pris sur lui d'accueillir à son domicile de Saint-Barnabé les nouveaux arrivants en provenance de l'île de Beauté et de leur procurer conseils et soutien pour éviter qu'ils ne tombent entre les griffes de son ennemi juré. C'était en quelque sorte soigner le mal par le mal, le clientélisme par un autre, mais Filori rappelait à ceux qui lui en faisaient la remarque qu'il agissait « pour la bonne cause » et n'exigeait rien en retour de ceux à qui il venait en aide, ni soumissions ni services à rendre.

— Tu vas donc être des nôtres à demeure ?

— On le dirait bien !

Filori lui empoigna l'épaule.

— Même si tu travailles pour un journal réactionnaire, c'est une bonne nouvelle. Tu ne pourras que relever le niveau de la presse locale, inféodée aux plus cyniques capitalistes comme Fraissinet, à Sabiani et ses voyous, ou si impartiale qu'elle en devient complice. Et Dieu sait qu'il y a des scandales à révéler et des saloperies à dénoncer !

— Je compte sur toi pour m'en informer !

Filori s'esclaffa.

— Il faut voir. C'est du donnant donnant. On est clientéliste ou on ne l'est pas !

La grande affaire qui agitait les forces de l'ordre en ce moment, c'étaient les élections. Durant plus d'une décennie, la vie politique marseillaise avait atteint un niveau de violence inédit depuis la Commune. Tout se réglait à coups de trique ou de calibre, et la police n'était souvent là que pour relever les blessés et les morts.

— J'ai lu que l'un des vôtres avait été tué ?

Filori soupira.

— Il n'est pas encore mort, mais c'est tout comme. Cela dit, c'était une planche pourrie.

— Et vous avez des pistes ?

— Environ cinq cent mille suspects, soit toute la population en âge de tenir une arme à feu. Ici, aujourd'hui, et ce depuis que Sabiani a fait embaucher sur les docks puis à la Ville ses voisins, ses amis, sa famille et ses proches, tout le monde doit un service à quelqu'un. Flics, voyous, employés municipaux, femmes de ménage, putes et barbeaux, garçons de café ou petits patrons, nous sommes tous redevables de quelque chose. C'est un puzzle inextricable de dépendance mutuelle qui peut pousser quiconque, si besoin est, à devenir un assassin…

— Plus sérieusement ?

— Je ne sais pas. Il faut que tu voies Grimal, qui est chargé de l'enquête.

Raoul redressa la tête.

— Grimal ? Oui, j'en ai entendu parler. Un bon flic.

— Un très bon flic, même s'il n'est pas des nôtres.

— Il roule pour qui, Grimal ?

— Pour personne ! C'est tellement inattendu ici que c'en est presque suspect. Mais c'est un bon policier. Et d'ailleurs, suis-moi, je vais te le présenter.

Filori ramassa une enveloppe cartonnée sur son bureau et l'entraîna dans le dédale de cet ancien palais épiscopal transformé en quartier général de la police marseillaise. La dignité austère du lieu, ses colonnades, ses marbres et ses plafonds hauts tranchaient avec la bassesse qui s'y bousculait au quotidien. Ils parvinrent devant une porte entrebâillée que le policier corse poussa sans cérémonie.

— Oh, Xavier ! Quel bon vent t'amène ?

Filori s'effaça pour laisser entrer Raoul.

— André, je te présente Raoul Pichotte, du *Petit Parisien*. Il vient s'installer chez nous comme correspondant permanent.

Grimal se redressa dans son fauteuil.

— Le Pichotte de l'assassinat d'Alexandre Ier ?

Le journaliste opina.

— J'ai lu vos papiers. Intéressants. Eh bien, bienvenue à Marseille.

Grimal tendit la main, que Raoul saisit vivement.

— Raoul s'intéresse à l'affaire Cardella, aussi lui ai-je proposé de te rencontrer, si tu n'y vois pas d'inconvénient.

Grimal grogna. Ce n'était ni un refus ni une acceptation. Il n'aimait guère les journalistes. Pas qu'il leur reprochât de mal faire leur travail, puisque ses confrères, trop souvent, ne le faisaient pas mieux. Plutôt qu'il pensait que la manifestation de la vérité avait besoin de calme, de discrétion et de confidentialité. Lui-même n'était pas de ces flics qui recherchaient la lumière et les gros titres. La presse était, de son point de vue, tout juste un mal nécessaire.

Filori s'avança et déposa sur le bureau l'enveloppe cartonnée qu'il avait apportée.

— Tiens, cela va t'intéresser et, je t'en prie, ne me demande pas d'où elle vient.

Grimal soupesa le pli et constata qu'il contenait un petit objet lourd qu'il fit glisser jusque dans la paume de sa main. Il siffla lorsqu'il y parvint.

— Ne me dis pas que c'est la balle...

— Si. La balle qui a touché Cardella. Elle m'a été donnée par un de nos collègues qui l'a ramassée et a jugé plus sage de me la faire parvenir avant de la verser au dossier.

Grimal bougonna. Il avait bien supputé une entourloupe de ce genre.

— Tu veux dire, s'exclama Raoul, que des membres de la police marseillaise escamotent des pièces à conviction pour des raisons politiques !

Filori haussa les épaules.

— Disons que dans le climat délétère qui règne depuis février 1934, certains préfèrent prendre leurs précautions et éviter que certaines pièces ne tombent entre de mauvaises mains.

Grimal se leva.

— En l'occurrence, les miennes !

Filori s'avança.

— Ne te formalise pas, André. Certains collègues sont à cran. Et comme on ne sait pas de quel bord tu es, disons que je sers de sas.

Grimal hocha la tête d'un air navré.

— Si tu veux tout savoir, je n'en veux pas de cette affaire. Bien sûr, elle intéresse le limier que je suis, et je suis certain de pouvoir découvrir la vérité. Mais à quel prix ? Rétention d'indices, menaces, faux témoignages. Je sais pouvoir m'attendre à tout parce que, ici même, dans les murs où devraient régner la loi et l'ordre, certains entravent la recherche de la vérité.

Filori acquiesça.

— Que veux-tu ? La devise de la République n'est pas Liberté, Égalité, Vérité…

— Certes, mais je m'estime en droit d'attendre de mes collègues un peu de… confraternité.

Raoul pouffa et chercha à désamorcer la querelle.

— Puis-je savoir où vous en êtes ?

Grimal se laissa retomber dans son fauteuil.

— Pas très loin malheureusement. Pas facile d'effectuer des recherches balistiques sans balle et d'avoir affaire à des témoins qui se contredisent diamétralement. Pour le reste, je pense que tout le monde dans cette ville, à part moi-même, son épouse, et vous-même, qui venez d'arriver, se contrefiche de savoir qui a tiré sur ce pauvre type. Lui-même s'en moque sans doute.

— Auriez-vous l'amabilité de me tenir au courant d'éventuelles évolutions ? Je trouve pour ma part que cette histoire illustre parfaitement la complexité de cette ville.

— Appelez-moi, ou plutôt appelez Xavier. Je réponds rarement au téléphone, et lui saura vous dire ce que le syndicat m'autorise à révéler !

16

Le grand Boubou habitait le dernier étage d'un vieux « trois fenêtres » de la rue du Refuge, en face de ce qui avait jadis été une prison pour femmes. Il y voyait un symbole. Maquereau, barbeau, hareng. Lui ne mangeait pas de ce poisson-là. Souteneur, passe encore, dans le sens de soutien de famille. Lorsqu'on lui demandait ce qu'il faisait, au bled, il répondait « tenancier de cabaret ». Et ce n'était pas faux. Cette haute fonction lui valait sans doute l'honneur d'être toléré dans cette rue du Panier, quartier qui devait en partie son nom à la fameuse main qui y était souvent liée et n'était pas celle de Fatima. Tout le sud du quartier, de la place des Moulins jusqu'aux Accoules, était désormais la chasse gardée des Corses, qui en avaient chassé les Napolitains, eux-mêmes arrivés sur les traces des Génois. Et l'on pouvait remonter ainsi jusqu'aux Grecs et même aux Gaulois. Chassé n'était d'ailleurs pas le mot exact. Qui part à la chasse perd sa place, et chaque génération était partie s'embourgeoiser dans les quartiers plus chic au-delà de la Canebière, devenir un bon Français, jouer la chair à canon pour l'armée de la République et dénigrer la nouvelle vague. Les Algériens, les Tunisiens ou les

Marocains, les « krouias », comme disait sa logeuse, occupaient encore quelques îlots sur le versant nord de la butte des Carmes. Beaucoup, comme les Italiens les plus pauvres, étaient partis vivre plus au nord, dans cette ville-champignon qui rongeait les campagnes et proliférait autour des huileries, des savonneries, des usines de soude et des docks des bassins Nord. Lui restait là, perché à sa fenêtre, observant cette rue où s'étaient reconstitués, en mode export, les villages de Levie et de Sainte-Lucie. Deux venelles plus bas, vers la rue Beauregard, on était à Calenzana. C'était encore le fief des Guérini, même s'ils étaient partis depuis plusieurs années occuper des beaux appartements sur la rive respectable de la Canebière.

Était-ce par souci de bon voisinage que les deux frères calenzanais lui foutaient la paix ? En tout cas, Aderfi Boumaza se sentait plus en sécurité ici, au cœur de cette Corse d'outre-mer, qu'au milieu des siens, blottis autour des meublés des quartiers de derrière la Bourse. Beaucoup de ses confrères, des Arabes mais aussi des Kabyles comme lui, avaient été contraints de rentrer précipitamment chez eux, au pays. Leurs affaires avaient brûlé, leurs filles avaient changé de camp, d'employeur. La guerre était larvée, discrète, sans calibres ou détonations. Mais au couteau, les Corses se défendaient aussi pas mal. Lui-même avait retrouvé une mère maquerelle qui travaillait pour lui, saignée comme un mouton au fond d'une cave désaffectée derrière le mur d'enceinte de la vieille Charité. C'était une « erreur ». Un messager lui avait fait parvenir des excuses. Mais la menace était patente, la tension aussi forte que dans les tranchées de 14. Les Guérini menaient une guerre de positions, dans l'indifférence des anciens maîtres de la vieille ville,

Venture Carbone et François Spirito. Sans doute ces derniers voyaient-ils d'un bon œil des Corses reconquérir ce terrain perdu aux « Moricauds ». Boubou se demandait combien de temps il faudrait avant que la trêve soit rompue et qu'il devienne, lui aussi, un marché à conquérir. Il pensait à tout cela lorsqu'un sifflet le tira de ces considérations géopolitiques. Il aperçut le doulos de Théroz, qui ne faisait même pas l'effort de lever la tête.

— C'est ouvert, tu n'as qu'à monter !

Le soleil se couchait et formait des ombres grasses sur les murs. Le patron de la Mondaine comprenait que les bonnes gens veuillent raser le quartier. On y jetait encore, dans les rues les plus étroites, le contenu des pots de chambre par la fenêtre, en prévenant le passant imprudent d'un cri compréhensible des seuls insulaires. Le linge rapiécé qui pendait aux fenêtres figurait d'inquiétants épouvantails le long des toits. Il dissimulait à la vue du vent les étreintes que trahissaient les râles et les soupirs au soir couchant. L'urbaniste qui avait dessiné le plan de la ville avait veillé à éviter soigneusement les angles droits, les ouvertures trop vastes, les grandes places évasées et sans échappatoire. Les murs semblaient avaler la lumière et protéger la nuit. On pouvait s'y tapir et y disparaître, épouser les formes effacées esquissées sur la pierre ocre. Une ruelle grimpait vers nulle part. Une autre dégringolait sur elle-même, sur une porte ouverte, une volée de marches, un coin de pénombre où rôdait l'inconnu. L'œil devait s'habituer à ce clignotement permanent, à ce jeu de clair-obscur où le moindre contretemps pouvait être fatal. Le Panier hypnotisait celui qui n'y avait pas grandi, qui n'en sentait pas les palpitations, la respiration saccadée. Théroz en était devenu un familier, un autochtone, un amoureux. Il chérissait cette atmosphère de sous-bois, se méfiait des clairières où rôdaient les chasseurs avec leurs chiens et leurs fusils. Lui braconnait. Posait ses pièges dans les immondices, dans les poubelles, aux rideaux entrebâillés des meublés, dans les arrière-salles des minuscules bistrots aux verres sales.

L'escalier était raide, irrégulier. Les tomettes s'enfuyaient sous le pied. Aucune marche n'avait la même hauteur, la même assise. Une odeur âcre de sardine oubliée sur le feu attaquait les narines dès le premier. Au deuxième, un chien grondait derrière la porte. Celle de Boubou était grande ouverte. Et il retrouva le patron de la Rose des Vents toujours penché à sa fenêtre, à faire concurrence au soleil rougeoyant du bout incandescent de sa cigarette roulée.

— Tu as une bouteille de bière dans le frigo.

— Non merci.

— Tu es encore venu me parler d'Ariane ?

— Monique, elle s'appelle Monique.

— Excuse-moi, mais pour moi, son imprésario, c'est Ariane.

— Épargne-moi ton boniment. Je ne suis pas venu pour ça.

Boumaza lui avait confié un jour que son prénom voulait dire « l'affranchi ». Il l'était sans doute. Et aussi grand que son surnom le supposait. Théroz lui arrivait à peine à hauteur de poitrine, et cette stature ainsi que ses grands yeux bleu ciel et les reflets roux de ses cheveux bouclés inspiraient confiance. Cela comptait, dans son métier.

— Je suis sur les traces de Cardella. Le flic qu'on a buté.

— Il s'est tiré de l'hosto ?

— Non. Je suis sur les traces de Cardella avant qu'on le fume. Je veux savoir ce qu'il faisait, où il traînait. Tu le connaissais ?

Boubou fit la moue.

— J'ai dû le voir une fois ou deux à la boîte. Avec des gens qui n'étaient pas d'ici, des Parisiens, des étrangers. Un grand type brun avec des lunettes et des allures de croque-mort qui matait les filles avec un air curieux.

— C'est tout ?

— Non. Il est venu me voir il y a un mois. À peine. Pour me demander si quelqu'un avait proposé de me racheter le cabaret.

— Et alors ?

— Je lui ai dit que non. Que, dans mon métier, les rachats, comment dire...

— Se font sans vraiment de proposition, c'est ça ?

— Oui.

— Et pas de menace non plus ?

Boumaza quitta l'encadrement de la fenêtre pour entrer dans la pièce.

— Lucien, tu sais bien que la menace est toujours là. Les Guérini veulent faire main basse sur la vieille ville. C'est presque déjà fait. Un jour, ils viendront me voir. Et sans notaire. C'est ce que j'ai dit à Cardella.

— Et qu'a-t-il répondu ?

— Que je devrais me méfier des notaires. Et que les Guérini n'étaient pas les plus dangereux des prédateurs.

Théroz retira son chapeau. L'ascension l'avait fait transpirer et ses cheveux suintaient.

— Il en a cité d'autres ?

— Non. Il s'est marré. Et il m'a dit de me méfier. Que des mecs voulaient s'emparer du quartier.

Le flic alluma une cigarette. De la concurrence aux Guérini ? Dans le quartier ? Première nouvelle. Cela ne lui paraissait ni vraisemblable ni souhaitable. À moins que Spirito n'ait des envies de revenez-y ?

— À ton avis, qui a tiré sur lui ?

Boumaza leva les bras au ciel.

— Alors là ! Je ne vais pas accuser sans preuve. Mais enfin, dans le quartier et jusqu'à Camille-Pelletan, qui fait la loi ?

— Tu veux dire qu'aucune balle n'est tirée par ici sans qu'on le sache immédiatement du côté de Calenzana ?

— C'est un peu ça.

17

Sabiani avait été plutôt surpris lorsque les communistes lui avaient demandé de venir porter la contradiction lors de son meeting de la place Marceau, sa dernière grande réunion publique avant le vote. Et puis il avait compris tout le profit qu'il pouvait tirer de cette « ouverture ». En acceptant d'accorder la parole à son rival François Billoux, il se prémunissait du même coup des provocations qui émaillaient la quasi-totalité des rencontres politiques en ville. Lui-même était passé maître dans l'art d'envoyer des éléments perturbateurs interrompre les orateurs ou faire le coup de poing. En acceptant la présence de son pire ennemi, il désamorçait la moindre tentative de sabotage. Il pourrait s'exprimer tout à son aise, d'autant qu'il n'avait nullement l'intention de céder la parole au candidat bolchevique. Pour éviter tout débordement, le déroulement de la réunion avait été millimétré. Une scène ronde était installée au centre de la place, éclairée par des projecteurs. Le public pourrait ainsi se masser autour de l'estrade. Sabiani adorait se donner en pâture. Il aimait le contact, le corps à corps, le combat de près. Lorsque la délégation communiste arriva, vers six heures, Lydro Spirito pratiqua personnellement les fouilles au corps. L'un de ses hommes celui qui l'avait accompagné au chevet de Cardella – sortit de sa poche un tube de rouge à lèvres et le tendit à Billoux en agitant la langue.

— Comme ça, tu pourras faire la pute à Sabiani !

Les esprits s'échauffèrent, les poings se durcirent, on se poussa, on se repoussa jusqu'à ce qu'un communiste, ami de Spirito depuis leur enfance au quartier, obtienne du caïd qu'il sermonne son gorille. Les mains se serrèrent mollement. Un calme précaire était revenu.

Carbone, pendant ce temps, disposait ses hommes autour du podium. Une quarantaine de porte-flingues, en panoplie de *mobsters*, formaient un cordon rendu plus dissuasif encore par les mitraillettes Thomson rutilantes tout juste importées de Chicago. Carbone faisait un complexe Al Capone depuis un voyage d'« études » aux États-Unis. Mais les « rouges » n'étaient pas en reste : une cinquantaine d'entre eux s'étaient disséminés dans la foule et n'avaient rien à envier à la garde de Carbone en matière d'artillerie lourde. Pour corser le tableau, l'orage menaçait et un vol d'étourneaux picorait les nuages noirs qui filaient vers la mer.

Adèle Cardella était là. Elle avait ressenti le besoin impérieux d'approcher ces hommes qui, probablement, avaient tué le sien. Pourquoi ? Comment ? Il lui fallait voir, savoir, toucher.

La foule enflait à mesure que la nuit s'installait. Bientôt, elle se retrouva cernée par des hommes prêts à en découdre. Depuis des semaines, l'atmosphère était électrique. Espoir et excitation mêlés d'une sourde inquiétude. Ce n'était pas un printemps comme les autres, mais un de ces mois de mai où tout pouvait arriver, comme aux premiers beaux jours de l'adolescence. Et cette impatience que chacun ressentait au fond de lui était décuplée par la loi du nombre. L'air était lourd de promesses et de menaces. Ils se tenaient par grappes d'amis, de collègues de travail, par corporations. Les dockers, les manutentionnaires, les travailleurs des huileries et des savonneries, quelques grévistes de Fraissinet particulièrement remontés contre les briseurs de grève de la bande à Sabiani. Une douzaine d'hommes de Ferri-Pisani se tenaient prudemment au coin de l'avenue Camille-Pelletan. Le vaste rond-point était un patchwork de couvre-chefs. Les borsalinos des voyous, les casquettes des ouvriers, les canotiers des employés. Les dockers, pour leur part, restaient nue tête. Les femmes étaient rares, mais Adèle reconnut deux ou trois filles qui travaillaient avec elle chez Thiéry, le couturier de la Canebière. Elles avaient débrayé voilà un mois pour exiger des conditions honorables plutôt que ce travail à la pièce, précaire et mal payé, qui ne permettait pas de nourrir une famille. La presse avait ironisé sur leur mouvement, le qualifiant de « grève des midinettes », mais elles étaient tout aussi déterminées que les hommes à faire valoir leurs droits.

Le vent tomba comme un coup de fouet. La chaleur devenait oppressante. Chaque rue déversait son cortège. Chaque artère alimentait le cœur battant de la place. Le monde affluait de l'avenue de Paris, du Racati, de la porte d'Aix. Un groupe entonna un « Simon ! Simon ! Simon ! », repris à tue-tête par des centaines d'autres. À l'extrémité de la place monta une *Internationale* aussitôt endiguée par les huées.

Une horloge avait été installée bien en vue au milieu de l'estrade pour veiller au respect de l'horaire et des temps de parole, mais Sabiani se faisait prier, jouait les divas. *Simon ! Simon ! Simon !*

Carbone passa à la baguette et son comité d'accueil bafouilla une *Marseillaise* à contretemps. Les gros bras communistes reprirent à leur tour le chant révolutionnaire, adopté un siècle et demi plus tôt par une grappe de Marseillais dans un café de la rue Thubaneau. L'écho de la Révolution était en marche. Qui l'incarnait le mieux ? Le député sortant se décida enfin à prendre la parole.

— Mes amis !

Une clameur s'éleva que Carbone fit cesser d'un moulinet de mitraillette.

— Mes amis ! Voilà huit ans, vous m'avez fait l'honneur de m'élire comme votre représentant à l'Assemblée nationale pour la 3e circonscription de Marseille. Ce fut pour moi une émotion particulière d'être le porte-parole de ce quartier dans lequel j'ai grandi, travaillé et lutté. Aujourd'hui, nos rivaux moscoutaires vous proposent de voter pour un homme…

Il désigna la zone d'ombre, à l'arrière de la scène, vers laquelle Billoux avait été repoussé.

— … un homme qui non seulement est à la solde de Moscou et du bolchevisme le plus arriéré, mais qui, en outre, n'est pas d'ici. Que connaît François Billoux du dur labeur des docks ? De la sueur des huileries ? De l'odeur tenace du savon sur les frusques des travailleurs ? Du fardeau des portefaix ? Des mains calleuses des manutentionnaires ? Qu'en sait-il, lui, le Stéphanois, venu ici sur ordre des Soviets prétendre nous imposer sa loi ?

Le public se changea en horde de loups pour conspuer le candidat communiste.

— Mais les communistes, me direz-vous, ne sont pas d'ici ou d'ailleurs. Ils sont internationalistes ! Je dirais plutôt cosmopolites, apatrides !

— Mort aux métèques ! coassa une voix au premier rang.

Adèle n'écoutait pas. Elle pensait à Antoine. Le débit lénifiant, la voix traînante et l'accent insulaire de Sabiani l'assoupissaient. Ce n'était plus qu'une mélopée, un bruit de fond, porté par le ronronnement et le mouvement de la multitude. Le front haut, le poing dressé, agitant une badine imaginaire, l'orateur lui faisait penser à un caporal peau de vache, à un contremaître agacé. Il menaçait, insinuait, injuriait, mais que proposait-il ? Des enveloppes de 1 000 francs ? Des balles dans le dos ?

— La France et les Français d'abord !

Les premiers rangs s'embrasèrent. Carbone ordonnait la bronca. Sur la scène, l'aiguille de l'horloge poursuivait son chemin bien au-delà du temps imparti. Les coulisses bouillonnaient. Grondements, protestations. Spirito se dressait en travers de la scène, sa Thomson brandie à deux mains. Sabiani poursuivait. Les sifflets le stimulaient.

— Voter Sabiani, c'est voter pour vous-mêmes ! Vous ai-je jamais rien refusé ?

Spirito reculait. Derrière le podium, une vague secoua l'assistance. Des jurons étouffés. Des poings levés. *Billoux ! Billoux ! Billoux !*

— Je suis ici chez moi, dans ma circonscription ! Qui peut décider combien de temps j'ai le droit de parler ! Moscou ? Saint-Étienne ? Non ! Le peuple de Marseille, qui m'a élu voilà huit ans et va me renouveler sa con…

Éparpillés dans la masse noire du public, les hommes en armes du parti levèrent leurs calibres vers le ciel. À un signal venu de l'estrade, ils tirèrent en l'air. Un long crépitement, un coup de tonnerre. Un lourd roulement de tambour auquel répondirent les piaillements affolés des étourneaux. La vague se déplaça, se fit lame de fond. La marée humaine ondulait, grouillait autour de la scène. Les plus éloignés du podium s'échappaient par les rues les plus proches. D'autres filaient en courant en direction de la ville. On criait : « La police arrive ! » Mais il n'y avait pas l'ombre d'un policier en vue. Pas un képi. Pas une matraque. Des hommes étaient montés sur l'estrade, armés d'un drapeau rouge. Ils poussèrent Billoux vers le halo blanc des projecteurs. Sabiani parlait encore dans le vide. Alors Carbone leva le bras et le cercle infernal de ses acolytes donna la réplique. Une pétarade de feu d'artifice. Le bruit des balles ricochait sur les murs, sifflait sur les fenêtres, affolait les pignons, ébranlait les tuiles.

Flux, reflux, courants contraires. La foule s'effilocha. Les plus véloces, les plus malins fuyaient comme des lapins. Les plus costauds tapaient dans le tas. Les vieux se tapissaient dans les coins sombres.

Bousculades, engueulades. Puis rires et boutades. Un groupe de jeunes passa devant Adèle en sautillant, lancé dans un concours de noms d'oiseaux en français, en italien, en corse. Des excités, foulard sur la bouche, balançaient des caillasses sur la scène désertée. En moins de cinq minutes, la place s'était vidée. La rumeur s'éloignait vers la porte d'Aix, vers le Racati. Vers le port.

De ce qui restait de l'assistance montèrent les premiers accents de *L'Internationale* : *Debout, les damnés de la terre...* Les gangsters de Carbone reprirent leur approximative *Marseillaise*.

Aux points, les rouges avaient gagné.

Adèle s'avança. La garde rapprochée de Sabiani desserrait les rangs et ses hommes relâchaient leur vigilance, reprenaient leur posture habituelle, vulgaire et débraillée. Elle reconnut le porteur d'enveloppe, qui posait sa Thomson au pied d'un poteau électrique. Puis l'homme de l'Hôtel-Dieu. Elle interrompit leur repos de guerriers en criant :

— Lequel d'entre vous a tué mon mari ?

Ils relevèrent la tête. Le porteur d'enveloppe ricanait. L'autre hocha la tête.

— Qui ? Qui l'a tué ?!

Le cordon se reforma. Les hommes approchaient pour voir qui était cette folle qui hurlait. Une voix éraillée :

— C'est la femme du flic, celui qui a été buté...

— Ce n'est pas nous, madame. C'est un coup des socialos.

Spirito s'était approché. Il posa la main sur son bras. Elle voulut le retirer, mais la poigne était ferme. Résolue.

— Ce n'est pas nous, madame Cardella. Je peux vous le jurer. Mais nous le vengerons, je vous le promets. Rappelez-vous le petit Malméjac[1]. C'est grâce à nous qu'il a été retrouvé. Nous ferons de même pour l'assassin de votre mari.

Elle sentait la rage l'envahir. Elle voulait crier son désespoir, son dégoût.

---

1. En 1935, les ravisseurs du petit Claude Malméjac à Marseille furent retrouvés grâce aux renseignements fournis à la police par les hommes de Spirito.

— Je n'ai que faire de votre vengeance ! Si, c'est vous qui l'avez tué ! C'est toute cette violence, ces armes ! Vous êtes tous ses assassins !

Elle se rendit compte qu'elle l'enterrait déjà, alors qu'il combattait la mort. Mais pour combien de temps ?

Spirito répliqua d'une voix douce. La lumière des projecteurs s'atténuait et dessinait un sourire sur ses lèvres.

— Ce n'est pas nous qui avons fait le monde tel qu'il est. C'est le Bon Dieu. Mais je vous le répète, nous trouverons son assassin, je vous le promets. Maintenant, rentrez chez vous.

Elle ne voulait pas pleurer. Ce n'est pas de la tristesse qu'elle ressentait. Mais les larmes d'impuissance sont plus chaudes encore. Et plus abondantes.

18

Raoul n'en revenait pas. Il avait vécu de l'intérieur les batailles rangées du 6 février 34, vu des émeutiers tabassés à mort sous ses yeux sur le pavé de Paris, mais jamais il n'avait ressenti une telle tension, une telle intensité dramatique. Le meeting se terminait en eau de boudin et, autant qu'il pût en juger, il n'y avait pas de victime. Sans doute quelques plaies et quelques bosses héritées de la bousculade. Et pourtant, malgré cette issue heureuse, le journaliste était désarçonné. Comme s'il venait d'assister à une messe païenne dont il ne connaissait pas les rites. Quels esprits avaient donc invoqués les protagonistes pour faire jaillir cette fureur théâtrale, ce ballet de mensonges, d'intimidations et d'incantations qui ne débouchaient sur rien ? Marseille était une ville agressive, sans cesse sur le qui-vive, sans doute à cause de cela. Parce que sa violence ne se libérait pas dans la mort, qu'elle ne connaissait pas ou rarement son aboutissement. Là résidait la détresse qu'il avait palpée dans la foule, dans les âmes, lors de l'assassinat d'Alexandre Ier. Les Méridionaux avaient l'habitude de l'invective, de la menace. Mais la corrida de leur vie se jouait sans mise à mort. Le meurtre, l'exécution étaient d'autant plus tragiques qu'ils étaient le dénouement d'un engrenage inéluctable et non la libération ultime de la tension. La mort ne ramenait pas la paix. L'état naturel de ces hommes était la polémique, la controverse, la haine. Raoul avait eu l'impression d'assister à un spectacle de grand guignol parfaitement répété, où chacun avait sa place, son texte, ses codes. Cette réunion n'était qu'une mise en scène, un face-à-face, un *haka*. Bien sûr, on tuait dans cette ville plus qu'ailleurs. Mais l'assassinat était un élément de la dramaturgie. Il venait à son heure. Il avait un sens. C'est ce qui rendait la tentative de meurtre de Cardella plus fascinante encore. Que voulait-elle dire ? À qui s'adressait-elle ? À la fin de la réunion, la veuve était venue troubler le bon ordonnancement des choses en demandant des comptes. L'agression de son mari n'était pas un meurtre rituel. Il ne cadrait pas avec le tableau. Personne n'avait d'explication.

Il regagna la ville à pied, par les ruelles sombres et visqueuses du bas du Panier. Coutellerie, Caisserie, Bonneterie, Chapeliers. La vieille ville s'était organisée autour de ses métiers. Il y avait même une rue du Bourreau. La nuit, un autre petit négoce battait son plein. Le commerce des peaux, des sens et des solitudes. Les âmes en partance poussaient des rideaux de billes pour retrouver ces pauvres filles qui ne voyageaient que par le sexe et collectionnaient en guise de souvenirs des maladies d'ailleurs. Elles le hélaient au passage. *Entre, beau blond !* Il portait la main à son canotier et filait vers la mer. Besoin d'air. Sur le quai de Saint-Jean, un bal improvisé faisait tourner les têtes, les jupes et les bâchis. La Marine était de sortie. Un bar à nègres exhalait des senteurs de riz et de jazz. Raoul remonta la Canebière à contre-courant du flot des badauds attirés par le clapotement indigo de la mer.

Parvenu au Grand Hôtel, il se laissa happer par les rythmes saccadés qui montaient du Melody's, le cabaret installé au sous-sol de l'établissement. Un phono y passait des disques américains. Il s'installa au bar, commanda un scotch au son de *Alone*, de Tommy Dorsey, qui collait à son humeur. Les verres défilèrent comme les rengaines et il était bien pompette lorsque le trio fit son entrée.

Carbone se détacha du groupe et fit signe à ses deux compagnons de s'amuser ailleurs. Ils allèrent s'avachir à une table basse dans un coin sombre.

— Alors, Pichotte, on s'arsouille ?

— J'avais en effet besoin d'un remontant.

— Vous étiez au meeting ? Je crois vous y avoir aperçu…

— J'y étais, oui. Mais je me suis fait discret.

Carbone ricana.

— Et cela vous a plu, nos petites festivités ?

— Je ne saurais trop dire. À quoi bon ce genre de meetings ? Personne n'a débattu, personne n'a rien appris.

Le truand s'esclaffa.

— Débattre ? Apprendre ? Vous en avez de bonnes ! Une réunion électorale ne sert pas à ça ! C'est une revue d'effectifs, une *thérapie de groupe*, comme on dit aujourd'hui. Une façon de jauger les forces avant l'assaut final…

Raoul se tourna pour dévisager le bandit corse.

— Et alors ? Qui a gagné ?

Carbone lui tendit une cigarette et alluma la sienne avec un briquet en or.

— Mais enfin, Raoul, n'étiez-vous pas là ? Les cocos bien sûr ! Ils vont nous mettre une pâtée. Même Simon en est conscient. Voici un an, il a perdu la mairie, dimanche, il perdra son siège de député. Le vent souffle pour la gauche et son Front populaire. C'est comme ça.

— Cela n'a pas l'air de vous embêter plus que ça ?

— Moi ? Je ne suis qu'un petit commerçant qui a fait sa fortune dans l'import-export. Gauche ou droite, que m'importe. Mes clients auront toujours besoin de ce que je leur vends. Et le meilleur moyen de se débarrasser une fois pour toutes de la clique socialiste, c'est de la laisser au pouvoir.

— Fataliste ou cynique ?

— Ni l'un ni l'autre. Vous savez, un homme comme moi n'a pas de convictions. La vie s'est chargée de m'en démontrer l'absurdité. Si je travaille avec Simon, c'est parce que c'est un ami et qu'il a su favoriser mes affaires. Notre association est fructueuse. Elle le sera encore. Simon aime le pouvoir. Moi, c'est l'argent. Nous avons appris tous les deux dans les vieux quartiers que, quoi que l'on dise, seule la loi du plus fort s'impose au final. La gauche ? C'est le pouvoir des faibles et des médiocres. On ne bâtit pas un pays là-dessus. Encore moins un *bizness*.

Il claqua des doigts et le barman hocha la tête. Il se pencha pour extraire d'un bac à glace une bouteille du meilleur champagne.

— Malgré mon goût pour l'Amérique, je ne goûte guère le whisky. Mais vous partagerez bien un peu de ce pétillant ?

Raoul déclina. Carbone rameuta ses chiens de garde, qui s'emparèrent chacun d'une coupe.

— Sur quoi allez-vous écrire votre premier « papier » marseillais ? Sur le meeting ?

Il reconnut les accords de harpe de *Indian Love Call*, la chanson dans laquelle triomphait Jeannette MacDonald. Il ne put s'empêcher de sourire.

— Vous vous rappelez ? Il y a quelques années, on l'avait crue disparue sur la Côte d'Azur, et même assassinée !

Carbone partagea son hilarité.

— Jeannette MacDonald ! C'était mon vieil ami l'inspecteur Bory ! Il affirmait que sa sœur avait pris sa place et prétendait le démontrer grâce à un grain de beauté sur la fesse. Il en fut quitte pour une bonne gifle !

Raoul débutait au journal quand cette histoire avait fait les choux gras de la presse. L'actrice, partenaire à l'écran de Maurice Chevalier, avait selon toute vraisemblance organisé une escapade pour se marier discrètement. L'inspecteur Bory, le plus original des flics de France, s'était ridiculisé pour la première fois. Il était depuis totalement discrédité et Carbone n'y était pas pour rien.

— Je ne pense pas écrire sur le meeting. Il ne s'y est rien passé. Et le journal est truffé de comptes rendus et de commentaires sur les élections. Mes lecteurs attendent autre chose d'une chronique sur Marseille.

— Du sang, de la violence, des meurtres et des mauvais garçons…

— Vous avouerez qu'il y en a.

Carbone soupira.

— Pas plus qu'à Montmartre ou Pigalle. Si vous me laissiez vous faire visiter la ville, je vous montrerais des splendeurs que vous ne soupçonnez pas. Mais cela n'intéresserait pas vos lecteurs. Ils veulent du criminel et du bouliste. Je suis les deux, à mes heures perdues.

— Je m'intéresse plutôt à l'affaire Cardella. Ce meurtre ne me dit rien qui vaille. Il ne colle pas dans le tableau.

— Vous avez raison. Je ne peux que vous assurer d'une chose. Ce n'est pas nous qui avons fait le coup. Ni moi, ni Lydro, ni aucun de nos hommes. Je le saurais. Alors qui ? Les socialistes ? Pour moi, ce sont les principaux suspects.

— Et quel mobile auraient-ils d'assassiner un flic ? Le barman remplit à nouveau la coupe du malfrat.

— Ce n'était pas un flic comme les autres. Plutôt un pourri, une balance qui vendait des informations au plus offrant. Il nous a livré des dossiers, il en a refilé à ceux d'en face. Vous parliez de Bory et j'ai toujours pensé que Cardella était l'un de ses informateurs ici à Marseille.

— Intéressant, mais cela ne nous donne pas un mobile.

— Il était peut-être sur le point de révéler des choses sur Ferri-Pisani, sur Tasso. Allez savoir. Ce ne sont pas des anges.

Il se racla la gorge.

— Si j'étais vous, j'irais m'intéresser aux Guérini. L'un des frères était présent dans le local de la SFIO le soir du meurtre. Et les Guérini sont la force montante de cette ville. Vous savez bien comment cela se passe. Pour s'imposer dans ce milieu, il faut jouer des coudes. Et du calibre. J'ai personnellement passé l'âge de faire le cow-boy. J'ai des hommes pour cela. Ce n'est pas le cas des Guérini. L'aîné, Antoine, est une tête brûlée. Il a peut-être eu besoin de faire ses preuves auprès de ses soutiens socialistes en éliminant un gêneur.

Raoul grommela.

— Il s'y est vraiment mal pris alors. Je vois mal un voyou de la trempe de ce Guérini abattre un flic d'une seule balle dans le dos.

Carbone haussa les épaules.

— Je vous aurai donné mon point de vue.

Il descendit sa coupe cul sec, se leva, siffla ses toutous et disparut dans l'escalier qui montait vers la réception. Le barman n'eut à aucun moment l'intention de lui tendre la note.

Raoul s'enfonça dans la nuit au son de Benny Goodman et d'Artie Shaw. Vers minuit, une superbe blonde s'approcha du bar et lui demanda s'il était seul. Il la toisa. Le maquillage outré, les yeux jadis naïfs, la robe rouge, les bas résille, les escarpins de prix. Tout se résumait en une formule : « *Avec les compliments de Paul Bonaventure Carbone.* »

19

À la Mobile, Grimal bénéficiait d'une auto et d'un chauffeur, mais il préféra prendre le tram pour éviter les ruelles du Panier, déjà encombrées des filets des pêcheurs napolitains et bruissant des métiers des tailleurs arméniens, des chuchotements des commères et des vendeurs à la sauvette. Le boulevard des Dames et la rue de la République ne circulaient pas mieux, les automobiles, le tramway et les autobus s'y disputant âprement le pavé.

Il tendit son ticket au poinçonneur et parvint à trouver une place sur un banc du fond où il put se pencher sur le rapport de la balistique qui lui avait été remis le matin même. Pas qu'il lui apprenne grand-chose, mais c'était une confirmation. L'arme utilisée était un Walther PP de calibre 7.5, soit l'une des armes les plus répandues sur le marché. La tournée des armureries n'avait bien sûr pas permis de retrouver le pistolet, de toute évidence acquis sur le marché parallèle. Carbone et Spirito, s'ils avaient la haute main sur la vente d'armes en ville, fournissaient surtout du matériel italien et avaient une prédilection pour Beretta. Fallait-il rechercher une filière allemande ? Même pas. Le Walther circulait librement et était déjà très prisé de ses propres collègues. C'était un outil fiable, une arme de défense, pas franchement l'instrument d'une exécution. Mais cela, il le savait déjà. Le silencieux avait imprimé à la balle une encoche caractéristique. Il se fixait facilement sur ce modèle et pouvait expliquer le choix d'un Walther, moins efficace mais plus discret. Pourquoi une seule balle ? Cela restait le principal mystère.

Le tram avait achevé sa remontée de la Canebière dans un brouhaha joyeux qui n'avait pas tiré Grimal de ses pensées. Sur les allées des Capucines, que l'inspecteur ne parvenait toujours pas à appeler de leur nouveau nom – allées Gambetta –, un marché aux taraïettes annonçait, avec deux mois d'avance, celui de la Saint-Jean. Le tram filait vers les Cinq-Avenues et les quartiers excentrés où, comme beaucoup de Marseillais, les Cardella s'étaient installés. Avec la solde du gardien de la paix et la paie de couturière de son épouse, le couple avait acquis un appartement dans un bâtiment moderne à la Blancarde, en bord de voie ferrée. Dans son enfance, l'inspecteur se rappelait que c'était encore la campagne et que la gare desservait des bastides et des pavillons aujourd'hui enchâssés dans ces immeubles qui marquaient l'avancée inexorable de la ville. Elle lui avait indiqué le café Aux amis au-dessus duquel se trouvait leur logement. La porte d'entrée était ouverte et il monta au deuxième.

Adèle Cardella lui avait déjà apporté son témoignage à l'Évêché, mais il avait souhaité se rendre au domicile de la victime pour y rechercher des documents qui pourraient expliquer la tentative de meurtre. Elle lui ouvrit, proposa un café qu'il accepta. Aux cernes qui soulignaient ses yeux, Grimal comprit que ses nuits étaient longues et douloureuses. Les siennes l'étaient parfois.

C'était un appartement coquet, plus lumineux qu'il ne s'y attendait, arrangé simplement mais avec goût. Les murs étaient tapissés de broderies qu'elle avait dû réaliser elle-même et dont les motifs, loin des scènes de chasse habituelles, dénotaient un vrai savoir-faire : vue du Vieux Port inspirée d'un tableau de Serra, pêcheurs à l'Estaque.

— Vous croyez pouvoir retrouver le tireur ?

— Je vais m'y efforcer.

— J'ai vraiment besoin de savoir.

— Bien sûr. Mais la vengeance est une patience. Les enquêtes de police aussi.

Contrairement à ce qu'exigeait la procédure, Grimal était venu seul. Mais la confiance ne régnait plus vraiment dans ses services et il jugeait désormais plus sain d'agir ainsi. Dimanche, après le premier tour des élections, un camp fêterait sa victoire, l'autre panserait ses plaies. Mais une chose était sûre : le sort d'Antoine Cardella n'intéresserait plus personne. Son enquête deviendrait secondaire. Si son ancien confrère était mort sur le coup, l'impact eût été plus tenace sans doute. Son décès inéluctable au cœur d'un scrutin de cette importance passerait totalement inaperçu. Si le Front populaire l'emportait, et Grimal était de ceux qui souhaitaient tenter l'expérience, la réorganisation des services s'accentuerait. Dieu sait ce qu'on ferait de lui.

— Lydro Spirito m'a proposé ses services pour rechercher le tireur.

Il sourit.

— Et vous avez accepté ?

— S'il le retrouve, pourquoi pas ? Je vous en tiendrai informé.

Quelle ville étrange... Grimal avait travaillé comme tout le monde à la traque des ravisseurs du petit Malméjac, un an plus tôt. Et les malfrats, émus comme toute la ville par cette triste histoire, s'étaient révélés d'excellents auxiliaires de police. Leur objectif était surtout d'éviter que les condés aillent mettre leur nez partout, et notamment dans leurs petites affaires, mais leur réseau avait bien fonctionné. Comme le lui avait confié un jour un des frères Santucci, soupçonné de recel après l'attaque d'un train postal : « Mais la bonne marche de nos affaires exige le maintien de l'ordre, monsieur l'inspecteur ! »

Cardella s'était aménagé un bureau dans un coin de la chambre à coucher. Un secrétaire en bois fermé à clef trônait près de la fenêtre avec vue sur la voie Marseille-Vintimille. Il interrogea Adèle du regard et, oui, elle avait la clef, même si elle n'avait pas encore souhaité fouiller dans ses affaires.

Des dossiers s'amoncelaient dans les tiroirs. Grimal constata, non sans une certaine surprise, que le gardien de la paix prenait des notes sur toutes les affaires auxquelles il était associé. Inattendu de la part d'un collègue *a priori* aussi démotivé. Coupures de journaux, feuilles de carnet arrachées. Il demanda à la maîtresse de maison s'il pouvait emporter tout cela. Elle n'y voyait pas d'objection. Une chemise attira particulièrement l'attention de l'inspecteur. C'était une compilation d'articles, et même de dépêches officielles glanées en service, sur le tristement célèbre inspecteur Bory. Tout ce que touchait cet homme sentait le soufre. Cardella suivait les faits et gestes de l'homme de la Sûreté nationale depuis la fin des années 20.

Bory, Grimal l'avait rencontré quelquefois et n'avait pas trop su quoi en penser. Il était venu à Marseille à plusieurs reprises « en mission officielle ». Il se murmurait qu'il était une sorte d'agent souterrain au service d'intérêts politiques haut placés, probablement au sein du Parti radical-socialiste. En 27, il avait enterré une affaire compromettante pour les frères Sarraut, dont le cadet, Albert, était aujourd'hui ministre de l'Intérieur. Grimal s'en souvenait d'autant mieux qu'il était à l'époque l'adjoint à la Mobile de l'inspecteur Taddei, dont le rapport avait été escamoté. Par la suite, il y avait eu l'affaire Jeannette MacDonald, et surtout l'affaire Prince, qui avait achevé de le décrédibiliser. Sa carrière relancée par la découverte des talons de chèques qui incriminaient plusieurs personnalités de haut rang dans l'affaire Stavisky, Bory s'était ensuite ridiculisé en faisant arrêter Carbone et Spirito pour l'assassinat du conseiller Prince, l'enquêteur du ministère des Finances chargé du volet financier du scandale. Ce qui avait motivé Bory pour cette interpellation aussi spectaculaire qu'infondée ? De fausses informations, mais surtout une haine farouche envers le préfet de police Chiappe et son ami intime Simon Sabiani. L'éviction de Chiappe quelque temps plus tard avait été l'un des déclencheurs de l'insurrection des ligues d'extrême droite en février 34. Depuis, certains de ses indicateurs laissaient entendre à Grimal que Bory aurait lui-même assassiné le conseiller Prince sur ordre, avant de faire accuser les parrains marseillais. Qui croire dans ce jeu de dupes ? En tout cas, l'homme était un agitateur dont les objectifs étaient des plus embrouillés. Quel rôle venait jouer Cardella dans tout ça ?

Grimal frissonna. Il n'était pas homme à s'emballer. Mais si le gardien de la paix véreux était lié à Bory de près ou de loin, l'affaire était encore bien plus pourrie qu'il ne l'avait craint.

20

Chez Loule, Théroz se sentait un peu chez lui. La place de Lorette ressemblait à celles des villages de Haute Provence, couvant le moindre rayon d'ombre à opposer aux rigueurs du soleil urbain. Loule ne lui posait jamais de question. À quoi bon ? Les réponses, c'est lui qui les avait. Quand le gavot posait ses fesses sur le tabouret lisse du comptoir, son anis l'attendait.

— Tu es un drôle de gonze, Lulu. Je ne comprendrai jamais pourquoi les honnêtes gens veulent être flics.

— L'argent, Loule, l'argent.

Pfff. Loule les connaissait bien ceux que la profession avait enrichis. Ils avaient quitté les immeubles vétustes de la Grand-Rue ou de la rue Caisserie pour des villas sur les hauteurs de la Corniche où leurs putes se donnaient des airs de grandes dames, leurs coudes graciles posés sur les balustrades comme dans un tableau de Marquet. Ils ne venaient plus boire leur pastis place de Lorette ou place de Lenche. Ces messieurs croisaient les édiles, les crapules et les gens qui comptaient aux « Bains de mer ». Roulaient en décapotables. Agitaient leurs feutres mous par la portière. Pas Théroz.

— Toi, tu as une fille et tu ne la fais même pas travailler. Si c'est pas malheureux ! Laisse-moi te dire ce que je pense. Tu as fait une connerie quand tu étais minot, là-haut dans tes montagnes. Et aujourd'hui tu paies.

Le flic haussa les épaules.

— Si. Tu paies. Parce que explique-moi pourquoi tu passes ton temps à traîner dans la fange et dans les bordilles ? Tu as de l'éducation. Tu es comme les journalistes, ou les voyous, tiens. Vous pensez que le monde tourne autour de vos petites combines misérables. Mais ce n'est pas vrai.

— Loule, on n'est pas dimanche, je ne t'ai pas demandé de sermon.

— Mais moi, je te le fais quand même. Dans ta vie comme dans la leur, il n'y a que des gangsters et des tractions avant, des mitrailleuses et de la schnouf, des filles de joie et des hommes de peine. Un fils au bagne, un autre qui rentre des Baumettes ou des colonies. Un bateau sur le départ. Un cargo qui revient. Et des plans, et des magouilles, et des palabres. Mais ce n'est pas ça, Marseille !

Théroz siffla son anisette. Reposa le verre. La nouvelle lichette fit crépiter les glaçons.

— C'est le Marseille qui me fait vivre.

— C'est le Marseille qui te fera mourir, oui ! Le Marseille qui nous fera tous mourir. Mais moi, je vais te dire, ce n'est pas la vraie vie. Ce n'est pas comme ça que ça marche. Je vous vois tous, fascinés par les armes et les chefs, et toute cette violence ! Mais la majorité, oui, la majorité ! Elle travaille sur le port, dans les ateliers, dans les usines, dans les savonneries, les huileries, les entrepôts, les boutiques, les bureaux. La majorité, elle aime ses enfants, elle les envoie à l'école. Elle parle un peu en sabir, entre l'italien, le corse, l'arabe et le français. Elle se couche tôt. Elle se lève tôt, pendant que vous, les rats d'égout, les chiens errants et les chapacans, vous roupillez du sommeil des injustes ! Mais elle s'en fout bien pas mal de vos Browning et de vos matraques, de vos Carbone et de vos Guérini, de vos Tasso et de vos Sabiani. Elle s'en branle, Théroz !

Le boss de la Mondaine ne put se retenir d'un franc éclat de rire.

— Mais dis-moi, Loule, qu'est-ce que tu as bu ce matin ! Ta femme a un peu serré le café, tu crois pas ?

Le bistrotier se dressa.

— On se tait quand le taulier parle ! Tu me fais de la peine, Théroz, parce que toi, à la base, tu devrais être comme nous. Un gars bien, avec une grosse femme bien nourrie, des enfants plein les bras. Le dimanche, tu irais te promener à la campagne au lieu de débouler dans des maisons de passe à six heures, pour serrer un maquereau indélicat ou un nègre en fin de cuite. C'était ça, ton destin, Théroz. Mais non, tu as voulu aller voir la merde de plus près. Et te voilà dedans, comme les autres !

Théroz estima que cette tirade n'attendait pas de réponse. Loule jeta le chiffon par-dessus son épaule, soupira et alla voir dans l'arrière-boutique si le calme y régnait.

Mais il n'avait pas tort. C'était tout le paradoxe de la vie de flic. À aller se frotter à la pénombre pour protéger les braves gens, ne risquait-on pas d'y laisser son âme ? Théroz pensait que non. Ses racines bien plantées dans la caillasse du pays le protégeaient de tout écart. La boussole de sa morale indiquait toujours le bon cap. Il en était sûr.

Et puis il les aimait, ces gens de la rue, ces Marseillais ordinaires dont parlait Loule. Il n'aimait rien tant, aux beaux jours, qu'aller se perdre dans la foule, quitter le demi-monde du Panier pour les courants d'air de la Canebière, croiser tous ces visages déterminés, calés dans leur quotidien, sûrs de leur fait.

Eh oui, son métier l'entraînait parfois du bon côté de la ville, chez les bourgeois. Parties fines, putes de luxe, perversions à la commande. Théroz en avait vu des vertes et des salaces derrière les volets clos des hôtels particuliers. D'ailleurs, il savait bien à quoi il devait sa promotion éclair. Tous, politicards, affairistes, stars d'opérette ou rois du sport pensaient qu'il savait tout ou presque de leurs mœurs cachées. Avait-on toujours quelque chose à se reprocher ? Oui, bien sûr. La culpabilité rentrée était aussi nécessaire à la vie marseillaise que l'oxygène ou l'air marin. Alors Théroz ne savait pas tout, mais suffisamment pour le faire croire.

Pourtant, Loule n'avait pas tort. Le métier de flic vous poussait en dehors du jeu, sur la touche, comme un arbitre. Un policier se devait de garder sa réserve, son sang-froid. Du recul. Ne pas juger, mais sévir. Voir l'argent couler à flots, mais ne pas y toucher. La luxure pulluler, mais ne pas en tâter. Finalement, les voyous avaient le beau rôle. Les mains plongées bien profond dans le pot de confiture, ils se gavaient jusqu'à ce que la sanction tombe. Mais un flic ? Pouvait-on vivre comme les autres après avoir côtoyé tant de crapulerie et de bassesse ? Avait-on le droit à une vie rangée ? Ou seulement à une vie de flic ? Passer de l'autre côté, comme l'avait fait Cardella, c'était finalement opter pour la normalité. Pour la lâcheté ordinaire. Celle de M. Tout-le-Monde. Les héros et les purs, il n'en restait plus guère dans les couloirs de l'Évêché. Et lui, il avait Monique. Bien sûr, c'était une faute. Mais elle était aujourd'hui son unique lien avec la vraie vie. Sa seule chance d'éviter de devenir fou.

21

Le passé et le présent ne font plus qu'un. Je suis un héros de la Grande Guerre. Je suis l'oncle. Je suis Sabiani et j'ai un œil de verre, je suis Carbone et tatoué sur tout le corps. Je suis mon père. Mort.

Bory. J'ai continué à donner des renseignements à Carbone, à Sabiani. J'ai gagné leur confiance. J'ai glané des informations, que je revendais à d'autres, y compris aux miens. Je ne sais pas ce que je cherchais à faire, mais j'y prenais goût. J'y retrouvais une dignité. Ajouter du chaos au chaos. Mettre en scène ma drôle de guerre... En vérité elle n'a jamais cessé, elle a laissé trop de blessures. Celles apparentes qui permettent à certains profiteurs d'exhiber leur gueule cassée comme un trophée. Et puis les souterraines, qui rongent avant les vers.

Bory. Il cherchait des informateurs sur Marseille. J'étais d'autant plus précieux pour lui que j'étais dans les petits papiers de la clique à Sabiani et qu'il les haïssait viscéralement. Pas pour des raisons politiques, mais parce qu'ils étaient les amis de « Chiappe l'insulaire » – comme il disait –, de cet ancien chef de la Sûreté devenu préfet de police qui l'avait oublié dans le tableau des promotions.

Bory pensait qu'il avait les compétences, la soumission, le vice requis pour faire un parfait auxiliaire de Chiappe. Mais l'autre l'avait snobé. Comment aurait-il pu en être autrement ? Le préfet avait des convictions, c'était l'ami des ligueurs, des Croix-de-Feu, des cagoulards. En Corse, il était, avec le ministre de la Mer François Pietri, l'un des vrais parrains de l'île, beaucoup plus puissant et malfaisant que les petites frappes qui roulaient des mécaniques sur le cours Napoléon ou le Vieux Port de Bastia. Pourquoi s'encombrer d'un petit flic radical proche du ministre Sarraut ?

La haine de Bory virait à l'obsession. Il s'était lancé dans un combat perdu d'avance. Moi ? Je menais le mien, à ma façon, dans l'ombre. Une bataille contre des moulins, avec le seul désir qu'ils aillent tous croupir en enfer. Je les y attendrai.

Dimanche arriva enfin. C'était une belle journée ensoleillée qui incitait à la promenade. Arlette Grimal trouva son mari au salon, calé dans un fauteuil à consulter les dossiers récupérés chez Cardella. Il était plongé dans un numéro de la revue *Regards* vieux de deux ans, où un article intitulé « Fascistes du Milieu » détaillait les exploits de Sabiani, Carbone, Spirito et leur ami le préfet Chiappe en rappelant les circonstances étranges de l'assassinat du conseiller Prince.

L'affaire se corse. De quelque côté qu'on se tourne, les Corses apparaissent. Et ce ne sont pas les travailleurs corses venus à Paris ou à Marseille chercher du pain. Ce ne sont pas les facteurs corses, les paysans corses. Non, c'est une bande homogène, une bande corse, la bande Chiappe, qui opère à la fois dans tous les milieux, et avant tout dans le milieu tout court, écrivait le magazine communiste.

Mais quel est le visage politique de cette bande si puissante et si redoutée ? Tous, ils sont fascistes avérés, admirateurs de Mussolini, hommes de coups d'État.

— Tu n'as rien de mieux à faire un dimanche matin que de lire une revue vieille de deux ans ?

Grimal grogna et releva les yeux.

— Tu as raison. Mais je suis plus tranquille pour travailler ici qu'au bureau.

Elle soupira :

— Je te fais un café ?

— Je veux bien, oui.

De la cuisine, il l'entendit demander :

— Et tu ne vas pas voter ?

Il posa la revue sur le bras du fauteuil et la rejoignit, tentant maladroitement de participer à l'effort commun en tournant autour d'elle sans rien faire.

— Si, je vais y aller tout à l'heure. J'attendais que tu sois levée.

— Et pour qui vas-tu voter ?

Il respira.

— Je pense que je vais donner leur chance aux socialistes...

Elle se retourna, un sourire aux lèvres.

— C'est idiot, tu sais ? Tu te doutes bien que, dans le quartier, la droite sera réélue comme chaque fois.

— Raison de plus !

Elle lui tendit une tasse de café chaud.

— Puisque je n'ai pas le droit de vote, tu devrais tenir compte de l'avis familial et faire un choix qui reflète aussi mes opinions.

— Dans ce cas, il faudrait aussi que j'envoie un télégramme à Albert.

Leur fils effectuait son service militaire en Afrique du Nord.

— Il serait bien capable d'être d'accord avec moi et de voter pour le Front populaire.

— C'est bien ce que je crains !

Il la prit par la taille et posa son menton sur son épaule.

— Et puis-je savoir pour qui tu voterais ?

Elle le repoussa gentiment.

— Ton Front populaire veut instituer la semaine des deux dimanches. Vu le temps que tu passes à travailler l'unique dimanche dont tu disposes, je ne suis pas sûre qu'il soit très intelligent de t'en octroyer un deuxième.

Il se mit à arpenter la cuisine en pérorant.

— Je pense qu'il faut leur donner une chance. La semaine de 40 heures est sans doute une bonne idée. Quand je vois l'état dans lequel sont mes collègues, un peu plus de repos hebdomadaire ne leur ferait pas de mal. Les conditions de travail déplorables sont aussi une des raisons de la démotivation des services.

Elle fit la moue.

— Tu sais bien que si la gauche revient au pouvoir, elle y restera deux ans tout au plus et que la droite défera tes beaux rêves de 40 heures. Souviens-toi : le mur de l'argent ! À moins de 48 heures par semaine, nos entreprises ne seront plus compétitives et les patrons devront débaucher. Les ouvriers doivent travailler plus pour gagner de quoi faire tourner l'économie.

Grimal éclata de rire.

— Dis donc, tu fréquentes trop les épouses de Fraissinet et des ténors de l'industrie locale. On dirait un discours du président de la chambre de commerce !

Elle lui tira la langue en souriant.

— Ne te moque pas de moi. Il faut être réaliste. La France vit au-dessus de ses moyens et nous n'avons pas intérêt à encourager la paresse chez les ouvriers.

Tu sais bien que beaucoup iront dépenser leur argent au café.

— Eh bien, quoi que tu en penses, je voterai socialiste. L'Angleterre est passée aux 40 heures et son économie ne va pas plus mal que la nôtre. Et tu as vu la vague de grèves qui sévit depuis des mois. Il faut lâcher du lest, sinon les positions vont se durcir.

Elle l'embrassa sur la joue.

— Fais ton devoir... On verra bien.

Grimal n'était pas socialiste. Ni de droite. Pas authentiquement suiviste non plus. Il estimait qu'en politique comme en matière de criminalité la vérité d'un jour n'était pas forcément celle d'hier et qu'il fallait tenir compte des circonstances. En outre, les notes secrètes de la Sûreté nationale parvenues à l'Évêché faisaient part d'une nette victoire du Front populaire. Pourquoi ne pas essayer ? Force était de constater que ses collègues les plus « intègres » penchaient à gauche et que les pourris étaient pour la plupart des sabianistes pour le moins indulgents avec les criminels les plus en vue de la ville. La gauche poursuivrait sans doute le ménage dans la maison entamé depuis deux ans.

Il se demanda pour qui aurait voté Cardella. C'était peut-être le fond de la question.

23

Lydro Spirito entra au Beauvau sur le coup de neuf heures et n'y trouva que Jean Carbone, l'un des frères de Venture, occupé à servir des cafés à une des équipes qui allait porter la bonne parole dans les bureaux de vote.

— Paul n'est pas là ?

— Il est encore chez ma mère, il ne va pas tarder.

— Dis-lui qu'il vienne déjeuner à l'Amical, j'ai des choses à lui dire.

Il y aurait du travail dans l'après-midi et surtout dans la soirée lors des dépouillements. L'effort serait concentré sur la 3e circonscription, celle de Simon. Spirito savait bien que les affaires étaient mal engagées. Depuis la perte de la mairie, les alliances s'étaient inversées. Pour obtenir des faveurs, aujourd'hui, mieux valait voter socialiste, voire communiste. Mais le « Beau Ficelle », surnom hérité de ses jeunes années de maquereau, avait une petite idée derrière la tête. Il y avait peut-être moyen de peser encore sur le second tour en évitant les bastonnades et les fusillades des dernières municipales, qui avaient fini par effrayer non seulement le bourgeois, mais aussi l'ouvrier. C'était l'ironie de leur prestige que, dès qu'un coup de feu était tiré à proximité d'un meeting politique, on y voyait l'empreinte de Carbone et Spirito. Et ce même lorsque c'étaient leurs hommes qui se faisaient canarder. C'était la rançon de la gloire. Il est vrai que la presse, sentant le vent tourner, ne les épargnait pas, notamment la parisienne, qui faisait ses choux gras des gangsters marseillais et du folklore qui allait avec. Entre les deux tours des municipales de 35, un de leurs hommes, Mathieu Zampa, s'était fait remarquer en entrant dans un bar où des partisans de Ferri-Pisani et Tasso scandaient : « Tasso à la mairie ! Sabiani à la voirie ! » Zampa s'était avancé précédé par son Browning et avait forcé les clients du bar à se déshabiller tout en criant le slogan inverse. L'histoire avait bien fait rire Lydro sur le coup, mais la presse s'en était emparée pour en remettre une couche et dénoncer Simon Sabiani, « le député gangster ». Il n'était certes pas question de se laisser marcher sur les pieds, mais il allait falloir opérer cette fois avec plus de tact.

À midi, Venture entra comme attendu dans l'établissement de son associé et s'attabla pour les pieds et paquets qu'avait préparés Angéline, la cuisinière du lieu.

— Je devrais venir plus souvent, nota Carbone. Ta cuisine reste la meilleure de Marseille, assura-t-il à la vieille Sicilienne, qui piqua un long fard.

La chaleur montait en cette douce journée de printemps, mais Carbone conservait ce foulard dissimulant le tatouage qu'il portait sur le cou depuis sa folle jeunesse aux Bataillons d'Afrique : une ligne de pointillés dessinée à l'attention du bourreau. Ils bâfrèrent en silence, firent honneur au chianti et ne négligèrent pas la petite grappa digestive. Ils étaient seuls dans l'établissement avec quatre de leurs hommes qui discutaient vivement en sortant leurs calibres.

— Paul, j'ai eu une idée qui nous permettrait peut-être de limiter la casse. Je n'ai pas encore été voter, mais tu sais comme moi que nous allons perdre.

Carbone opina.

— C'est ce que disent tous nos informateurs.

— Sur la 3e circonscription, la balance penche en faveur des cocos, mais ils ne pourront pas passer sans les voix de cette salope de Ferri-Pisani. Il y a peut-être un moyen de les discréditer.

Carbone posa sa serviette en boule sur la table et fit un sort à la grappa.

— Tu te souviens à quel point ces encatanés de Guérini nous ont mené la vie dure l'an dernier aux municipales. En plus, ces foutus Calenzanais ne cessent de prendre leurs aises. Ils viennent de se payer un autre bar rue Thubaneau, l'Étoile...

Carbone crachota.

— C'est encore de la petite bière, Lydro ! Ils ont trois filles sur le pavé, deux bars et n'ont pas froid aux yeux. Mais ils sont encore réduits à jouer du calibre alors que nous...

Il fit un signe de tête en direction du quatuor.

— ... nous n'avons plus besoin de nous salir les mains. Nous payons des gars pour ça. Les Guérini, c'est que dalle ! Du menu fretin. Tu as encore envie d'aller relever tes tapins, d'aller racketter les épiceries, de braquer un fourgue ?! Oh, Lydro, nous sommes une entreprise internationale ! Eux, ce sont des boutiquiers, des petits épiciers locaux !

Spirito ricana.

— À voir comme tu t'emportes, c'est qu'ils t'agacent autant que moi, ces boutiquiers ! Boutiquiers qui ont quand même aujourd'hui leurs entrées à la mairie. Et qui, par ailleurs, nous rendent bien service en débarrassant le Panier des petits barbeaux nord-africains. Mais je suis d'accord avec toi, Paul. Inutile d'aller faire le coup de poing dans les bureaux de vote, de décoller leurs affiches ou de jouer au Far West… Ça ne marche plus. Pour aller bourrer les urnes, c'est justement Cardella qui s'en chargeait. C'est pour ça que j'ai pensé à un truc. On pourrait utiliser le meurtre du flic.

Carbone se gratta la nuque au niveau du tatouage.

— Il n'est toujours pas mort, mais je t'écoute.

— C'est un Walther 7.65 avec un silencieux qui a été utilisé pour buter le condé. Ce n'est pas forcément une arme à nous, mais ça se trouve facilement.

— Je commence à voir où tu veux en venir.

— D'après ce que je sais, le flic qui enquête sur l'affaire, Grimal, va commencer lundi sa tournée des popotes. Il va venir me voir, il va venir te voir, il va aller interroger les Santucci et les Guérini.

Le tatoué sifflota.

— Tu veux dire qu'il serait opportun qu'on découvre un Walther muni d'un silencieux lorsque Grimal débarquera bar de l'Étoile chez les Guérini ?

Spirito lui tendit la main. Ils topèrent là.

— Bien sûr, les bourres découvriront vite que ce n'est pas l'arme du crime. Mais d'ici là, ils peuvent mettre Mémé ou Antoine au frais pendant quelques heures et Simon peut enchaîner dans *Marseille libre* en affirmant que la police soupçonne les Guérini du meurtre et que les socialos travaillent avec des tueurs de flic.

Angéline servit deux nouvelles grappas qui confirmèrent que l'idée avait du bon.

24

Marseille se réveilla dans le calme qui annonce les tempêtes. Il planait sur la Canebière un air plus dense, plus paisible, un air de dimanche. Raoul ne croisa pas grand monde en sortant du Grand Hôtel, que quelques lève-tôt flânant sur les Allées et deux ou trois dévotes montant assister à l'office aux Réformés. Il passa par la Bourse, où se tenait le bureau de vote principal de la 1re circonscription, acquise au maire Henri Tasso. Malgré l'heure matinale, les quelques gros bras qui se saluaient à grandes empoignades et avec force bises n'avaient pas le profil de militants ordinaires. C'était la première équipe des « agents électoraux » de l'édile socialiste, qui espérait un poste ministériel en cas de victoire du Front populaire. Voilà plusieurs mois, le journaliste avait eu le privilège rare et inquiétant d'interviewer le baron Gaëtan de Lussats, chargé des affaires de Carbone et Spirito dans la capitale, qui lui avait expliqué les subtilités du métier d'agent électoral.

« Je ne vous étonnerai pas en vous disant que, partout où il y a des candidats et des électeurs, il y a des agents électoraux. Il en est des scrutins politiques comme des grands dîners. Ici, le chef de

maison fait les frais du repas, reçoit ses hôtes, leur dispense les sourires, gardant pour lui les profits et la renommée de sa réception, tandis que, dans les sous-sols, un chef de cuisine, discrètement affairé devant ses fourneaux, exerce ses talents culinaires pour la gloire de son maître. Là, le futur représentant du peuple pourvoit aux dépenses matérielles, s'exhibe en public, se met en valeur, parade sur les tréteaux dans l'espoir d'un succès qui lui vaudra une écharpe et tous les avantages qui en découlent, tandis que, dans la coulisse, un cerveau directeur organise la lutte, manœuvre, intrigue, négocie pour gagner la majorité à son "poulain". Je sais bien que, grâce à une hypocrisie qui est ancrée dans nos mœurs, il est de bon ton d'attribuer un sens péjoratif à cette étiquette d'agent électoral. Et pourtant, quelles qualités ne faut-il pas avoir pour tenir ce rôle avec maîtrise ! Les imbéciles et les poltrons n'y parviendront jamais. L'agent électoral n'est pas un personnage vulgaire. C'est au contraire un homme à l'esprit vif, au jugement sûr, ayant le sens de l'organisation, plein d'un courage réel, à la fois psychologue et énergique. L'habileté de l'agent électoral vaut plus que la fortune du candidat.

« Je connais un agent électoral qui avait pour mission d'entraîner les électeurs influents dans les maisons de plaisir où, grâce aux tendres soins dont le personnel les entourait, ils étaient gardés, séquestrés, jusqu'au lendemain. On ne les relâchait qu'à l'heure du vote, avec un bulletin dans la main. Cette coutume fait partie des mœurs électorales au point d'inciter, dans certaines villes, les patrons des maisons à renforcer le nombre de leurs pensionnaires à l'approche du jour du scrutin. »

Cette description, dans laquelle Raoul ne pouvait éviter de reconnaître Carbone, démontrait l'étendue du vocabulaire du baron, trahissait son éducation aristocratique, mais cachait mal sa duplicité et cette cruauté qui en avaient fait l'une des figures les plus redoutées de la pègre parisienne. Lussats, mis en cause avec les caïds marseillais dans l'affaire Prince, faisait partie de ces individus qui installaient instantanément le malaise. Son regard pâle et sournois, ses cheveux noirs plaqués en arrière rappelaient à Raoul l'acteur américain Bela Lugosi, spécialiste des vampires au cinéma. Un agent électoral ressemblait certainement pour partie au portrait tracé par Lussats. Mais c'était surtout un spécialiste de l'intimidation, de l'extorsion, de la bastonnade, des coups tordus et des fusillades. Les agents de Tasso qui bâillaient à pleines dents dans le grand hall de la Bourse de commerce sortaient tous d'une nuit agitée dans les bouges des Guérini ou des Santucci. Ils avaient dû y veiller à ce que certains « électeurs influents » y reçoivent les meilleurs soins.

Raoul échangea quelques mots avec un assesseur du type « rond de cuir », venu constater l'inéluctable défaite de la droite et son ralliement probable au second tour pour le candidat sabianiste. Selon lui, l'affluence était inédite et les chiffres du bureau largement supérieurs à ceux du second tour des municipales, un an plus tôt. Appuyé à une colonne de marbre, un homme de Tasso tenait le compte des amis, copains, militants, proches et lointains cousins, tous employés de la Ville, venus effectuer leur devoir civique dans le sens imposé par le clientélisme municipal. Sous la mairie Ribot-Sabiani, les effectifs avaient quasiment doublé, gonflés notamment d'immigrés corses redevables de leur poste au

« chef », à Simon... Sabiani avait déjà rodé cette méthode lors de son alliance de circonstance avec le vieux maire socialiste Siméon Flaissières à la fin des années 20. L'ancien premier adjoint ne s'en cachait d'ailleurs pas, estimant que sa position lui imposait de rendre ainsi service à ses compatriotes dans le besoin. Pour équilibrer les choses, et éviter d'avoir à gérer un personnel tout acquis à la cause de son adversaire, Tasso avait poursuivi sur la même voie, embauchant à tour de bras des hommes sûrs, parfois repris de justice. Cette politique grevait les budgets, paralysait l'action municipale, encourageait les combines et l'absentéisme, mais l'engrenage s'était à ce point emparé de Marseille qu'il était impossible de revenir en arrière. Certains, comme Ferri-Pisani, tiraient bien la sonnette d'alarme et prévenaient que cette dérive était suicidaire, mais leurs mises en garde restaient sans effet. Les Marseillais pouvaient chaque jour vérifier l'incompétence et la mauvaise volonté manifestes des fonctionnaires censés les servir. À leur tour, ils rêvaient pour leurs enfants qu'ils puissent un jour « rentrer à la Ville ». Chacun connaissait, dans son entourage, un employé municipal si désœuvré qu'il gérait en parallèle un bistrot ou une boutique de confection. Qu'on n'aille pas dire que les Marseillais étaient des fainéants ! Mais lorsqu'on « bossait » à la Ville, il fallait bien s'occuper par ailleurs.

Raoul alla boire son café au Riche, étonnamment calme en ce dimanche matin. Il était seul en terrasse, avec un homme sur son trente et un, canotier vissé sur le crâne, qui lisait *Le Petit Provençal* avant d'aller voter.

Le seul véritable enjeu de ce premier tour était, bien entendu, le vote de la 3e circonscription, où s'affrontaient Sabiani, Billoux et Ferri-Pisani. C'est là-bas, à la Bourse du Travail du Racati, que se jouait en partie le sort de Marseille. Une défaite, et Sabiani se retrouvait sans mandat électif, pour la première fois au cours d'une décennie qui l'avait vu glisser imperceptiblement du communisme au fascisme, du syndicalisme à la voyou-cratie. Cette élection allait-elle signer sa mort politique ? C'était peu probable. L'homme avait de la ressource, de la conviction et du vice. Et la passion du pouvoir dévorait ce type d'homme jusqu'à la mort. En face, qui de Billoux ou de Ferri-Pisani recueillerait les espoirs du vote ouvrier ? En toute logique, leurs voix cumulées devaient faire basculer le secteur vers cette gauche dont Sabiani se réclamait encore. Mais comme Lussats, le héros de la guerre se parait de mots qui masquaient mal la réalité de son parcours. Il avait baptisé sa garde prétorienne « phalange prolétarienne » et elle paradait en costumes italiens et souliers vernis. « Phalange ? s'était un jour écrié Ferri-Pisani. Sans doute parce qu'ils portent tous un diamant à l'annulaire ! »

Raoul tourna, vira, « prit le pouls » de la ville. Sur le quai des Belges, des jeunes gens discutaient de l'Olympique, le club de football de la ville, de son attaquant Zatelli et de la construction du nouveau stade vélodrome prévu pour la Coupe du monde 1938. Il poursuivit son chemin sur le quai de Rive-Neuve ou des pêcheurs reprisaient leurs filets en échangeant des quolibets dans un italien chantant. Cela sentait le poisson, l'huile de moteur, le « sent-bon » glissé sous les aisselles, la sauce tomate mijotant dans les cantines du quai. Une rengaine de Vincent Scotto, enfant du quartier, montait d'une gargote d'ordinaire fréquentée par les ouvriers des savonneries de la rue Sainte. Il prêta l'oreille aux discussions, mais l'heure n'était pas encore à la politique. Ce dimanche, pour beaucoup, était un avant-goût du deuxième qu'on leur promettait pour bientôt. Chacun rêvait de longs *week-ends*, comme on disait outre-Manche. De parties de pêche ou de boules, de longs apéritifs doucement anisés au cabanon, de filles aux jupes légères volant au mistral sur les rochers du Frioul, de balades sans fin à bicyclette, de virées sans fin jusqu'au terminus du tramway, dans les calanques. Raoul était allé voir *La Belle Équipe*, le film de Duvivier avec Gabin. Eh oui, chacun aspirait à un peu de beauté et de paresse alors que le bruit des bottes résonnait outre-Rhin ou par-delà les Alpes. On voulait se gorger de cette espérance, respirer à pleins poumons l'oxygène du condamné, comme si le bonheur et la peine, le salut ou le désastre, ne tenaient qu'à un petit rien, plus ténu qu'un fil de pêche. Et, quoi qu'il arrive, chacun se préparait à vivre un été unique, le premier d'une longue éternité de bien-être, ou le dernier avant le gouffre.

À droite, le patronat le plus jusqu'au-boutiste, incarné par l'armateur Fraissinet, leader des Croix-de-Feu et proche de Sabiani, jouait la carte de la culpabilité. Raoul, qui estimait qu'un journaliste avait le devoir de ne pas voter, ricanait tout de même à l'écoute des arguments des entrepreneurs locaux : la gauche prônait la fainéantise alors que le salut venait du travail, et du travail seul. À l'image de l'Église, leur plus fidèle alliée – même si nombre d'entre eux étaient protestants –, les rois du négoce marseillais promettaient à leurs ouailles une vie meilleure pour plus tard et sous conditions. Le bonheur terrestre n'était pas pour tous. Pas pour tout de suite. Et les ouvriers, aujourd'hui, enfin, se surprenaient à ne plus vouloir accepter ces boniments. À bousculer le fatalisme. À dire : Chiche ! Raoul était assez curieux de participer à ce moment de respiration, loin d'être acquis, c'est vrai, mais qui tranchait avec les morts de février 34, avec les balles de la visite royale ou avec ce meurtre toujours inexpliqué d'un flic véreux. La liesse d'une victoire du Front populaire suffirait-elle à balayer l'odeur de la mort et le goût du sang ?

Il déjeuna chez Basso d'une dorade. Il la digéra dans les rues désertées du quartier situé des deux côtés du cours, qui étalait au pied de la gare ces meublés où débarquaient les nouveaux arrivants et où créchaient les journaliers. Au bout du boulevard Dugommier, un rond-point agrémenté d'une fontaine était connu des Marseillais sous le nom de place des Fainéants. Raoul sourit en pensant qu'elle se trouvait en pleine actualité. Des Nord-Africains erraient dans ces ruelles, désœuvrés en ce jour d'un Seigneur qui n'était pas le leur. Des grappes de voyageurs se débattaient avec leurs bagages dans l'escalier de la gare Saint-Charles. La Bourse du Travail était située juste derrière, à l'orée de ce secteur du Racati qui était le fief de Sabiani depuis de longues années. Une petite dizaine de costauds se massait devant l'entrée dans un grand concours de bras croisés et de moues menaçantes. Raoul se dit qu'il commençait à distinguer à leur mine les électeurs de chaque bord. Les communistes arboraient fièrement la casquette, mais ils la portaient visière en avant, pour s'abriter du soleil, et non légèrement renversée en arrière, de travers, à la marlou. La chaleur montait, et les casseurs de Spirito avaient tombé la veste, mais pas la cravate.

Il entra d'un pas vif, détaillé par les cerbères des trois bords. Au fond de la salle, il aperçut Filori, en grande discussion avec un homme qu'il identifia comme Ferri-Pisani. Il s'approcha. Xavier fit les présentations.

— Comment se présentent les choses ?

— Mal. Enfin mal pour nous, répondit le candidat socialiste.

— Une partie de nos électeurs habituels nous regardent avec un air fuyant. À tous les coups, ils votent communiste.

— Et si ça se confirme ?

— Bien évidemment, nous appelons à voter pour Billoux au second tour.

Raoul ne put s'empêcher d'interroger Ferri-Pisani sur l'affaire Cardella.

— C'est malheureusement l'une de ces péripéties qui émaillent la vie politique phocéenne depuis trop longtemps. J'espère qu'on trouvera l'assassin, mais franchement... Et dès dimanche prochain, on aura oublié ce pauvre type.

— Vous l'avez pourtant accompagné jusqu'à l'hôpital.

— C'est un des nôtres, même s'il a sans doute eu des moments d'égarement. Son oncle est une figure socialiste en Corse. Je ne pouvais pas ne pas l'accompagner.

— Je ne peux toujours pas croire à cette histoire de soudain changement de bord. Ne vous a-t-il rien dit d'autre ce soir-là ?

— Rien qui m'ait paru valoir qu'on lui tire dessus.

Filori lui fournit les derniers renseignements qu'il avait glanés auprès de Grimal. Le type et le calibre de l'arme, qui ne précisaient rien. Des documents qu'avait recueillis l'inspecteur chez le gardien de la paix, mais sur lesquels il ne savait rien.

— Sinon que Cardella était fasciné par l'inspecteur Bory.

Voilà qui ne pouvait qu'attiser la curiosité du reporter. Bory était un nom qui faisait vendre de la copie. Certains journaux en avaient fait un héros, d'autres un

116

salopard. Mais le flic parisien était lié de près ou de loin à quelques grandes enquêtes qui avaient passionné le pays depuis quinze ans : l'affaire Seznec, l'affaire MacDonald, l'affaire Stavisky, l'affaire Prince, bien sûr. Et lorsqu'on savait le rôle involontaire qu'avaient joué Carbone et Spirito dans ce dernier scandale... C'était un ingrédient supplémentaire, mais qui ne désignait pas mieux l'identité du tireur.

Sur le coup de quatre heures, une rumeur annonça l'arrivée de François Billoux. La rangée des gros bras s'écarta et le leader communiste, flanqué de quatre camarades, se dirigea vers l'isoloir. Râblé, les joues pleines, l'œil vif, il n'était pas sans présenter une certaine ressemblance avec Paul Carbone. Ils auraient même pu être de lointains cousins. Seule la bouche charnue, franche et déterminée, tranchait avec le rictus hautain du caïd. L'ancien magasinier de Roanne s'empara de trois bulletins de vote, s'isola quelques instants.

Billoux, François. A voté !

Une poignée d'hommes applaudit. La majorité siffla et fit au candidat du PCF une haie d'honneur tendue. Billoux la passa en revue, le sourire aux lèvres, suivi de ses gardes du corps.

Sabiani attendit la tombée du soir pour se présenter. Ils n'étaient pas quatre à ses côtés, mais quarante. Un cortège agité de clameurs et de vivats, qui conduisait le chef vers son destin. Le député sortant se saisit d'un seul bulletin, qu'il présenta à ses partisans, sous les vivats. Il le plaça au vu de tous dans l'enveloppe, et même l'assesseur socialiste ne crut pas bon d'exiger une pièce d'identité. Il déposa le bulletin dans l'urne avec emphase.

Simon ! Simon ! Simon !

A voté.

25

Adèle se demanda, en montant les lourdes marches de l'Hôtel-Dieu, à qui Antoine aurait apporté son suffrage. Conservait-il, après toutes ces années, la ferveur socialiste de son clan ? Elle-même penchait à gauche, et d'autant plus depuis leur grève chez Thiéry. Demain, elle reprenait le travail. Son homme n'était pas mort, elle n'avait droit à aucune relâche, même de complaisance. Elle se dit que, sans doute, Antoine ne votait plus. Que son métier le faisait côtoyer de trop près la misère du monde et la bassesse des hommes pour qu'il puisse encore croire dans la justice et dans la vérité. Mais à ce qu'elle entendait à la radio, aux échanges qu'elle avait avec les filles à l'atelier, elle rêvait à ce Front populaire comme une pause méritée après ces décennies d'efforts qui avaient usé ses parents, cette guerre qui avait ravagé le pays et l'Europe tout entière. Les nantis, eux, n'avaient jamais souffert de tout cela. N'était-il pas temps de goûter aux miettes du gâteau ?

Elle le trouva figé, comme mort. Elle crut que l'heure était arrivée. Qu'on n'avait pas eu le temps de la prévenir. Mais non. Il respirait. Elle lui prit la main et ses doigts se crispèrent sur les siens. Elle eut la sensation à la fois agréable et cruelle de le raccrocher à la vie. D'être le dernier grappin auquel il se tenait. Pourquoi ne lâchait-il pas prise ? Elle avait l'impression qu'il avait quelque chose sur le cœur, mais quoi ? Elle aurait aimé, tout simplement, qu'il lui dise qu'il l'aimait. Parce que c'était ce qu'elle pensait, elle. Que malgré tout le désarroi, la frustration de ces dernières années, son amour n'avait jamais rendu les armes. Qu'elle espérait toujours une embellie, un retour à l'insouciance de leurs premiers rendez-vous. Il eût fallu pour cela qu'il puisse vaincre ses démons. Elle était même prête à reprendre le combat, à les affronter à son tour. Mais qui étaient-ils ? Pourquoi n'en parlait-il jamais ? Quelle force maléfique avait pu transformer le gardien de la paix en gardien de la haine ? Qui, bon Dieu, qui ?

Elle se rendit compte qu'elle pensait à voix haute. Les doigts d'Antoine se refermèrent encore plus fort sur les siens. Il se raidit, il trembla. Elle voulut crier, appeler. Il ouvrit les yeux, regardant fixement devant lui en direction du crucifix cloué au-dessus de la porte. Il murmura :

— *Greber, Greber...*

Elle lui demanda de répéter. Mais il était reparti dans son voyage sans fin. Sa main se détendit. Il respirait fort. Il n'était plus là.

Elle se leva. Lui caressa le front. Se jura que, quoi qu'il arrive, elle le vengerait.

26

— Vous avez fait voter les morts !

— Et vous les marins en mer, sans compter deux mille syndicalistes non domiciliés dans la circonscription !

— Nous déposerons des recours dès lundi matin !

Le président du bureau de vote avait beau être sabianiste comme le voulait l'usage qui attribuait le poste à un partisan du sortant, il se dressa sur la table et vociféra :

— Messieurs, à la vue d'une seule arme à feu dans cette enceinte, je fais invalider le vote !

Ce n'était pas l'envie, pourtant, qui manquait aux nervis en bras de chemise d'exhiber leurs calibres, d'autant que le résultat de leur chef était loin de leurs espérances. Mais la réunion de la place Marceau avait installé un équilibre de la terreur qu'il valait mieux ne pas rompre. Et Filori était là, avec quelques hommes à lui, bien décidé à faire intervenir les forces de l'ordre pour soutenir les communistes à la moindre incartade. Alors la tension ne retomba pas. Le couvercle de la bouilloire se contenta de dodeliner jusqu'à la fin du dépouillement. Sabiani ne décolérait pas.

— Filori, tu es une salope, un faux Corse, d'oser ainsi te rallier à la canaille moscoutaire. Ça me dégoûte de voir la police baisser ainsi sa culotte et trahir la nation française pour obtenir les meilleurs postes dans la prochaine tchéka franco-moscovite !

Le député en titre tentait de conserver une dignité guindée que ses propos démentaient. Il arrivait certes en tête de ce premier tour, mais avec seulement quelques dizaines de voix d'avance sur Billoux. À l'extérieur de la Bourse du Travail, le leader communiste improvisait un meeting, appelant à un rassemblement du Front populaire déjà acquis, puisque Pierre Ferri-Pisani se désistait en sa faveur.

— Et toi, Ferri-Pisani ! beuglait Sabiani. Quand je pense que c'est moi qui ai fait de toi ce que tu es, j'ai honte, vois-tu ? Trahir ainsi ton peuple, ton passé, trahir le prolétariat en acceptant de désormais recevoir tes ordres de Staline ! Mais je n'ai pas encore perdu. Les patriotes sauront se ressaisir et se rallier à moi pour que notre drapeau tricolore ne soit pas souillé du sang de la faucille et du marteau !

Filori éclata de rire.

— Tu peux à présent garder ton éloquence pour le miroir de ta salle de bains, *u berciu* ! Dans une semaine, tu ne seras plus rien. Dans la circonscription du Borgne, l'aveuglement a cessé. Tu es fini, Simon !

Sabiani s'avança vivement, mais Spirito s'interposa. En face, Barthélemy Guérini, l'un des gorilles de Ferri-Pisani, leva ses grosses pognes en signe de paix. Cela ne servait à rien d'en découdre. Les dés étaient jetés. Personne n'avait osé annoncer au chef avant le vote que la bataille se présentait mal. Que les communistes avaient pris l'avantage du terrain. Que les promesses du Front populaire étaient plus alléchantes que les petites faveurs accordées par le député local. Que les socialistes, qui s'étaient alliés à lui quatre ans plus tôt, avaient tourné casaque. Et puis la gauche ne demandait rien en échange des 40 heures, des deux jours de repos, des congés payés. Aucun service à rendre. Aucune mission occulte. Oui, dans une semaine, on raserait gratis.

Spirito baissa la tête et fit signe à ses hommes de rentrer chez eux. Il serait temps de faire parler la poudre après le second tour. Il y avait encore une semaine pour sauver la mise.

Raoul félicita Billoux, lui demanda s'il serait disponible dans la semaine pour une interview. Le probable nouveau député s'étonna que *Le Petit Parisien* s'intéressât aux propos d'un « rouge ». Ferri-Pisani se tenait un peu à l'écart, sonné par cette défaite dont il prenait une conscience plus nette dans la lueur mauve de la nuit tombante. Guérini le suivait comme une ombre, allumant et rallumant sa cigarette. Le candidat socialiste s'approcha du vainqueur du jour et lui donna l'accolade. La troupe du Parti prit le chemin de son local de campagne. Dans le ciel, les goélands chantaient *L'Internationale*. Demain serait un grand jour.

27

Voilà. À présent, il apercevait la Vierge. À moins que ce ne fût sainte Lucie, sa protectrice, la patronne des aveugles. Venait-on le chercher ? Était-il l'heure d'y aller ? De s'expliquer ? De se justifier ?

Son cœur s'était endurci. L'année 34 avait été une bascule, pour lui comme pour la France. Le limogeage du préfet Chiappe avait fait le bonheur de Bory, qu'Antoine avait eu au téléphone le 7 février, au lendemain des émeutes qui avaient mis Paris à feu et à sang. À Marseille, c'est le grand rassemblement syndical du 12 février qui avait dégénéré. Une berline avait foncé sur la foule, un homme avait tiré dans le tas. Il y avait eu un mort. Un mort de plus, un mort anonyme. Tous les témoins accusaient Carbone. Mais le truand jouissait encore à ce moment-là d'une totale impunité. Les témoins se récusèrent. Il n'y eut pas d'enquête. Personne ne l'interrogea.

Cardella avait été le témoin désabusé de la réorganisation des services, de la reprise en main de l'Évêché par les proches des socialistes et de Tasso. Les flics soupçonnés de liens avec les Ligues, les Croix-de-Feu, le Milieu, ceux qui roulaient en décapotable, habitaient les beaux quartiers – eh oui, il y en avait –, furent relégués à des tâches subalternes. Lui-même, on n'avait pas trop su par quel bout le prendre. Socialiste ? Il l'avait sans doute été. Sabianiste ? On le voyait souvent dans les réunions du borgne. Dans le doute, on préféra se dire qu'il était « un homme à Bory ». Il se vit soudain paré dans la maison de l'aura d'un agent double. On lui ficha la paix et tout le monde, finalement, le détesta.

L'extrême droite avait-elle vraiment cru s'emparer du pouvoir par la force lors de ces journées de désordre ? Pas si sûr. La révocation de Chiappe avait déclenché une onde de choc à Marseille, où le préfet de Paris avait des amis très proches, à commencer par son compatriote Sabiani, et l'armateur Jean Fraissinet, qui disposait du monopole des traversées Corse-continent. Les responsables des Croix-de-Feu dans la ville n'étaient pas à chercher bien loin : Fraissinet, l'avionneur André Daher et le banquier et député Henry Ponsard… La fine fleur du patronat et de la droite locale. Mais prendre le pouvoir ? Pour quoi faire ? Sabiani le détenait déjà et les entrepreneurs marseillais s'intéressaient finalement peu à la politique. La démocratie était l'affaire du peuple. Elles étaient bien triviales, ces histoires de voirie, de sécurité, de salubrité, de transports, de logements, de santé, d'urbanisme. Eux formaient une oligarchie recroquevillée dans ses ghettos bourgeois du cours Puget, du boulevard Longchamp, ses bastides de Sainte-Marthe et de Saint-Giniez, ses folies du Prado et de la Corniche. Eux fréquentaient le Cercle des Boulomanes, pratiquaient le yachting. Ils se rêvaient en héritiers de cette poignée de Grecs de Phocée venus fonder la ville en 600 avant J.-C. Leur naissance, leur rôle social les plaçaient au-dessus des lois et des valeurs communes.

Seul leur importait le respect des privilèges anciens de Marseille : le libre-échange, la priorité absolue donnée à la fluidité du commerce, au négoce avec les colonies, et la capacité d'employer à leur guise cette main-d'œuvre bon marché qui débarquait quotidiennement sur le port et remplaçait, pour moins cher, la vague précédente, entretenant une misère endémique. Pourquoi changer tout cela ? Par le passé, chaque fois que les maîtres du commerce marseillais s'étaient mêlés de politique, les choses avaient mal tourné, à la Révolution, ou lors de ces années dorées du Second Empire où les investissements hasardeux dans les docks de la Joliette en avaient ruiné plus d'un. La bourgeoisie des quartiers Sud savait surtout ce dont elle ne voulait pas : des communistes, des syndicalistes, des entraves à sa liberté d'entreprendre et de s'enrichir. Le reste...

Et puis il y avait eu l'affaire Prince. Antoine ne saurait jamais si elle avait été le plus joli coup de Bory, ou son ultime cafouillage. Des indiscrétions qu'il avait recueillies dans l'entourage de Carbone et Spirito lui avaient suggéré que le duo entendait « mener une action » pour redorer le blason de Chiappe, écarté officiellement en raison de l'affaire Stavisky. En réalité, ceux qui avaient le plus à craindre de révélations dans ce scandale étaient les mentors rad-soc de Bory : le ministre de l'Intérieur Albert Sarraut et le président du Conseil Camille Chautemps, dont le beau-frère, procureur de son état, avait ostensiblement ralenti l'enquête. Aussi, quand il apprit le « suicide » le 26 février du conseiller Prince, chargé d'enquêter sur le volet financier des magouilles de Stavisky, Antoine suggéra à Bory qu'il pouvait s'agir d'un coup des truands marseillais. C'était une hypothèse plausible. Carbone se vantait sans ambages d'avoir expédié des tueurs à Chicago pour rendre service à Capone ou à d'autres gangsters américains. Spirito expliqua un soir à Antoine que c'était une spécialité assez lucrative que de faire exécuter un règlement de comptes à l'autre bout du globe par un tueur corse ou marseillais inconnu de la police locale et qui ignorait tout de l'identité de ses commanditaires. Mais Bory se gaussa. Et même s'il ne l'avoua pas à Antoine, celui-ci supposa que l'inspecteur avait quelque chose à voir avec la mort d'Albert Prince. Il ne rejeta pourtant pas l'idée d'en accuser Carbone et Spirito. C'était un bon moyen d'enfoncer un peu plus la clique corse de Chiappe et Sabiani. Il suffirait de disséminer quelques indices et de fabriquer des preuves pour que les deux hommes soient inculpés. Cela mettrait peut-être fin à leur sentiment d'impunité. Bory lui demanda de lui fournir tous les éléments qui pouvaient accabler le duo.

Ce soir-là, Antoine alla s'arsouiller à l'Amical, le bar de Spirito. Et se garda bien de rien faire. Sa stratégie du chaos fonctionnait à merveille. Chacun disposait d'armes pour abattre l'autre. Sabiani possédait le dossier Sarraut. Bory inculpait Carbone et Spirito. Qu'ils s'entretuent à présent ! Lui compterait les points.

Le gardien de la paix ressentit une étrange sérénité lorsque les deux parrains de Marseille et leur âme damnée, le baron de Lussats, furent arrêtés pour le meurtre du conseiller Prince. Il savoura la lecture des affiches apposées partout dans la ville par Simon Sabiani : « *Carbone est mon ami !* »

Tout ce tintouin mettait fin aux pokers menteurs, aux faux-semblants. Oui, Sabiani était un voyou.

Oui, les radicaux-socialistes étaient corrompus. Oui, la police de Marseille était aux ordres. Oui, les politiciens pactisaient tous avec le diable, même si les démons ne portaient pas tous le même nom. Qui désormais pouvait en douter ?

Le vieil Octave vint le voir en ce mois de mai 1934. Il le trouva changé. Il lui expliqua qu'il avait entendu des rumeurs sur son compte au village. Que des flics socialistes et corses de Marseille tenaient sur lui des propos qui l'avaient blessé. Qu'il devait défendre son honneur. Antoine l'avait reconduit sans rien dire au bateau de la compagnie Fraissinet. Tiens donc, Jean Fraissinet n'était-il pas un héros de la guerre, lui aussi ? Un as de l'aviation décoré de la Légion d'honneur et de la croix de guerre ? Qu'ils aillent donc tous au diable avec leurs leçons de morale ! L'époque des héros était révolue.

28

Les Guérini par-ci. Les Guérini par-là… On ne parlait plus que d'eux dans le quartier, surtout depuis qu'on ne les y voyait plus. C'était comme qui dirait ceux de chez nous qui avaient réussi. Pourtant, Théroz n'aurait pas parié un sou sur eux à leur arrivée à Marseille. Lui battait déjà le pavé irrégulier des calades des Accoules lorsque Mémé avait débarqué dans les parages, un grand gaillard affable et qui parlait un français approximatif, comme beaucoup de jeunes Corses ou Ritals venus chercher fortune ou subsistance dans le grand port. Mais il avait appris vite. Bientôt il « protégeait » plusieurs caboulots tenus par d'autres insulaires. Et puis Antoine avait déboulé, avec l'une de leurs sœurs. Théroz s'en était aussitôt méfié. Le grand frère puait l'ambition, la détermination. Il ne payait pas de mine, mais en imposait. Son regard avait cette cruauté sereine que l'on retrouvait chez Spirito, par exemple. Cette clarté métallique qui pouvait charmer ou détruire. Sous sa coupe, les petites affaires familiales progressèrent à grands pas, d'autant qu'ils bénéficièrent rapidement de soutiens politiques, par l'intermédiaire notamment des Eyssautier, qui travaillaient de longue date pour le Marteau, le service d'ordre du parti socialiste de Tasso, Ferri-Pisani et les autres. Les filles racontèrent bientôt au flic les légendes qui couraient sur le bel Antoine. Malgré sa petite taille et son élégance de gandin, on lui prêtait une force phénoménale qui avait parfois été utile quand il s'était agi de convaincre certains commerçants récalcitrants de la nécessité de « s'associer ». On disait qu'il maniait le couteau comme personne, et la mailloche, et même la hachette, souvenir des corvées de bois qui l'avaient endurci, au village. L'influence d'une bande, d'une fratrie, se mesurait aux mythes qui s'installaient. Plus d'un cafetier racontait, à la nuit tombée, le rideau tombé, comment Mémé avait survécu à un naufrage lors d'une traversée depuis la Corse, et avait nagé jusqu'à la côte. Bref, les Guérini étaient des coriaces, des increvables. Ils inspiraient la crainte. Et la peur était le seul langage universel dans la tour de Babel du Panier.

Si Mémé lui faisait la bise, Antoine avait toujours pris Théroz de haut. En tout cas avec une certaine distance. Mais le flic avait constaté qu'il était ainsi avec tout le monde. Ce n'était pas un homme de familiarités contrairement à son frère aîné, un tactile qui enroulait ses grosses paluches autour de votre épaule et vous donnait de « l'ami ».

Théroz faisait partie des invités officieux de l'inauguration de l'Étoile, le nouvel établissement des frérots, rue Nationale. Officieux parce qu'on n'avait pas envoyé de cartons. Mais le patron de la Mondaine était de ces condés qui se devaient d'être présents, par correction. La présence de Simsolo était moins compréhensible. C'est la première personne qu'il croisa en arrivant sur les lieux.

— Ho, Lulu, t'as pas amené ta pute ?

Un voyou n'aurait jamais osé lui parler ainsi. Mais Simsolo était pire qu'un voyou. Une sorte de limace veule qui ne prenait pas la peine de cacher ses écarts. Inspecteur de deuxième classe officiellement affecté aux affaires portuaires, il était sans conteste le mieux attifé de tous les hommes de l'Évêché. Il passait d'ailleurs plus de temps chez les tailleurs de la rue de Rome qu'à son bureau. Le port lui permettait aussi de se fournir à vil prix en pelisses et en couvre-chefs tombés du cargo. Bref, il invalidait à lui seul les revendications salariales de ses collègues. C'était un affidé bien connu de Sabiani, qui n'hésitait pourtant pas à se commettre ici en terre socialiste.

— C'est que, tu comprends, Lucien, un petit-four est un petit-four.

Simsolo était un mange-merde. Voilà quelques années, il avait même été mis à pied pour avoir abattu un docker, communiste bien sûr, d'une balle dans le dos. Mais la légitime défense avait été retenue et il avait vite repris ses tournées d'inspection sur les docks, qui consistaient essentiellement à prélever sa dîme et repérer les éléments subversifs à intimider ou à liquider. Théroz le connaissait assez pour savoir qu'il n'hésiterait pas à prêter allégeance aux nouveaux maîtres des vieux quartiers si les législatives confirmaient les résultats des municipales. Après tout, Simsolo était socialiste puisqu'il prenait aux riches négociants marseillais pour donner au pauvre flic qu'il était. À sa décharge, Théroz ne lui connaissait pas de vice d'ordre sexuel. Seul l'appât du gain le faisait bander.

Il le laissa repartir en razzia vers le buffet et se dirigea vers quelques autres collègues en discussion autour d'un verre. Filori était du nombre, par corsitude et affinités politiques. Les deux autres étaient des officiers de la criminelle qu'il connaissait mal et ne paraissaient guère à leur aise. En mission.

— Tiens, voilà le renifleur ! lança Filori en levant son verre.

C'est ainsi que l'avait baptisé le Corse. Et à tout prendre, Théroz préférait ça à Lulu.

— Quel bon vent t'amène ?

— Le même que le tien. On me paie pour renifler. Et par ici, ça renifle le boire, le manger, et qui sait, peut-être les tueurs de flics ?

— Laisse tomber, Lucien. Si tu veux parler de Cardella, ce n'est pas les Guérini.

— Et qu'en sais-tu ?

— J'ai leur parole. Et je la crois.

Aucun commentaire n'aurait fait avancer la discussion. Monique interdisait à Théroz tout jugement de valeur sur ses collègues. Ses pensées et sa morale, il les gardait pour lui.

— Bel établissement en tout cas. Les filles rapportent bien. Mais tout de même…

Filori persifla.

— Tu sais bien que nos amis marchent sur les traces de Carbone et Spirito. La diversification, il n'y a que ça de vrai…

— Et les appuis bien placés.

— Aussi.

Théroz appréciait modérément Filori. Certes, c'était un proche du patron, mais il était trop politique à son goût. Et par politique, il n'entendait pas seulement une appartenance partisane, mais un état d'esprit. Le Corse était un homme de sociabilité, de réseaux. Il en fallait, des comme lui. Mais le montagnard était un solitaire, plutôt mal à l'aise face aux collègues volubiles, intégrés, ambitieux. Il s'échappa vers le bar. Mémé y jouait de sa présence magnétique. Une petite cour s'était formée autour du patron, sapé comme un dandy avec son gilet brodé, sa cravate en soie et sa coupe gominée du jour. Côté voyous, pas de Carbone, pas de Spirito. La période électorale ne se prêtait guère aux civilités entre « collègues ». Mais Noël Santucci était aux premières loges, et son jeune frère Jo, flanqué du député Rouvier, un homme de paille du président Buitton. Quelques élus municipaux de second ordre levaient leur verre autour de Ferri-Pisani. Théroz aurait pu perdre son temps à tenter d'interpréter la liste des présents et des absents. Il préféra s'intéresser aux seconds couteaux de son secteur, histoire de savoir quel maquereau, quel taulier, quel cabaretier, quel receleur avait prêté allégeance aux Calenzanais. Tiens. Boubou était là. Tout seul dans un coin à siroter un kawa dans un verre. Il lui fit un petit signe de tête. Boubou y répondit d'un va-et-vient des paupières qui laissait entendre qu'il n'allait pas faire de vieux os. Théroz non plus.

Le gavot se disait justement qu'il n'avait pas repéré Antoine lorsque l'aîné des Guérini se trouva dans son dos. Il ne l'avait ni vu ni senti venir. Il évita de sursauter.

— Théroz ? On peut parler ?

Il attrapa un verre de blanc limé d'un geste mesuré, fixa son hôte, et opina.

— Bien sûr.

— Suivez-moi, je vais vous faire visiter le bureau.

Ils s'engagèrent derrière le bar, et Théroz nota ce vouvoiement, impensable chez « Mémé ».

Ils longèrent le couloir où se lovait une cabine téléphonique, passèrent devant la cuisine reluisante de cuivres et d'argent, et filèrent vers une arrière-cour encadrée de deux portes. L'une indiquait « Toilettes », l'autre « Privé ». Le bureau était cossu, tendance salon, avec un coin « causette » doté d'une table basse et de deux fauteuils club. Guérini proposa un cigare. Théroz se laissa tomber dans le cuir, son ballon de limé à la main. Antoine s'assit en face de lui, bien posé à l'avant du fauteuil, ses souliers vernis tanqués dans le tapis oriental.

— Je pense que vous allez mal le prendre, Lucien, mais j'ai une faveur à vous demander.

Théroz ne jugea pas utile de répondre.

— J'aimerais vous demander de travailler pour moi. Enfin, pas uniquement pour moi. Ne vous y trompez pas, ce n'est pas une tentative de corruption. Pas du tout. J'aimerais que vous meniez une petite enquête.

— C'est en effet mon métier. Mais je le fais pour le bien public, pas pour des intérêts privés.

— Mais les deux peuvent aller de pair. Vous vous souvenez de cette fille qui a été retrouvée morte dans une cave près de la Vieille Charité ? J'aimerais que vous enquêtiez sur ce décès.

Théroz se redressa, posa le verre de vin sur la table basse, un plateau en cuivre de style marocain.

— Une enquête est déjà ouverte par la brigade criminelle. On ne m'y associe que de loin parce que c'est une pute.

— Et c'est aussi pour ça que vos amis ne font pas beaucoup de zèle. Mais moi, j'ai besoin de savoir qui a tué cette fille.

— Pour ne rien vous cacher, tout le monde à l'Évêché pense que c'est vous.

— Je sais. Et c'est bien ce qui m'embête. Ce n'est pas moi. Ce n'est pas nous. Qui, alors ? Carbone ? Il a laissé tomber le secteur. Un krouïa ? Le couteau, c'est leur style, mais pourquoi tuer une gagneuse. Ce n'est pas comme ça qu'ils agissent. Les filles qui ne marchent pas droit, ils les expédient au fin fond de l'Algérie dans des bordels sordides. C'est plus dissuasif. Alors, qui ?

Théroz soupira.

— Vous avez une idée ?

— Aucune. Et c'est ce qui me chagrine.

— Bon. Pourquoi pas ? Je peux m'intéresser à cette affaire. Mais je doute que c'est tout ce que vous attendiez de moi.

— Et pourtant si.

Guérini se recula enfin au fond du fauteuil.

— Enfin… Il y a une toute petite condition.

Le gavot inspira longuement.

— Et laquelle ?

— Si vous trouvez, vous me donnez l'information et vous ne faites rien. Pas un mot à votre patron, Grimal.

Théroz secoua la tête.

— Antoine, je vous remercie de votre proposition, mais c'est non. Je ne travaille pas pour les deux camps, pas pour la pègre. Je ne suis pas un indic marron, comme ce pauvre Cardella.

— Et si je vous disais que les deux meurtres étaient liés…

Théroz ricana.

— Oui, c'est vrai que pour celui de Cardella aussi, vous êtes tête de liste !

— Ce n'est pas moi non plus.

Le policier siffla son verre et se leva.

— Désolé, Antoine.

Le truand se leva à son tour. Ce qu'on disait était vrai. Il n'était pas très grand, mais il en imposait. En sa présence, l'air se raréfiait, se faisait électrique.

— C'est dommage, Lucien. Je regrette de devoir parfois me montrer persuasif. Mais vous allez mener cette enquête.

Un ricanement lui échappa.

— Et pourquoi donc ?

— Parce qu'elle vous intéresse et qu'on vous appelle « le renifleur ». Mais aussi parce que vous aimez Monique et que vous avez raison, c'est une chic fille...

Théroz s'avança, le menton levé, prêt au combat.

— C'est une menace ? Ne t'amuse pas à ça, Guérini ! Ou je te fais coffrer pour menace à agent de la force publique.

Guérini vint se planter contre lui. L'odeur du cigare irrita ses narines.

— Une menace ? Bien sûr que non. J'ai juste dit que Monique était une chic fille. Prends ça comme un compliment. Thé-noz...

Il avait accentué la première syllabe de son nom avec toute la force de son mépris.

— Alors merci pour le compliment.

Le gavot vissa son galure sur son crâne et claqua les talons. Il attendit d'être dans la courette pour pousser un long soupir. Dans le bar, les éclats de rire et de voix se foutaient de sa gueule de petit flic à la colle avec une pute.

29

Arlette avait raison. C'est l'armateur André Daher, membre des Croix-de-Feu, qui arrivait largement en tête dans sa circonscription. Son vote pour le Front populaire ne changeait rien, mais Grimal était assez fier d'avoir participé, même modestement, à ce mouvement qui prenait de l'ampleur. Le maire Tasso était élu dès le premier tour. Sabiani était en ballottage. Comme le président Buitton, le protecteur des Santucci. Tout indiquait que la gauche l'emporterait largement au second tour. S'il pensait que la tentative de meurtre contre Cardella n'intéresserait plus personne entre ces deux tours, l'inspecteur avait tort.

La rue Thubaneau aurait dû être classée aux Monuments historiques. C'est en effet dans cette venelle étroite coincée entre le cours Belsunce et le boulevard d'Athènes que l'hymne national avait pris son nom de *Marseillaise*. Le bar de l'Étoile se trouvait d'ailleurs à deux pas de l'ancienne taverne où les révolutionnaires marseillais choisirent ce chant de guerre pour monter à Paris défendre la Nation en danger. Aujourd'hui, les sans-culottes qui battaient le pavé étaient les « gagneuses » des frères Guérini. La fratrie corse montante avait peu à peu évincé les souteneurs nord-africains de leur bastion traditionnel. Sans salamalec. Mais à coups de matraque et de feu. L'Étoile tranchait dans ce décor plutôt sordide et redonnait un peu de lustre aux solides bâtisses du XVIIIe siècle, avec leurs fausses colonnades et leurs vastes fenêtres croisées. Le Tout-Marseille s'était pressé à l'ouverture de l'établissement. Même Grimal avait reçu un carton et la moitié de l'Évêché était venue voir de ses yeux les nouveaux enfants terribles de la ville. Le fronton annonçait fièrement « brasserie », ce qui faisait chic et parisien. Les tables disséminées sur le trottoir bloquaient partiellement la rue, mais il ne serait venu à personne l'idée de récriminer. Il était l'heure du café et les serveurs décrochaient les affiches de Ferri-Pisani. Malgré le ralliement du candidat SFIO à Billoux, l'inspecteur doutait qu'elles soient remplacées par l'effigie du communiste.

Derrière le bar, l'homme qui s'affairait dégageait cet air d'autorité qui identifie le patron. Grimal avait déjà aperçu son frère Antoine, un homme sec, vif et nerveux, dans les couloirs de l'hôtel de police. Barthélemy Guérini, dit Mémé, était plus massif, plus affable, doté de ce même regard sombre qu'accentuaient des sourcils aussi fournis que la forêt de Bonifato qui bordait leur village de Calenzana. Le cheveu encore humide et l'odeur de « sent-bon » trahissaient une courte nuit. Grimal se présenta. Mémé Guérini lui tendit une main franche et lui proposa un café qu'il accepta volontiers. Le patron l'entraîna vers un guéridon éloigné au fond de l'établissement, où ils seraient tranquilles.

Grimal nota la chemise blanche immaculée, le gilet, et le pli impeccable du pantalon qui injuriait le sien.

— Qu'est-ce que je peux faire pour vous, inspecteur ?

Grimal se racla la gorge.

— Je sais que vous êtes un homme occupé en cette période électorale, mais vous n'êtes pas sans savoir qu'une tentative de meurtre a été commise avant le premier tour et que nous devons faire la lumière sur cette agression.

Guérini se renversa sur sa chaise.

— C'est bien la première fois que la police de Marseille se démène pour résoudre une affaire de meurtre !

L'accent était marqué, mi-corse, mi-marseillais, avec une pointe du Sud-Ouest. Grimal se souvint que Guérini était arrivé en France sans connaître la langue, et qu'il avait été dégrossi à Bordeaux.

— C'est qu'il s'agit d'un gardien de la paix et non d'un règlement de comptes.

Guérini se redressa.

— J'ai déjà parlé à vos hommes, inspecteur, et je n'ai rien à ajouter. J'ai bien vu Cardella ce soir-là au local de campagne. Il venait de chez Sabiani. Il nous a expliqué qu'il passait de notre côté parce que les positions de Simon ne lui allaient plus. Nous n'avons rien dit, nous savons que votre « collègue » est une planche pourrie, une balance. Il est sorti. Vingt minutes plus tard, nous l'avons trouvé mort dans la rue.

— Aucun de vos camarades ne s'est absenté entre le moment où Cardella est sorti et la découverte du corps ?

Guérini haussa les épaules.

— Je ne m'en souviens pas. Et même…

— Possédez-vous une arme ?

Guérini se rengorgea.

— Marseille est une ville violente, monsieur Grimal. Notamment pour les patrons de café. J'ai un fusil derrière le bar.

— Pas d'arme de poing ?

— Si je vous disais que j'en ai jamais vu, vous me croiriez ?

Grimal laissa voler quelques moucherons.

— Votre frère est-il aussi impliqué que vous dans la politique ?

— Nous sommes socialistes par tradition familiale.

— Il me semble qu'on l'a moins vu dans cette campagne.

— Vous savez bien qu'il a reçu l'an dernier, pendant les municipales, une balle dans la jambe tirée par des hommes à Carbone. Il n'a pas eu trop envie de recommencer...

Grimal l'interrompit.

— Que savez-vous d'Antoine Cardella ?

Guérini se leva et alla préparer deux autres cafés. Sa voix portait au-dessus du bruit de la rutilante machine italienne.

— Son oncle est un socialiste respecté en Corse, mais on est pas du même coin. J'ai toujours entendu dire qu'il fallait se méfier de Cardella. Que c'était un maître chanteur. Si vous voulez mon avis...

Il rapporta les deux tasses sur la table.

— ... il l'a bien cherché. Et des dizaines de mecs avaient un mobile pour l'assassiner. L'un d'entre eux a saisi l'occasion. C'est tout ce que je peux vous dire. C'est pas moi. J'ai des témoins et vous le savez.

Grimal avala sa tasse d'un trait. Le café était meilleur que celui d'Arlette.

— Où iriez-vous si vous aviez besoin d'une arme ? D'un Walther 7.65 par exemple ?

— On en trouve partout. C'est le modèle le plus répandu. Les nazis en ont fait une industrie. Ils les exportent en masse.

Le téléphone sonna.

— Excusez-moi.

Mémé se leva en ahanant et regagna le bar. Il prit un air étonné et posa le combiné sur le comptoir. Il fit signe à l'inspecteur.

— C'est pour vous. Vous pouvez le prendre dans la cabine.

Il la lui désigna, tapie dans l'ombre près des toilettes. Grimal referma la porte ajourée et décrocha.

— Grimal ? Ici un ami de la justice. Je serais vous, j'irais fouiller les poubelles de Mémé. Quelque chose me dit que vous pourriez avoir une surprise.

On raccrocha. L'inspecteur sortit. Guérini tordait un torchon dans leurs tasses. Il l'interrogea du regard.

— Où sont vos poubelles, monsieur Guérini ?

Le Calenzanais jeta le torchon par-dessus son épaule.

— Là. Derrière la cuisine, pourquoi ?

— Pouvez-vous m'y accompagner ?

— Bien sûr.

Le regard du bistrotier trahissait sa méfiance. Il sentait le coup fourré. Grimal tout autant. Trois grosses poubelles métalliques trônaient le long du mur d'une courette grise, entre les toilettes et une porte marquée « Privé ».

— Voulez-vous, je vous prie, soulever ces couvercles, intima l'inspecteur.

Guérini s'exécuta. Dans la première, rien. Dans la deuxième, quelques reliefs de la veille. Étrange bonneteau. Au fond de la troisième, enfin, un pistolet. De marque Walther. Calibre 7.65. Guérini se recula.

— Je vous laisse le ramasser, monsieur Grimal. Je ne voudrais pas qu'on trouve mes empreintes dessus.

30

Raoul se réveilla dans les bras de Rebecca. À force de le marquer à la culotte au Melody's, la jeune femme avait fini par l'avoir à l'usure. Bien sûr, elle ne s'appelait pas Rebecca, bien sûr elle était en service commandé, mais c'était une gentille fille qui avait de la conversation, et le journaliste voulut croire qu'il pourrait, par son entremise, en apprendre plus sur Carbone et ses secrets. Elle lui révéla seulement que, s'il n'avait pas vu le Tatoué lors du dépouillement à la Bourse du Travail, c'est qu'il votait à Propriano et avait passé le week-end sur l'île pour venir en aide à son ami l'ancien préfet Jean Chiappe, qui se présentait à la députation à Ajaccio. Il avait pris le bateau de nuit, occupant la meilleure cabine mise à sa disposition par la compagnie Fraissinet. Raoul la laissa se prélasser dans le lit, se dit qu'il allait falloir qu'il cherche un logement et déjeuna sans se presser avant de lire les journaux. Le Grand Hôtel ne mettait à la disposition de sa clientèle que *Le Petit Provençal* et *Le Petit Marseillais*, mais les deux journaux « consensuels » convenaient de la poussée des candidats du Front populaire et de la situation périlleuse dans laquelle se trouvait Simon Sabiani. Pour lire sa prose dans *Le Petit Parisien*, Raoul devrait attendre un peu plus tard que la presse nationale soit livrée gare Saint-Charles par le premier train. Ce matin, il avait décidé d'aller rendre visite à Henry Ponsard, le candidat du patronat qui semblait assuré de l'emporter dans les quartiers huppés de la ville. Ouvertement Croix-de-Feu, cet héritier d'une grande famille de la banque prônait en outre un rapprochement avec l'Italie de Mussolini pour faire barrage aux moscoutaires. Son discours, à contre-courant, ne manquait pas d'adeptes au sein de la bourgeoisie locale. Raoul voulait savoir ce que l'homme avait dans le ventre. Mutilé de guerre – il lui manquait un bras –, Ponsard faisait la paire avec Sabiani, dont il se rapprochait de plus en plus.

Les bureaux de la banque étaient situés au rez-de-chaussée d'un hôtel particulier du cours Pierre-Puget, l'un de ces îlots urbains où les familles du négoce marseillais entretenaient leur consanguinité. Tous s'abritaient dans ces « trois fenêtres » aux façades austères, caressées par la cime de platanes centenaires, dont l'ombre dissimulait la magnificence. Salons d'honneur marquetés, doubles escaliers de marbre, tableaux de maître. Rien de tout cela n'était offert à la vue du public. Les affaires se réglaient au niveau du trottoir, derrière ces larges fenêtres protégées de barreaux que le candidat avait fait recouvrir de drapeaux bleu, blanc rouge. L'entresol abritait les bureaux. Et ce n'est qu'au premier que se donnaient les bals et les soirées où se faisaient les alliances et les unions. Un joli marché aux fleurs occupait l'allée centrale du cours et exhalait des odeurs fraîches d'humus et de roses coupées.

Tassé, porcin, Ponsard portait la moustache comme un nœud papillon. Mobile, inquisitrice, impertinente. Il s'excusa de lui tendre la main gauche, faute de mieux. Le bureau était luxueux, garni de grands miroirs et de coupures des dizaines de contrées avec lesquelles l'établissement faisait affaire. Au centre des lambris, derrière le bureau, le banquier avait fait encadrer sa croix de guerre.

— Sale journée pour la France, annonça-t-il. Avez-vous voté ?

Raoul esquiva, évoquant une procuration.

— La victoire du Front populaire serait une catastrophe pour ce pays et singulièrement pour notre ville.

— Vous ne considérez pas comme légitimes les aspirations ouvrières à un peu plus de bien-être ?

La moustache se fronça.

— Le bien-être, c'est le travail. C'est ce que viennent chercher dans ce port les dizaines de milliers d'étrangers, d'apatrides, d'exilés qui affluent chaque année à Marseille. Ce travail, nous le leur donnons. Peut-on faire plus ? Si le Front populaire s'impose et applique son programme, nous ne pourrons tout simplement plus offrir ce travail. Que vont devenir ces gens ? Vont-ils vagabonder à travers nos rues, désœuvrés, oisifs, incapables de tuer ce « temps libre » qu'on leur promet ? Nous serons alors contraints, et c'est sans doute souhaitable, d'expulser les étrangers.

— Il semble bien pourtant que cette victoire que vous redoutez se dessine.

Ponsard soupira.

— Alors il faudra résister. Nous pouvons envisager des ajustements, des concessions réalistes. Vous savez bien que c'est l'un des credo des Croix-de-Feu que de favoriser l'association du capital et du travail. Et nous souhaitons associer nos ouvriers à la réussite de nos entreprises. Sans nous, ils ne sont rien ! Mais le véritable danger, vous le connaissez comme moi. Le Front populaire, c'est la porte ouverte aux bolcheviques. Donnez-leur un bras, ils voudront tout le reste. Et je ne crois pas que la France veuille une nouvelle révolution. Ni que le « prolétariat » puisse diriger une banque.

— Que préconisez-vous alors ?

— De faire front au Front populaire. Et ce par tous les moyens. En février 1934, la France a manqué une occasion historique de se défaire de la clique des politiciens corrompus, de ces radicaux-socialistes mouillés jusqu'au cou dans l'affaire Stavisky et qui font aujourd'hui allégeance au Front populaire.

Le banquier s'empourprait. La moustache frétillait.

— Nous ne prendrons jamais le pouvoir à Marseille. Nous avons longtemps cru que le pouvoir de cette ville se trouvait à la chambre de commerce. Et ce n'est pas entièrement faux. Mais nous avons laissé la population croître. Ouvriers, immigrés, italiens, corses, arméniens, grecs, nègres d'Afrique, amanites... Tous ne sont pas français, mais le suffrage universel leur confère cependant l'avantage du nombre. Il nous faut entrer en résistance. Reconquérir notre pays et notre ville.

— On vous dit proche des thèses du Duce...

— Mais je le suis ! Le fascisme peut seul ramener l'autorité qui fait tant défaut. Et l'élan qu'il inspire peut entraîner les masses, patrons comme ouvriers. Pour nous, à Marseille, c'est une évidence. Le commerce avec l'Italie n'est pas une option, c'est une obligation. Nous devons à tout prix nous rapprocher de ce pays et de Mussolini si nous voulons conserver notre place en Méditerranée. Je suis assez fier d'en avoir convaincu Simon Sabiani...

— Qui semble sur le point d'être battu.

La moustache se figea.

— Simon Sabiani n'est jamais battu. Nous ne sommes jamais battus. Le scrutin n'est que l'une des voies d'expression d'une volonté politique. Nous avons d'autres armes pour faire respecter nos valeurs et nos droits.

— Vous voulez parler des hommes de main de Carbone et de Spirito ?

La moustache se hérissa.

— Nous sommes les seuls, mon collègue Daher et moi-même, à ne pas avoir recours à des mauvais garçons issus du quartier réservé. Nous n'en avons pas besoin. Notre électorat n'est pas composé de brutes.

— Pourtant, les Volontaires nationaux...

— ... sont des militants qui pratiquent l'autodéfense.

Raoul jugea plus prudent de ramener l'entretien sur des terrains moins glissants.

— Que proposez-vous au juste pour Marseille, alors ?

La moustache s'effila, Ponsard la lissa du bout des doigts.

— La reconquête, cher monsieur. La bourgeoisie a trop longtemps abandonné sa ville à la populace qu'elle nourrit et qu'elle n'a pas su endiguer. Aujourd'hui, vous le voyez bien, certains de nos quartiers sont devenus la fange de l'Europe, tous les voyageurs qui traversent Marseille en sont bien conscients. Dans le même temps, nous sommes contraints de nous réfugier dans nos quartiers bourgeois. Si nous n'y prenons garde, la ville sera bientôt coupée en deux camps antagonistes.

— Mais c'est précisément dans ces quartiers que vous dénoncez que Simon Sabiani a installé sa légitimité et ses soutiens.

— Plus pour très longtemps, je le crains. Ces cloaques sont en train de basculer sous le joug communiste. Et c'est presque rassurant. Au moins une partie de ces gens aspirent à une forme d'ordre. À nous de les rallier à notre cause comme a su le faire le Duce.

Ponsard se leva, signifiant que les affaires sérieuses ne pouvaient attendre plus longtemps. Raoul fit de même et le banquier l'éconduisit avec fermeté et doigté, le gratifiant d'une poignée de main et d'un « cher ami ».

Le journaliste retrouva l'ombre de platanes, qui baignait tout le cours d'une atmosphère ouatée, où les cris et les échanges se faisaient en sourdine. Il pressa le pas vers la clairière de la place Estrangin. Jamais il ne saurait vraiment ce que cachaient les volets clos des hôtels particuliers des riches Marseillais. On lui avait parlé de loges maçonniques, de sectes catholiques intégristes, de clubs fermés. Ce qui était sûr, c'est que c'était un monde verrouillé à quatre tours, où l'on étudiait, travaillait et se mariait entre soi. Impossible d'y pénétrer. Chaque fois qu'il avait eu affaire à l'un de ces notables, Raoul avait ressenti un dédain encore plus profond que celui que dégageait Carbone. Le caïd vous gratifiait d'un mépris bon enfant, ouvert. Il vous invitait dans son bouge, sur son yacht, ne cachait rien de ses activités et de son train de vie. Rien de tel chez les Ponsard et l'aristocratie du négoce local. Sa condescendance était teintée d'aigreur et de haine. Sa violence n'en était pas moindre.

31

Adèle constata que le planton avait disparu. La porte était ouverte. N'importe qui pouvait désormais entrer et finir la besogne du tueur. Elle poursuivit dans le couloir une soignante qui haussa les épaules. C'étaient les consignes. On craignait des débordements entre les deux tours des élections et tous les policiers étaient mobilisés pour assurer l'ordre public. Pour Adèle, le message était clair. On le laissait mourir. Elle s'assit sur le bord du lit et se mit à sangloter. Si elle en avait eu la force, elle l'aurait pris dans ses bras et l'aurait porté le long des couloirs, en bas des escaliers monumentaux, au travers du grand hall, dans la rue Caisserie jusqu'au port en hurlant qu'il était mort, que la ville l'avait tué.

Il balbutiait des mots sans suite. Elle essuya la bave sur ses lèvres. Que faire ? Aujourd'hui, au travail, elle avait reçu des fleurs et un carton : « *Quittez donc cet emploi de midinette. Pourquoi ne venez-vous pas travailler dans un de mes établissements ? Le travail est moins dur et la paie bien meilleure. Votre dévoué, François Spirito.* » Les filles l'avaient chambrée. La plupart lui avaient dit qu'à sa place elles n'hésiteraient pas. Qu'une chance comme celle-là ne se refusait pas.

Qu'elle n'y arriverait plus, une fois son mari décédé. Qu'elle devrait quitter l'appartement.

Mais pourquoi le truand tournait-il ainsi autour d'elle, autour d'eux ? L'agression d'Antoine devait avoir un rapport avec lui. Mais lequel ?

Elle sécha ses larmes et se décida à faire ce qu'elle n'avait pas osé entreprendre depuis son mariage. Après tout, elle en était sûre à présent, son époux allait mourir.

Il était temps.

Elle descendit la Grand-Rue jusqu'à la République et monta aux Carmes par ce qu'il restait de la rue des Enfants-Abandonnés. Comme à l'accoutumée, des minots débraillés semblaient avoir été posés là pour justifier le nom de la voie. Ils poursuivaient un bout de chiffon du bout du pied et se chamaillaient devant le parvis de l'église. Elle poussa la porte en bois. Mais elle était fermée. Elle fit le tour du bâtiment scarifié par les fissures et les craquelures d'un enduit mal posé. Une petite porte s'ouvrait dans une remise attenante à la nef. C'est là que, jadis, les bergers parquaient leurs brebis lors de la messe de la transhumance. Mais là encore, la vieille porte résista.

— Vous cherchez le curé ? demanda un des marmots qui observait son manège avec curiosité.

Elle opina.

— Il ne vient pas en début de semaine. C'est fermé. Peut-être demain.

Elle le remercia. Chercha un bonbon dans son sac. N'en trouva pas.

32

— On me dit que tu es passé voir Mémé Guérini à l'Étoile ?

— On te dit bien.

On, c'est un cochon, disait sa femme. En l'occurrence, il devait s'agir d'un cochon sauvage du maquis de Calenzana, soit Barthélemy Guérini en personne.

— Je vois que je suis au moins aussi bien surveillé que les canailles de cette ville, persifla Grimal.

Xavier ricana.

— Ne sois pas cynique, ça te va mal. Je pense juste que j'aurais pu t'accompagner.

— Il se défend très bien tout seul. Et je ne te savais pas avocat…

— Il y a un avocat qui sommeille dans chaque Corse. Je ne cherchais pas à le défendre. Mais je les connais mieux que toi, ces lascars. Je sais lire entre les lignes.

— Il a dû te dire que j'ai retrouvé chez lui un Walther correspondant à l'arme du crime contre Cardella.

— Il me l'a dit, en effet. Tu ne vas pas le poursuivre ?

— Ce n'est pas à moi de le faire, c'est au parquet. Mais je ne lui ferai pas perdre son temps avec ces enfantillages. La ficelle est un peu grosse.

Filori pouffa. Grimal se leva de son bureau.

— Xavier, tu es un bon flic. Et un flic honnête. Ne te perds pas trop dans ces magouilles…

— Ces magouilles ?

— La politique. C'est bien, la politique. Ça devrait être sain. Et si cela peut te rassurer, j'ai voté pour le Front populaire. Dans mon quartier, ça ne servait à rien. Mais ici, dans ces murs, la politique devrait s'effacer devant le bon sens. Devant l'intégrité.

Filori posa ses deux poings sur le bureau et fit face à son collègue.

— Sur le fond, bien sûr que tu as raison. Mais sais-tu le nombre de crapules, de pourritures, de fascistes déclarés qui faisaient leur loi dans ces murs en toute impunité depuis des années ? Es-tu aveugle ? Je redeviendrai neutre quand le ménage aura été fait.

— Je sais bien qu'il y a des pourris, c'est même sur la mort de l'un d'entre eux que j'enquête. Mais à trop les combattre, veille à ne pas finir par leur ressembler. Les voyous ne sont pas de droite ou de gauche. Ce sont des opportunistes. Et nous devons les combattre tous.

Filori se recula.

— Et puisque nous parlons de mon client, il paraît qu'on a relevé la garde devant sa chambre à l'Hôtel-Dieu. Sa femme m'a appelé.

Xavier soupira.

— Nous sommes en manque d'effectifs…

— Il faudrait le faire placer dans une institution, dans un de ces mouroirs du Roucas-Blanc tenus par des nonnes. Toi qui as le bras long…

— Je vais voir ce que je peux faire.

Grimal attrapa son chapeau et son manteau.

— Tu viens ? Je vais chez Carbone. Il aura peut-être besoin lui aussi d'un flic compréhensif...

Filori fit semblant de lui adresser un coup de poing à l'épaule.

— Carbone ? Tu sais que j'ai juré publiquement d'avoir sa peau. Et elle doit valoir son prix, vu les tatouages qu'il y a dessus !

Le Beauvau en jetait moins que le nouvel établissement des Guérini. Ses « belles affaires », Carbone les avait installées à Paris, du côté de Pigalle, et les avait placées entre les mains de ses maîtresses et d'amis sûrs, comme le baron de Lussats. De taille moyenne, le café affectait pourtant une décoration « à la parisienne », ou en tout cas à la parisienne vu d'ici. Le zinc était en étain rutilant. Les tables et les chaises d'un joli bois verni. Comme chez les Guérini, le téléphone était à la disposition des clients, mais surtout du patron, qui y traitait l'essentiel de ses affaires. La salle était coupée en deux par des colonnes de fonte qui veillaient jalousement sur les alcôves du fond, celles réservées au taulier, à ses frères et à leurs amis. La partie du bar la plus proche de la rue était dévolue aux « caves », aux bourgeois en mal de frissons. Ils seraient les premiers touchés en cas de balle perdue. Grimal franchit les deux colonnes comme s'il était chez lui, retira son chapeau pour saluer François Carbone, qui tenait le bar en dépit de ses hautes fonctions municipales. Le frère aîné de Venture était en effet officiellement adjoint au maire, chargé des stades. Le changement de municipalité n'avait pas suffi à le démettre de cette rude tâche. Jean Carbone, l'autre frangin, était pour sa part employé au service des pompes funèbres, sans doute plus adapté à ses compétences.

— François Carbone ? Inspecteur Grimal, de la Mobile. Je souhaiterais parler à votre frère, Paul Bonaventure.

Un signe du menton désigna l'intéressé, qui lisait le journal au fond de la pièce. Il baissa son *Paris-Soir* pour apercevoir le visiteur, plia le journal, saisit la cigarette qui se consumait dans un cendrier Noilly Prat et lui fit signe d'approcher.

— Asseyez-vous, je vous en prie.

Il n'ajouta pas : « *J'attendais votre visite.* » Mais c'était implicite.

— Vous voulez boire quelque chose ?

L'inspecteur accepta un café, que François apporta avec cérémonie.

— Je viens vous voir à propos de l'affaire Cardella. Vous le connaissiez ?

— Parfaitement. Votre collègue était, comment dire, très peu honorablement connu de tout le monde. Mais il m'avait rendu quelques menus services.

— Puis-je savoir de quel ordre ?

— Monsieur l'inspecteur, votre macchabée en sursis était un homme paradoxal.

Le vocabulaire de Carbone surprenait toujours ses interlocuteurs. Mais il avait des lettres. En tout cas, le certif.

— Généralement, les indics se recrutent parmi nous, les malfaiteurs. Eh bien, votre Cardella était flic. Et indic. Il nous renseignait, nous. Je ne sais pas au juste quel jeu il jouait, ou au profit de qui. Ce que je peux vous dire c'est qu'il servait d'informateur. De colporteur de vraies et de fausses nouvelles. Qu'il allait d'un bord à l'autre porter la rumeur, les tuyaux, percés ou pas. Et je pense que c'était un homme informé. C'est peut-être cela qui l'a tué. Peut-être pas.

— Ferri-Pisani et ses hommes affirment qu'il était passé de leur bord et que c'est pour cela que des hommes de Sabiani l'auraient abattu.

Malgré la pénombre, Grimal vit nettement se creuser le fameux rictus de Carbone. Ses yeux scintillaient.

— Mais, monsieur l'inspecteur, Cardella a toujours été de leur bord. Et nous l'avons toujours su ! Quoi de changé ? Pourquoi l'abattre pour ça ? C'est un mobile ridicule.

Grimal sirotait son café sans rien dire. Carbone n'aimait pas trop le silence. Il fallait le laisser venir.

— Il y a une chose que je peux vous dire, c'est que ni François Spirito ni moi-même ne sommes impliqués dans cette affaire. Quel intérêt y aurions-nous ? Dès qu'un vieillard casse sa pipe, nous sommes accusés. Alors tuer un flic ! On nous a déjà collé sur le dos le meurtre du conseiller Prince. Et pourquoi pas le roi de Yougoslavie ! Pour Henri IV, j'ai un alibi. Je n'étais pas né !

Il éclata d'un rire éraillé. Un vieux tracteur coulant une bielle.

Le téléphone sonna. François Carbone décrocha. Son frère l'interrogea du regard, comme pour dire : « *Je ne suis pas là.* » Mais le barman indiqua que l'appel, apparemment, était pour l'inspecteur.

— Ah non ! Ils ne vont pas me refaire le coup...

Grimal se leva, saisit l'appareil massif sur le comptoir. La voix était similaire à la précédente. Elle lui conseillait d'aller faire un tour dans les poubelles de l'établissement. Il raccrocha. Retourna à la table. Le rire de Carbone fut encore plus tonitruant. Le tracteur avait démarré.

— Allons-y...

Cette fois, c'est tout de suite qu'ils découvrirent le Walther, posé délicatement sur des épluchures de carottes.

— Vous devriez rester, inspecteur. À midi, c'est bœuf mironton.

Grimal sortit sans même emporter l'arme. La rue Beauvau était bloquée par quelques dizaines de manifestants chantant *L'Internationale* à tue-tête. Bientôt Carbone à ses côtés se mit à hurler :

— Vous n'allez donc pas fermer vos gueules !

Il brandit le Walther et se mit à tirer. Un clic indiqua que l'arme n'était pas chargée. Il la tendit à Grimal, qui la prit sans ciller. Et le gangster sortit du holster flambant neuf qu'il avait fait venir d'Amérique son colt personnel. Cette fois, la déflagration fut puissante. Étudiée. La horde des manifestants fit le silence. Carbone couvrit les murmures de la rue en beuglant :

— Devant chez moi, on chante *La Marseillaise* !

Il tira à nouveau. Et les manifestants s'exécutèrent.

— J'espère que vous avez un permis de port d'arme, nota Grimal.

Et il suivit le défilé jusqu'à la Canebière.

33

— Qu'est-ce que tu veux qu'il te fasse ? Il bluffe. S'il t'arrive le moindre pépin, je le fais coffrer.

— Tu es inconscient, Lucien ! Antoine a plus de soutien que toi à l'Évêché. Pourquoi tu ne la fais pas, sa putain d'enquête ?

— Parce que je ne bosse pas pour un putain de voyou !

— Eh bien, ta putain, elle, elle se barre à l'ombre !

— Tu vas où ?

— Si on te le demande, tu diras que tu n'en sais rien !

Monique jeta une veste sur son épaule et claqua la porte.

— Et merde...

L'armoire encaissa la frustration de Théroz. C'était la vraie force des voyous de pourrir tout ce qu'ils approchaient. Et le résultat était là. Le pire, c'est qu'il n'avait plus d'autre choix que de rechercher l'assassin de cette pauvre fille. Parce que c'était le seul moyen d'en sortir. Et si ce meurtre était lié à l'affaire Cardella, il aurait du même coup rendu service à Grimal. Rien ne le tenait à une promesse qu'il n'avait pas faite à Guérini. Il mènerait l'enquête dans l'intérêt du service.

Boubou surveillait le quartier du haut de sa fenêtre à fumer son kif. La lune formait un beau croissant doré au milieu du ciel mauve. On aurait dit le drapeau d'un lointain sultanat. Des minots se poursuivaient en bas sur la placette. D'autres couraient derrière une balle de chiffon. Comme tous les soirs, la porte était ouverte. Le vrombissement des pales du vieux ventilateur couvrait tous les bruits familiers. Le chien du deuxième, le grincement des marches irrégulières, le couinement des semelles en crêpe de l'homme qui montait. Sa respiration retenue alors qu'il entrait dans l'appartement. Boubou n'eut même pas le temps de se retourner, encore moins celui de crier lorsque l'intrus le projeta du haut du balcon jusque sur le pavé dans la ruelle en bas. L'homme dévala l'escalier quatre à quatre. Le chien se jetait sur la porte en hurlant. Les effluves de soupe s'émoussaient. Boubou était étendu sur le dos, animé de soubresauts nerveux. Il n'était pas mort. L'homme le regarda, esquissa un sourire et tendit son calibre en direction du souteneur. Mais il ne tira pas.

34

Raoul ne savait pas ce qu'était un journaliste intègre. Lui estimait qu'un reporter devait avant tout être détaché. S'efforcer de déconnecter en lui tout sentiment, tout jugement. Disparaître derrière les faits. Se glisser comme un gecko dans les chambres à coucher, les bureaux, les coins sombres, et y dénicher le filon : la bonne histoire. Et le détachement était le meilleur passeport dans tous les milieux, dans tous les cénacles. Le riche, le pauvre, le policier, le bandit, le politicien, le syndicaliste, de droite, de gauche. Tous le laissaient se mêler à eux précisément parce qu'il n'avait pas d'avis, pas d'opinion, pas de sympathie ni de haine. Juste un je-m'en-foutisme universel. Il était assez fier de cette posture, même si, au fond de lui, il savait bien distinguer les ordures des braves gens. Mais il avait appris à se méfier de ses débordements de dégoût ou d'admiration. L'un comme l'autre étaient la certitude d'un mauvais papier. Hagiographie ou critique acerbe provoquaient chez le lecteur le même agacement. La même suspicion. Aussi, Raoul se pensait-il imperméable à toute corruption. La nonchalance l'en protégeait, croyait-il. Il voyait à présent Rebecca tous les soirs. Cela en faisait-il un homme de Carbone, son obligé ? Pas du tout. Raoul n'avait jamais refusé un petit cadeau, mais se débrouillait en général pour y répondre d'un papier vachard qui remettait promptement le corrupteur à sa place. Pour l'instant, la jeune femme ne lui avait pas appris grand-chose, sinon le détail précis des tatouages du patron. Des pointillés du cou au joli « Au bonheur de dames » inscrit sur son bas-ventre en passant par la carte de la Corse sur le torse.

Qui manipulait qui ? C'était la règle de leur relation. Elle l'espionnait pour le compte du Corse et lui la travaillait au corps pour en savoir plus sur cet homme qui tenait la ville. Cela ne les empêchait pas de prendre du bon temps. Elle partageait son goût pour le bourbon et le swing d'outre-Atlantique. Elle aimait les zazous et Johnny Hess, et le poussa à s'habiller en conséquence d'un blazer un peu trop croisé, un peu trop grand pour lui. De glisser dans sa poche un foulard rouge acheté en face de l'hôtel, aux Nouvelles Galeries. De porter des pantalons étroits presque trop courts qui laissaient apparaître les chaussettes sur ses souliers vernis. Il faisait un meilleur cobaye que les nervis qu'elle fréquentait d'ordinaire et qui ne dérogeaient pas au vrai chic italien. Plutôt que de courir les boutiques, il aurait mieux fait de chercher un appartement. Il n'allait pas passer sa vie au Grand Hôtel, son salaire n'y suffirait pas.

Et puis, le vendredi, deux jours avant le second tour, elle le coinça au déjeuner, l'avertissant que Carbone voulait le voir et qu'il n'allait pas le regretter.

Ils descendirent la Canebière bras dessus, bras dessous. L'entre-deux-tours avait été étrangement calme. Le printemps s'épanouissait et Raoul se serait presque cru amoureux si son détachement ne l'avait pas opportunément rappelé à l'ordre. La chaleur s'installait et Carbone les reçut en bras de chemise, un cigare coincé entre les dents.

— Pichotte ! Quel plaisir de vous voir ! On dirait que vous vous entendez bien tous les deux...

Il les fit entrer dans la fraîcheur du café, alimentée par la ronde frénétique d'un ventilateur. Rebecca s'éclipsa lorsqu'ils eurent à parler d'homme à homme. Carbone l'informa qu'une réunion au sommet se tenait le soir même dans un cabanon des Calanques entre lui-même, François Spirito et les Guérini, et qu'il serait ravi de l'y convier.

— Bien sûr, vous ne pourrez rien écrire. Mais cela vous apprendra sans doute pas mal de choses. Et je tiens surtout à ce qu'un observateur impartial vienne assister à nos débats pour que l'on ne puisse pas plus tard en déformer la teneur. Qu'en pensez-vous ?

— Je suis flatté !

Détaché... Raoul trépignait. Voilà que le lézard se glissait enfin dans les crevasses les plus profondes de Marseille.

35

Pouvait-on encore parler de conscience ? Antoine n'était plus relié au monde extérieur que par les sens brouillés qui lui restaient. L'odeur était intacte. L'ouïe n'enregistrait qu'une bouillie parfois percée de stridences, comme s'il reposait au fond d'une baignoire à moitié pleine. Les formes s'étaient estompées. Ne restait que la variation de l'intensité de la lumière. Et elle s'était assombrie. Et il avait froid. Peut-être l'avait-on déjà placé dans son cercueil ? Attendait-on qu'il claque pour en refermer le couvercle ? Ce n'est pas ce qu'il avait espéré. Son vol en apesanteur vers le pays de ses aïeux, il le rêvait comme une explosion de lumière. De bleu et d'or. Il n'aimait pas cette grisaille, cette odeur de crypte, ces murmures dans les couloirs gris qu'il soupçonnait à proximité de la chambre. Le kaléidoscope des souvenirs s'atténuait, lui aussi. Virait pastel. Pourtant, il fallait qu'il se souvienne pour rester en vie. Il fallait qu'il raconte cette histoire à sa conscience, une dernière fois. Qu'elle l'écoute pour mourir en paix. À qui parlait-il ? À Dieu ? En tout cas c'était une confession. Et il avait la certitude que quelqu'un l'entendait.

Il était de service, et en tenue, le jour de la visite du prince Alexandre. Tout de suite, il avait compris que cela allait mal tourner. Tout le monde en était conscient, à commencer par la foule qui restait pour ça. Pour que ça saigne. Il y avait trop de monde, trop de charroi. Il aurait fallu organiser un cordon de sécurité renforcé tout le long de la Canebière, écarter la foule. Mais très vite, tout avait débordé. Les collègues étaient poussés, bousculés. Marseille aimait descendre dans la rue. Voir du monde, voir le monde. Elle aimait se donner en spectacle, pour elle-même. Se voir voir. Les Marseillais se moquaient de leur hôte, ne savaient pas pour la plupart où se situait la Yougoslavie, sauf peut-être ceux qui avaient navigué, croisé au large de Dubrovnik. Les autres étaient là pour être ensemble. Pour se griser de cette sensation de se fondre dans la multitude, de ne faire qu'un. D'être un peuple. Antoine s'était tenu un peu en retrait, au coin de la place de la Bourse et de la rue Pavillon, où se tenaient le bar de Spirito et le QG de Sabiani. Il avait aperçu le tueur devant lui, à quelques dizaines de mètres, parce que sa démarche avait rompu le flot linéaire des badauds le long du cortège à la manière d'une libellule traversant un ruisseau au ras de l'eau. Tout s'était désorganisé en quelques instants, la foule avait bouillonné, s'était creusée de tourbillons, agitée de vagues et de remous. Fasciné, Antoine n'avait pas bougé. Un collègue l'avait hélé, l'arme à la main, le regard perdu, il avait tiré en l'air. Tiré devant lui.

Antoine avait eu la sensation apaisante que c'était enfin le grand jour. Que la ville vacillait. Que son anarchie mal contenue se donnait libre cours. Que tout pouvait arriver, surtout n'importe quoi. Qu'il allait y avoir des morts et que, tout innocents qu'ils fussent, ils l'avaient bien cherché. Marseille méritait cet immense cafouillage, cette cacophonie, ces cris, ces peurs. Elle en était responsable. Et il n'avait aucune raison d'intervenir pour remettre un peu d'ordre dans cette saleté de ville qui l'avait brisé. Un sourire s'était dessiné sur ses lèvres.

— Alors Cardella, on est au spectacle ?

C'était Spirito, attiré lui aussi par le tumulte.

— On dirait qu'ils l'ont eu. Je reste auprès de toi, tu me serviras de témoin de moralité.

Et ils restèrent ainsi tous les deux à échanger des cigarettes sans rien dire, conscients d'assister, impuissants, à l'inévitable. C'était leur ville. Elle était comme ça. Et pour tout dire, ils s'en foutaient.

36

On avait emmené Boubou à l'Hôtel-Dieu. Comme Cardella, il n'était pas mort, mais tout juste. Et tout indiquait qu'il rejoindrait plus vite ses ancêtres que le gardien de la paix, qui s'accrochait inexplicablement à la vie. Le toubib de service fit un signe de tête à Théroz. Oui, il était conscient. Le Kabyle était allongé au milieu d'une salle commune où allaient et venaient des infirmières, des enfants et des petits vieux. Ses grands yeux bleus le dévisagèrent. Théroz retira ses lunettes et le fixa.

— Tu peux parler ?

Il hocha la tête.

— Qui a fait ça ?

Le torse du souteneur était emmailloté comme dans un corset. Sa colonne vertébrale était en lambeaux. S'il survivait, il ne marcherait plus. Le grand Boubou ne déploierait plus sa carcasse. Ne se pencherait plus à sa fenêtre. S'il survivait, il habiterait désormais un monde à mi-hauteur.

— Les Guérini ?

L'imprésario de Monique secoua à nouveau la tête.

— Qui, alors ?

Boubou se mit à bafouiller, comme s'il répétait son propre surnom. *Boubouboubouboubou...*

Il ouvrit de grands yeux. Puis les ferma. Une nurse s'approcha et demanda au patron de la Mondaine de bien vouloir partir.

Théroz se rendit jusqu'à la chambre de Cardella et découvrit qu'on l'avait déplacé. Il se hâta d'aller se replonger dans la pénombre protectrice du Panier.

Qui avait poussé Boubou ? Il ne pouvait s'empêcher d'y voir un message d'Antoine. Un avertissement. Voilà ce qui arrivera à Monique si tu ne fais pas ce qu'on te dit. Et cette menace attisait sa haine et l'envie paradoxale de s'acquitter de la mission dont l'avait chargé l'aîné des Guérini. Quant à Monique, elle ne donnait toujours pas signe de vie. Et elle avait sans doute raison.

Un gorille de Carbone passa le prendre au Grand Hôtel. Il était six heures et demie, l'apéritif serait long. Deux autres acolytes attendaient dans la traction. Personne n'échangea un mot. Ils lui laissèrent la place du mort. Le chauffeur était taciturne, mais conduisait calmement. Ils s'engagèrent dans le cours Lieutaud, gagnèrent le Prado et rejoignirent la Corniche au niveau des bains et du casino. De là, ils mirent le cap sur les Goudes. Le soleil, souligné de nuages en flocons, surveillait doucement leur escapade. Raoul observait les collines de Marseille au fond du décor. La lumière caramel donnait à l'ensemble l'allure d'un tableau d'Olive. Ils passèrent la Pointe-Rouge et la voiture cahota dans la caillasse délavée des Goudes. L'atmosphère était pesante et, lorsqu'ils obliquèrent vers le cap Croisette, le journaliste se demanda s'ils n'allaient pas le conduire jusqu'au bout du chemin, l'abattre et abandonner son cadavre aux rochers, aux poissons et aux rapaces.

Une poignée de cabanons saupoudraient la rocaille, en équilibre précaire au-dessus de la mer. Ils s'arrêtèrent devant le plus imposant du lot. C'était un restaurant plus ou moins officiel, avec un bar côté colline et une terrasse côté mer. Deux hommes se tenaient aux aguets à l'entrée du café, un autre montait la garde devant le portail qui menait sous la tonnelle. Ils descendirent et le chauffeur alla garer la traction un peu plus loin, en contrebas. Seul Raoul eut droit à une fouille au corps avant d'être autorisé à entrer sur la véranda nimbée d'une lueur tamisée par la canisse. Spirito était debout face à la mer, exhalant contre le vent la fumée de sa cigarette. Carbone était assis au creux d'un fauteuil en osier, le bras passé autour du dossier, un verre de bière pâle devant lui.

— Monsieur Pichotte, bienvenue dans mon modeste cabanon. Vous prendrez bien un verre de rouge ? Je le fais venir de Corse, c'est un petit vin de chez moi, de Sartène, fabriqué par un cousin avec des cépages dont même moi je n'ai jamais entendu parler. À moins que, comme moi, vous ne préfériez un panaché bien frais ?

Raoul opta pour le vin corse. Il avait besoin de se détendre. Détachement. Carbone siffla Spirito qui se retourna, l'air blasé.

— Tout est en place ? On a mis des hommes au croisement du chemin ?

L'Italien confirma. Des deux, il était celui qui affectait le calme le plus hautain. Il désapprouvait cette rencontre. Il estimait qu'ils n'avaient pas à se rabaisser à cette parodie d'entente. Qu'ils étaient encore les maîtres du jeu et que c'était aux Guérini de faire le premier pas. Mais Carbone s'embourgeoisait. C'était un notable, il fréquentait le beau monde, les huiles, les vedettes du cinéma et de la chanson à Paris, et notamment son protégé, Tino Rossi, qu'il promenait partout comme un chienchien pour attirer les mouches, la presse et les starlettes. Spirito ne lui en voulait pas, leurs affaires étaient florissantes, presque légales désormais, et le Proprianais avait plus le sens du commerce que lui. Le beau Lydro était un organisateur, un exécutant, un intendant. Et il préférait la compagnie des putes. On ne se refaisait pas.

Les Calenzanais les firent attendre.

— On avait dit huit heures…

— Je te l'ai dit, Paul. Ils se la jouent vedettes américaines, tes nouveaux amis.

Et Carbone se resservit un panaché. Raoul, posté dans un coin, le dos tourné à la mer, était un peu pompette lorsque les choses s'animèrent. Des cris étouffés, les échos de voix et de pas rapides dans le gravier. Le lent crissement des pneus sur le chemin défoncé. Le claquement des portières. Et puis les silhouettes efflanquées des deux frères se découpèrent dans le halo ocre du soir tombant. D'un commun accord, on laissa les porte-flingues s'arsouiller en face, au café. Carbone se leva et donna l'accolade. Spirito préféra les poignées de main. Ils se faisaient face comme dans un jeu de miroirs, Carbone et Mémé enjoués et amènes. Antoine et Lydro distants et tendus.

— Asseyez-vous, asseyez-vous ! Vous prendrez bien un petit verre de vin du pays. C'est du rouge de Sartène avec des cépages…

Mémé accepta de bonne grâce. Antoine déclina du plat de la main et trinqua d'un verre d'eau.

— Qu'est-ce qu'il fout là, le fouille-merde ?

Antoine Guérini ne portait pas la presse dans son cœur. Même s'il avait plus d'éducation que son frère, qui savait à peine lire, c'était un homme d'action plus que de mots.

— C'est un peu ma garantie, le rassura Carbone. Nous aurons ainsi un témoin impartial de nos discussions et des accords que nous allons peut-être être amenés à passer. On ne pourra pas prétendre par la suite s'être mal compris.

— *Hè un figliolu di puttana...*

— *Ùn parla micca corsu.* Lydro et notre ami ne nous comprendraient pas.

Mémé se laissa tomber dans un fauteuil, Spirito et Antoine l'imitèrent à contrecœur.

— Mes amis, si j'ai tenu à organiser cette rencontre, c'est pour mettre les choses au point avant qu'elles dégénèrent sur le terrain. Un malentendu est si vite arrivé. Comme on dit, mieux vaut prévenir que guérir et...

Antoine se tortilla sur son fauteuil et coupa son hôte :

— ... Carbone. L'idée de planquer un flingue dans les poubelles de mon café, c'était vraiment une idée de tordu.

Il jeta un regard glacial à Lydro, qui le soutint longuement.

— Je suis bien d'accord. Et d'ailleurs votre réplique m'a bien fait rigoler. Mais c'est précisément ce qui m'a convaincu qu'il était temps d'arrêter les enfantillages. Nous avons su rester calmes pendant cette campagne électorale.

Mémé posa son verre et protesta.

— J'ai un gars avec une balle dans le genou et deux autres avec de beaux coquards.

— La routine. On ne peut pas totalement éviter les débordements. Mais vous comme nous avons su nous tenir après la campagne municipale de l'an dernier.

— C'est parce que vous saviez cette fois-ci que Simon allait perdre…

Lydro s'interposa.

— C'est votre candidat, Ferri-Pisani, qui a déjà perdu. Nous, il nous reste un tour. Rien n'est joué.

— Mais nous sommes à la mairie.

Carbone soupira.

— C'est ce que je suis en train de t'expliquer, Mémé. Les forces sont en train de bouger. Vous prenez de l'importance. Tant mieux. La concurrence, c'est bon pour le business. Et je vais même te dire mieux, vous tombez à pic. Nous, le racket, les boîtes, les filles, entre nous, on a déjà donné. Ça fait même trente ans qu'on fait ça avec Lydro. Du Caire à Tanger en passant par l'Amérique du Sud, Dakar… J'ai eu des filles à ma botte sur tous les continents ! Mais aujourd'hui nous sommes passés à autre chose.

Lydro toussota et finit par se servir un doigt du petit vin du Taravo. Mémé lui tendit son verre pour un ravito.

— Et tu proposes quoi, en clair ?

— Les putes, on vous les laisse. À Marseille, en tout cas. Nous, nous avons nos bordels à Paris. Nous gardons le contrôle du côté Sud de la Canebière, nous vous laissons le Nord, y compris le Panier, à l'exception d'une ou deux boîtes dont nous avons besoin pour nos affaires.

Antoine se faisait plus attentif.

— Et vous y gagnez quoi, dans cet arrangement ?

— Notre business, aujourd'hui, c'est l'import-export. Le pavot, la coco. La drogue, c'est le marché d'avenir. Surtout en Amérique. Ça fait des ravages. Et depuis le temps, avec tous nos contacts en Asie, en Afrique et sur tous les bateaux des Messageries maritimes, de la compagnie Paquet et notre propre flotte, nous avons mis en place un réseau qui n'a rien à envier à ceux de MM. Fraissinet, Fabre, Régis et compagnie.

Mémé proposa des cigarettes à la ronde.

— Et je ne vois pas en quoi ça nous concerne.

— Justement. Il n'est pas question que ça vous concerne. Les armes et la drogue, c'est nous. Et rien que nous. Si j'apprends que vous vous en mêlez de près ou de loin, c'est la guerre. Et cette guerre-là, en deux jours, vous l'aurez perdue.

Antoine se redressa.

— Alors qu'est-ce qui t'empêche de nous éliminer, si tu peux le faire en deux jours ?

— Tout le monde y laisserait des plumes. Et une guerre des gangs à Marseille nuirait à ma réputation et à la bonne marche de mon petit commerce. Alors que si on travaille main dans la main tout le monde y gagnera. On appelle ça un trust. Et en angliche, ça veut dire confiance…

Ils restèrent de longues minutes sans rien dire, à peser le pour et le contre. Des papillons de nuit se brûlaient les ailes aux appliques murales. La fumée des anglaises s'entremêlait en arabesques. Raoul avait l'impression de vivre un moment historique. Un armistice. Mémé brisa le silence.

— Nous, ça nous va. Qu'en penses-tu, Antoine ?

Une moue fit office de réponse.

— Elles sont où, nos garanties à nous ?

Lydro se leva.

— Mais on n'a pas de garantie à vous donner ! C'est nous les rois de Marseille, jusqu'à preuve du contraire. On vous fait une fleur, là. C'est à prendre

170

ou à laisser. C'est la paix des braves. Ou la guerre. Venture vous l'a bien expliqué, non ?

Antoine se leva à son tour.

— Lydro, tu me menaces pas.

— Je ne t'ai pas menacé. J'énonce des faits. Si tu veux la guerre, on la fait. Et dans deux jours, tu es mort, ton frère avec, votre belle brasserie est en flammes. Et vos putes partent bronzer en Afrique.

Carbone se leva à son tour et posa sa lourde main sur l'épaule d'Antoine.

— Mais ça n'arrivera pas, Toniu, ça n'arrivera pas. Penses-y. Si on s'entretue, que va devenir cette ville ? Tu crois vraiment que Sabiani, Tasso, Ferri-Pisani peuvent la gérer sans nous ? Ce sont des incapables, des arrivistes sans envergure. Marseille nous appartient. Elle est assez grande pour nous deux.

Mémé restait assis. Il proposa la paix.

— Ton picrate du pays est pas mal, mais le champagne tarde un peu, dans ta gargote !

Carbone se dirigea vers un seau à glace où patientaient deux magnums.

— Avant de boire la coupe de l'amitié, j'aurais tout de même une petite récrimination à faire.

Antoine accepta la coupe que lui tendait Lydro.

— La ville est envahie de Walther depuis quelques semaines.

Mémé se leva à son tour.

— Oui... C'est que...

— Or les Walther, ce n'est pas nous. Beretta, Colt, Glock, Browning, Thomson, tout ce que vous voulez. Walther, non. Alors, de deux choses l'une. Soit les Walther c'est vous, et vous arrêtez tout de suite en gage de notre nouvelle amitié. Soit ce n'est pas vous, et nous allons fumer ensemble les fumiers qui marchent sur nos plates-bandes. Ça marche ?

Antoine leva sa coupe. Carbone fit péter le bouchon. Ils n'avaient pas parlé des cercles de jeu. Chaque chose en son temps. Un accord partiel valait mieux que pas d'accord du tout.

Personne ne proposa de champagne à Raoul. Il n'eut pas le cran d'en demander. Il s'approcha de la table et se resservit un verre de ce jaja corse dont plus personne ne voulait. Le macaque qui l'avait amené apparut au portail et lui fit signe qu'il était l'heure de rentrer. Il salua la compagnie. Carbone lui pinça la joue. Au moment où il s'apprêtait à rejoindre son chauffeur, Antoine Guérini s'écarta du cénacle et s'approcha de lui.

— Pichotte, je voulais te dire une chose ou deux. D'abord, tout ce que tu viens d'entendre, tu ne l'écriras pas. Tu ne pourras jamais l'écrire. Ni de près ni de loin. Si je vois la moindre allusion dans la presse à ce que nous venons de dire, je saurai d'où ça vient. Et alors tu seras mort. Ça, c'est la première chose. La deuxième, c'est que maintenant tu es tenu par le même secret que nous tous. Tu fais partie de l'accord. Tu es des nôtres. Ça te donnera des droits. Mais aussi des devoirs. Si tu ne marches pas droit, il me sera facile de faire savoir que tu assistes à des réunions privées avec les caïds de la pègre. Que tu es une pourriture, en somme. Ta réputation, je la fais et je la défais quand je veux.

Et il claqua des doigts. Ce fut la fin du charme. La réalité revenait le percuter de plein fouet. Détaché ? Non, pieds et poings liés.

38

Adèle rencontra le médecin en charge de l'institution Sainte-Cécile où avait été placé son époux. C'était un petit bonhomme au regard fuyant, qui avait décidé, par goût ou incompétence, d'accompagner les malades vers la mort plutôt que de les soigner.

— Quand va-t-il mourir, docteur ?

La question devait être habituelle. Le docteur esquivait en fixant une colonne du préau de la cour du mouroir où déambulaient parfois des ombres poussées par des religieuses. Elle détestait cet endroit. Elle détestait cet homme.

— C'est difficile à dire. Il est dans le coma, mais les fonctions vitales ne sont pas vraiment atteintes. Il peut rester dans cet état de longues semaines, voire des mois.

— Vous pensez qu'il peut revenir à lui ?

— Cela arrive, mais souvent les séquelles sont irréversibles. Il vaut souvent mieux que les malades partent doucement pour rejoindre leur Seigneur.

— Que puis-je faire alors ?

— Attendre et prier.

— Est-il utile que je vienne le voir ?

— Oui. Peut-être qu'il vous entend. Nul ne le sait.

Elle lui fit part de ses soucis financiers. Demanda si l'assurance allait suffire à couvrir les frais.

— C'est un policier, madame, les frais seront couverts jusqu'à sa mort. Et nous ferons tout notre possible pour le garder en vie.

Il lui expliqua qu'ils lui avaient placé un *baxter*, une poche de liquide qui le nourrissait. Qu'il ne manquerait de rien. Qu'une sœur venait chaque jour prier pour le salut de son âme. Elle ne lui fit pas remarquer que son mari détestait les religieuses et les curés.

Elle décida de ne plus venir qu'une fois par semaine.

Elle retourna à l'église des Carmes. Le mercredi, le jeudi, le vendredi. Sans parvenir à voir le curé. Deux fois, elle trouva porte close, la troisième, elle parvint à pénétrer dans la bâtisse décrépite. L'intérieur était fascinant, presque inquiétant. L'édifice était envahi de bas-reliefs naïfs en bois représentant le Christ, ses apôtres ou des saints de toutes sortes. La peinture et les dorures qui les avaient jadis ornés s'écaillaient, s'effaçaient par endroits et donnaient l'impression d'une assemblée de défunts en décomposition dont les yeux vides fixaient le visiteur. Certains regards semblaient implorer un pardon, un salut. Elle appela :

— Mon père !

Elle s'approcha de la sacristie. Crut entendre une porte claquer. Mais il n'y avait personne. Peut-être que le prêtre s'était figé le long d'un pilier pour passer inaperçu au milieu de ces figurines grotesques. Adèle battit en retraite. Le soleil la frappa de plein fouet à sa sortie.

Elle redescendait de la butte lorsque le gamin de sa première visite, vautré sur une bicyclette démembrée, la rejoignit.

— Vous savez, il est là, le curé... Mais il ne veut pas vous voir.

Elle sursauta.

— Qu'est-ce que tu peux bien en savoir ?

— Je le sais parce que je sais plein de choses.

Elle éclata de rire. Il devait avoir neuf ans, dix ans à peine.

— Comme quoi par exemple ?

— Je sais que vous êtes la femme du condé qu'on a assassiné.

— Il n'est pas mort.

— Non, mais je sais quand même qui vous êtes.

Et comme elle ne lui demandait pas d'explication, il poursuivit :

— Je vous ai vue à l'Hôtel-Dieu. Parce que j'y vais souvent à cause de ma maladie.

Elle s'arrêta pour le dévisager.

— Et qu'est-ce que tu as comme maladie ?

— La leucémie. C'est grave, mais les toubibs disent que je peux guérir.

Elle sentit son cœur se serrer. Ce minot aurait pu être son fils, s'ils avaient pu en avoir.

— Je sens que tu vas guérir. Ne t'inquiète pas.

Elle reprit son chemin et il continua à la suivre comme un chiot abandonné.

— Madame...

— Oui.

— Je sais encore autre chose.

— Et quoi donc ?

— Votre mari. Il est venu voir le curé il y a deux semaines.

— Mon mari ?

— Oui.

— Et comment tu sais que c'était mon mari ?

— Je vous l'ai dit que je savais plein de choses. Même qu'on me paie pour ça. Pour observer. Pour savoir.

Elle interrompit à nouveau sa marche.

— Donc tu as vu mon mari avec le curé ?

— Oui. Même qu'ils se sont bien engueulés. Je peux vous le dire. On les entendait jusqu'au port !

— Et bien sûr, tu sais à propos de quoi ils s'engueulaient…

— Ah, ça non, madame. Votre mari disait juste qu'il l'avait prévenu. Et que, dans sa position, il devait avertir les gens, faire quelque chose. Que c'était son devoir. Et le curé a répondu : « C'est toi qui me parles de devoir ! » C'est tout ce que j'ai entendu. Après ils se sont enfermés dans l'église. Et puis votre mari est parti.

Elle réfléchit. Elle ne comprenait rien à tout ça. Elle remercia le petit. Promit qu'elle reviendrait le voir.

— Oui, parce que je sais plein de choses. Plein d'autres choses.

39

Il y eut bien quelques coups de feu échangés dans la nuit du samedi au dimanche. Le sommeil des riverains fut troublé par des détonations, des cris et des cavalcades aux abords du zoo du Palais Longchamp. La rumeur, en descendant de la colline, affirmait même que les nervis avaient abattu la girafe qui faisait la fierté du parc animalier. Mais c'était pure galéjade. Des seconds fusils des bandes de Carbone et des Guérini avaient en réalité joué aux cow-boys et aux Indiens dans le quartier afin de ne pas perdre la main, d'entretenir leur réputation et aussi d'en donner pour leur argent à leurs commanditaires. À quoi bon accorder faveurs et largesses aux voyous s'ils ne s'affrontaient pas pendant les campagnes électorales ! Leurs amis politiques se seraient sentis floués. Alors on avait dérouillé les flingues, joué à cache-cache et à *pan, pan, tu es mort !* jusqu'aux petites heures. Les commères avaient pu s'en donner à cœur joie le matin en allant faire leur marché pendant que leurs maris allaient voter.

Ce fut, comme prévu, un raz-de-marée pour la gauche et le Front populaire. Tasso était passé dès le premier tour, avec près de trois quarts des voix du centre-ville. Son premier adjoint, Raymond Vidal, l'emportait également sans trop d'encombre, de même que le Corse Marcel Lucchini, qui battait l'industriel Marius Boyer, maire d'Aubagne. L'insubmersible Victor Buitton, ancien président du Conseil et protecteur des Santucci, s'en tirait une nouvelle fois malgré ses innombrables casseroles. La droite conservait les deux circonscriptions des quartiers huppés avec le Croix-de-Feu André Daher et le mussolinien Henry Ponsard. Mais la grande nouveauté, c'était la mainmise des communistes sur les vieux quartiers. Jean Cristofol était élu haut la main dans la 2ᵉ circonscription aux dépens du sortant SFIO. Et surtout François Billoux évinçait Simon Sabiani avec un écart de plus de mille voix.

Ce fut, dans toute la ville, dès le soir même, une explosion d'allégresse sans précédent. Un violent mistral de liberté soufflait sur les quartiers, balayant les doutes du quotidien, les compromissions, les désillusions. Blasée, Marseille ne prenait plus le temps de porter son regard vers le large. Cette nouvelle donne lui rouvrait les yeux. Elle se prenait à croire à nouveau que tout était possible. Éternelle adolescente, elle rêvait enfin de ces dimanches infinis, de ces « congés payés » où elle pourrait sans complexe laisser s'exprimer son âme frondeuse. On irait à la mer, aux bains, au soleil, au cabanon, à la campagne ; danser, nager, jouer aux boules et au ballon. On s'aimerait, on se battrait. On allait vivre, tout simplement.

Rebecca entraîna Raoul dans le tourbillon de la foule. D'un bond, ils attrapèrent un tramway qui filait vers la Corniche pour aller voir le soleil se coucher sur la mer. Plus que jamais, demain serait un autre jour. Adossés à la rambarde, un autre couple d'amoureux s'enlaçait sans pudeur. Même les vieux, coiffés de leurs casquettes blanches du dimanche, souriaient des dents qu'il leur restait. On partait en famille oublier pour un soir que, demain, l'école et le turbin reprendraient leurs droits.

Des drapeaux rouges apparaissaient aux balcons, sur les édifices publics, comme si des centaines de Rodolphe Carini avaient ressuscité par la grâce du suffrage universel. Ils croisèrent tout au long du trajet des grappes de jeunes gens agitant des drapeaux, des foulards et se saluant à grands cris.

L'air semblait soudain plus respirable et la boule qui froissait les entrailles de Raoul depuis la réunion des Goudes se détendait un peu. Le journaliste n'arrêtait pas de ruminer sa stupidité, la naïveté avec laquelle il s'était laissé piéger par Carbone. Il aurait pourtant dû savoir que le secret du détachement et de l'indépendance consistait à ne pas s'approcher trop près de l'action. Mais la curiosité avait été plus forte. La seule garantie que le gangster s'était offerte en l'invitant à leurs débats était qu'il ne pourrait désormais plus écrire le moindre papier sur ses activités sans trahir leur pacte. Le même devoir de réserve s'appliquait désormais aux Guérini. Raoul s'était en quelque sorte condamné à l'autocensure, voire à l'écriture sur ordre. Tout article sur le banditisme devrait désormais passer par le filtre de ses nouveaux amis. Rebecca le rassurait.

— Tu t'inquiètes pour rien. Aucun gangster n'a jamais tué un journaliste. Tu ne connais pas ces hommes comme moi. Les fauves tuent sans remords, mais seulement lorsqu'ils ont faim. Qu'est-ce que ta mort leur rapporterait ? Rien.

Raoul grommelait, cherchait à se convaincre qu'elle avait raison. Elle lui tendit une boîte de tabac à priser. Il l'ouvrit et y découvrit un fond de poudre blanche compacte comme du sucre glace.

— Qu'est-ce que c'est ?

— De la coco. Prends-en, ça te fera du bien.

Raoul hésita, mais préféra s'abstenir. Rebecca en glissa une pincée entre le pouce et l'index et la renifla.

— Ce n'est pas illégal, tu sais ? Et ça requinque.

Le tramway passait le pont de la Fausse-Monnaie et ils apercevaient, en se dressant un peu, le Théâtre Silvain où se tenait une réunion publique.

— Si tu veux écrire sur les voyous, tu pourras te rattraper avec les Santucci !

La jeune femme lui confia comment elle avait commencé au Dan's, comme serveuse, avant de démissionner pour échapper aux avances de Jo le Bègue et se placer sous la protection de Carbone.

— Je ne te parle pas des coups fourrés qu'ils ont montés, ceux-là, sous la protection de notre vénérable président Buitton !

Il se rappelait en effet le scandale de la cimenterie de Cassis, installée au milieu du vignoble au mépris du droit et des autorisations préfectorales au début des années 30. Du jour au lendemain, tous les élus, responsables et experts qui s'étaient prononcés à l'origine contre ce projet, avaient tourné casaque, à commencer par Victor Buitton, député du secteur. On les avait par la suite retrouvés membres du conseil d'administration de l'usine ou détenteurs d'actions. Ceux qui avaient refusé cet arrangement avaient été convaincus par les Santucci d'obtempérer. La campagne de presse menée par le viticulteur Bodin contre cette implantation avait failli faire tomber Buitton, mais l'ancien international de rugby avait une fois de plus réussi à se sortir de la mêlée. Le Front populaire aurait-il sa peau ? Pas sûr. L'homme saurait louvoyer pour ne pas perdre toute influence à la Chambre. La marge de manœuvre du nouveau gouvernement serait des plus étroites. D'autant que le premier parti de France était certainement désormais celui de l'anticommunisme, représenté à Marseille aussi bien par la droite et le patronat que par Buitton ou certains socialistes déjà revanchards.

Raoul et Rebecca oublièrent bien vite ces magouilles passées. Ils sautèrent du tram et s'assirent avec des centaines d'autres sur le sable des Bains du Prado à regarder les îles. Le soleil léchait les immenses meringues d'If et du Frioul, trempant entre deux eaux dans le jus noir de la rade. Un gros nuage mauve s'effilochait en barbe à papa. Un phono jouait un air entraînant : « Au soleil de Marseille ! Mon Dieu quelle merveille ! »

40

Un homme, ce soir-là, n'avait aucune raison de partager la liesse populaire. Réfugié dans son appartement du 50 de la rue Fauchier, Simon Sabiani faisait grise mine. Carbone et Spirito avaient eu beau insister pour qu'on débouche tout de même les bouteilles de champagne achetées au cas où, le cœur n'y était pas. Depuis bientôt quinze ans, le borgne avait été le roi de cette ville aveugle. Il n'était plus ce soir qu'un chef déchu, qui avait jusqu'au bout voulu croire au miracle.

— Il y aura d'autres victoires, le rassurait Carbone, forçant sa nature sur le vin pétillant, lui qui préférait les panachés bien frais.

Dans sa tête, l'ancien héros de la guerre planifiait déjà sa revanche. Les contacts établis avec Doriot n'étaient pour l'heure qu'informels. Mais il n'était plus temps de tergiverser. L'ennemi, c'étaient les communistes. Sur ce simple programme, on pourrait continuer à ratisser large. Ponsard, Daher, mais aussi Buitton étaient susceptibles de s'y rallier. On pourrait passer sans trop de peine des alliances occultes. La lutte désormais devait se recentrer sur ces priorités : chasser les bolcheviques, les parasites étrangers et la juiverie internationale. Sur ces objectifs, on pourrait s'entendre. Déjà, Sabiani ne donnait pas cher du Front populaire. En huit ans à la Chambre, il avait su s'y faire des amis sur tous les bancs. Son franc-parler, son sérieux, ses convictions en avaient séduit plus d'un. Même ce salopard de Sarraut et toute la vermine radicale-socialiste corrompue jusqu'à la moelle partageaient sa haine de Thorez et des affidés de Staline. Il suffirait de quelques actions bien menées et le gouvernement que le juif Blum allait bientôt former s'effondrerait comme un château de cartes. Alors, l'heure de la revanche viendrait. Et cette fois, il n'y aurait pas de quartier. Et puis il y avait aussi ce grand projet d'urbanisme qui s'était enlisé au gré des convoitises, des intérêts particuliers, et que l'avènement de Tasso à la mairie avait enterré.

Bien sûr, c'était dans ces vieux quartiers qu'il avait grandi, qu'il avait tissé patiemment sa toile. Mais l'araignée avait changé de camp. Alors oui, la solution était peut-être là. Détruire ce vieux Marseille à ce point insalubre qu'il était désormais infesté par le poison moscoutaire. La terre brûlée. Le projet était à l'origine économique. Il devenait un enjeu politique majeur. Le déplacement des populations pourrait permettre des redécoupages adroits tout en contenant le péril communiste dans des zones bien confinées que le pouvoir central laisserait tomber. Déjà, en 1856, les banquiers du Second Empire avaient déplacé des dizaines de milliers d'immigrés italiens pour creuser la rue de la République dans la chair de la butte des Carmes. Pourquoi ne pas recommencer ? Lui-même n'avait-il pas traversé la Canebière pour ces quartiers Sud où se trouvait aujourd'hui le vrai pouvoir ? La guerre avait commencé. Elle serait sans merci.

Le champagne se réchauffait dans sa coupe. Par les larges fenêtres laissées grandes ouvertes pour tempérer la chaleur moite de ce 3 mai, des sifflets et des huées le tirèrent de ses réflexions.

— Oh, les encatanés ! hurlait Carbone, qui s'était précipité pour regarder au-dehors d'où venait ce tumulte.

Le chef se leva doucement. Il rejoignit Carbone et ne manqua pas de surprendre l'esquisse d'un sourire sur les lèvres de Spirito. Dans la rue, un corbillard tiré par quatre chevaux portait les initiales S. S., en blanc sur le fond noir d'un linceul. Une petite troupe masquée, les visages cachés par des foulards, hurlait sa haine du sortant en guise d'hommage funèbre.

— Sabiani ! Tu es mort ! Va pourrir en enfer !

L'ancien patron de la ville lança sa coupe de champagne en direction des manifestants. Le magnum suivit. Carbone et Spirito dégainèrent leurs flingues et vidèrent leurs chargeurs sur l'attelage, qui détala sans demander son reste, les chevaux affolés renversant au passage une poignée de badauds.

Oui, la guerre avait commencé.

41

Ce que Théroz trouva à l'Évêché sur le meurtre de la pute ou rien, c'était *idem*. Ses confrères de la criminelle, pris par d'autres tâches plus urgentes en ces périodes *postélectorales*, n'avaient pas poussé très loin leurs investigations. Elle avait été égorgée à l'aide d'une lame particulièrement tranchante, probablement courbe. Aucune empreinte ou indice probant n'avait été découvert sur les lieux. C'était une pauvre fille du nom de Betty Stora, dont les empreintes figuraient au fichier. Théroz lui-même l'avait souvent « serrée » lorsque la hiérarchie exigeait des rafles de filles afin de rassurer les bourgeois, ou plutôt leurs bourgeoises. Un détail troublant attira cependant son attention. L'adresse qui figurait à son dossier était identique à celle où son corps avait été retrouvé. Or, d'après le rapport succinct de l'inspecteur chargé de l'enquête, il s'agissait d'une cave dans une vieille tour désaffectée derrière la Vieille Charité. Un lieu abandonné et insalubre où l'on ne pouvait pas résider. Elle devait donc vivre ailleurs. Mais où ? Et pourquoi cette adresse ?

Le gavot se rendit d'abord rue de la Vieille-Tour, pensant que le corps avait été retrouvé dans la Tour des Trinitaires, un ancien clocher en ruine récemment classé aux Monuments historiques. Mais non, la tour en question était plus au nord, en contrebas de la Butte des Moulins. Et c'est d'ailleurs de cela qu'il devait s'agir. D'un de ces anciens moulins qui, jadis, donnaient à Marseille, vue de la mer, son aspect si particulier avec ces ailes qui tournoyaient au-dessus des toits comme les élytres d'immenses bourdons. Le bâtiment était troué d'une lourde porte en bois qu'un simple coup d'épaule parvenait à ouvrir. Le sol était jonché de gravats et de vieux journaux. Un escalier en colimaçon conduisait à la cave et montait aux étages. Une poutre s'était effondrée en travers des marches. Il descendit. Une lucarne laissait perler le jour jusqu'au sous-sol. La cave était mieux entretenue. Le sol avait été balayé, un buffet était jeté au fond de la salle et un lit métallique était recouvert d'un matelas pas trop mité. C'est ici, songea Théroz, que Betty devait faire ses passes. C'était une pute bon marché, une pute pour dockers, pour journaliers, pour soldats de passage. Une tache sombre à l'extrémité du matelas devait être le sang séché de sa gorge. La scène ne présentait aucune trace de lutte et les empreintes de pas sur le sol poussiéreux devaient être celles de ses collègues. Qui l'avait tuée ? Un client ? Elle n'avait pas dû se débattre beaucoup… En cas de lutte, le matelas serait à terre, le buffet renversé. Les confrères n'auraient eu aucun intérêt à remettre de l'ordre. Et Théroz doutait que quelqu'un soit revenu ici depuis. On lui avait dit que Betty Stora était une fille à Boubou, mais cela l'étonnait. Le Kabyle, paix à son âme, ne travaillait pas dans des conditions aussi sordides. Peut-être lui apportait-il une vague protection. Elle n'avait guère été utile.

Il n'y avait rien de plus à découvrir ici. Il sortit sans refermer la porte, constata qu'il se trouvait tout près de chez Loule et passa s'en jeter un. Il posa ses lunettes sur le comptoir, demanda au taulier de les nettoyer au jet d'eau chaude de la cafetière.

— Dis-moi, Loule, toi qui connais tout le monde… Une pute du nom de Betty Stora, ça te dit quelque chose ?

Loule soupira et arrêta le lent va-et-vient du chiffon sur l'étain.

— Je te mets une anisette ou un café ?

— Comme tu voudras. Tu la connaissais ?

— C'était une folle. Une pauvre fille, mais pas une pute.

Théroz approcha la tasse de café, y fit plonger un morceau de sucre et touilla.

— Je ne comprends pas, Loule, je l'ai moi-même arrêtée pour racolage sur la voie publique.

— Eh bien, tu as eu tort ! Elle traînait avec les putes, elle s'habillait comme une pute, mais ce n'était pas une pute. C'était une pauvre fille, et quand je dis pauvre, c'est façon de parler.

— Loule, je ne comprends rien à ce que tu racontes. Tu peux être plus clair ?

— Lulu, tu me gaves ! Tu traînes depuis des décennies dans le quartier à fouiner, mais en réalité tu ne connais rien ni personne. Betty, moi, je l'ai connue toute petite, et j'ai encore mieux connu sa mère.

— Sa mère ? Elle est encore en vie ? On peut la voir ?

— Malheureusement, non. D'ailleurs c'est à sa mort que Betty s'est mise à déconner pour de bon. Figure-toi que sa mère possédait la moitié du quartier.

— La moitié du quartier ! Tu veux dire la moitié du Panier ?

— Pas tout à fait. Disons une bonne moitié des immeubles de la place des Moulins.

Théroz reposa ses lunettes sur son nez. Loule avait l'air tout ce qu'il y avait de plus sérieux.

— Je ne comprends pas. Betty a donné comme adresse officielle celle de l'ancien moulin où elle a été retrouvée morte. Mais c'est une masure. Et tu me dis que sa mère possédait la moitié du quartier ?

— C'est le cas. Et la petite a hérité de tout.

— Tu veux dire que Betty Stora était riche ?

— Pas riche, mais pas pauvre. La plupart des bâtiments sont décrépits. Mais elle encaissait les loyers.

— Mais l'adresse…

— C'est juste la maison où elle est née. La vieille habitait là il y a trente ans avant de déménager avec la minotte pour une grande maison de la rue du Petit-Puits. Vous avez gardé l'adresse de l'état civil, c'est tout.

— Loule, tu aurais dû faire flic !

Le bistrotier pouffa.

— Pour finir comme toi ? Jamais de la vie. Depuis la mort de sa mère, Betty s'est mise à louer des locaux aux prostituées du quartier pour faire leur petit *bizness*. Mais ce n'était pas une pute.

— Merde alors.

Voilà qui changeait sacrément les perspectives.

— Et tu crois que les Guérini savent ce que tu me racontes ? Tu crois qu'ils connaissaient Betty ?

— Ils ont peut-être des filles qui louaient chez elle. Ils lui ont peut-être même loué des locaux. Mais les

Guérini sont comme toi. Ils ne sont pas d'ici. Ils ne font que passer.

Théroz siffla son café et commanda une anisette, finalement...

— Quand on l'a tuée, pourquoi n'as-tu pas raconté tout ça aux flics ?

— Mais tes collègues ne m'ont rien demandé ! Et moi, je me mêle de mes affaires.

Théroz se balançait sur son tabouret comme un juif en prière.

— Et donc si je te demande qui a tué Betty, tu vas me le dire ?

— Non. Mais son fiancé te le dira.

— Son fiancé ?

— Oui. Son fiancé.

— Loule, Loule...

Théroz expédia deux coups de poing amicaux dans l'épaule grasse du limonadier.

42

Il n'y eut pas de gueule de bois. Pas tout de suite. Au contraire. La semaine qui suivit les élections fut une longue célébration de la victoire. Reprendre le boulot ? Pas question. Les uns après les autres, les ouvriers des grandes entreprises marseillaises débrayèrent pour mettre la pression sur le patronat. Les 40 heures pour demain ! Les deux jours de repos hebdomadaire, tout de suite ! Et la liberté syndicale et les conventions collectives. C'était maintenant ou jamais. On tenait le bon bout, il ne fallait pas lâcher. Les usines furent occupées pendant que d'autres, employés, chômeurs, envahissaient le centre-ville. La Canebière était pavoisée de faucilles et de marteaux, la ville se parait de rouge. Les manifestants arrêtaient les trams, les voitures. Venez vous joindre à la fête ! Le parti communiste était en position de force, mais chacun savait qu'il ne participerait pas directement à un gouvernement bourgeois dirigé par les socialistes. Alors il fallait peser sur les décisions à venir. Placer la barre à gauche.

La contre-offensive ne tarda pas. Alors que la grève battait son plein, Félix Prax, le très contro-versé président de la chambre de commerce, appelait ses adhérents, banquiers, boutiquiers, restaurateurs, à installer le drapeau bleu, blanc, rouge aux devantures et aux balcons des échoppes et des succursales pour faire pendant au drapeau bolchevique. Dans les petites rues du Vieux Port et de l'Opéra, les échauffourées se multipliaient. La reconquête commençait. La tension montait. Allait-on revoir les scènes de guerre civile de 34 ?

Sentant le vent tourner, Sabiani décida de marquer le coup de manière spectaculaire. Il devait être trois heures de l'après-midi en ce début du mois de juin lorsque la berline décapotable déboula de la rue Beauvau sur la Canebière. Un drapeau français avait été planté au-dessus de chacun des rétroviseurs. À l'avant, dressé sur le siège du passager, un homme agitait lui aussi les couleurs nationales. Simon Sabiani se tenait debout à l'arrière, les bras croisés, le plastron de sa chemise militaire piqué de ses décorations de guerre. Carbone et Spirito l'entouraient, assis sur chacune des portières, la mitraillette à la main. Le cortège fendit la foule éparse des manifestants. Les deux voyous insultaient les passants, menaçaient ceux qui se trouvaient sur leur chemin et qui s'écartaient, impressionnés par cette démonstration de force.

Mort, Sabiani ? Il fallait au contraire compter plus que jamais avec lui. Le message était clair. Le borgne n'avait plus le pouvoir politique, il pèserait dorénavant différemment.

Arrivé sur les Allées, l'équipage commença à rencontrer un peu de résistance. Les rouges s'étaient redéployés et arrachaient tout ce qui, à portée de main, pouvait servir de projectile : chaises et tables de bar, poteaux mal encastrés, pavés disjoints. Un guéridon s'abattit sur le capot avant sans ralentir la marche du véhicule. Spirito arrosa les terrasses des cafés de rafales tournantes. Carbone tirait en l'air. Clients, curieux, passants, tout le monde se jeta à terre. Un émule de Carini courut vers la voiture et tenta d'arracher la hampe des mains du porte-drapeau. Carbone lui asséna deux, trois coups de crosse. Le téméraire lâcha prise et roula sur le pavé. Le gros des troupes révolutionnaires se redéployait et filait vers les Capucines. Parvenu au pied des Réformés, le chauffeur fit demi-tour et entama la descente du retour. Surgis d'on ne sait où – mais sans doute rameutés par les hommes de Carbone –, des gros bras entourèrent le véhicule en brandissant des drapeaux français et en entonnant *La Marseillaise*. Au détour de la rue Sénac, de la rue Curiol, du boulevard du Nord, les « patriotes » affluaient, bientôt rejoints par les restaurateurs et les petits commerçants, enhardis par ces renforts. La troupe gonfla jusqu'au Vieux Port, où la berline s'immobilisa, juste devant la Bourse. Le président Prax sortit sur le perron pour saluer ces soutiens inespérés.

— La France d'abord ! hurla Sabiani, repris en chœur par ses partisans.

À l'Évêché, l'heure n'était plus vraiment à la recherche et à l'arrestation des criminels. La grève s'étendait à tous les secteurs de la nation. La priorité était le rétablissement et le maintien de l'ordre. Qui arrêter, qui épargner ? Les consignes étaient au laisser-faire. Ne froisser personne et éviter les effusions de sang. Dans leur immense majorité, les forces de police prenaient fait et cause pour le Front populaire. Par conviction, comme Filori et beaucoup d'autres, par opportunisme, pour ceux qui, depuis longtemps, mangeaient à tous les râteliers, par intérêt aussi. À l'exception des combinards, acoquinés avec la pègre locale, qui se procuraient d'autres sources de revenus, les flics avaient très mal vécu la décision du gouvernement Laval, un an plus tôt, de réduire de 10 % une solde déjà maigre. Ils réclamaient des moyens.

Comment lutter contre les bolides des gangsters avec les quatre Renault antiques qui rouillaient dans le garage de l'hôtel de police ? Comment ne pas se rendre au feu la trouille au ventre muni de ces pistolets à barillet de 1892 qui constituaient encore l'ordinaire de l'armement officiel, quand, dans le même temps, les gangs de Carbone et des Guérini exhibaient fièrement leur arsenal dernier cri partout dans Marseille ? Henri Tasso, le maire, était devenu très populaire auprès des forces de l'ordre en plaidant leur cause à Paris, en réclamant de l'argent, du matériel, des hommes.

Un mois après les élections, aucun changement notable n'était intervenu au sein de la hiérarchie. Seul le préfet avait changé. Mais il était évident que les proches des socialistes tenaient désormais le haut du pavé, que les sabianistes étaient mis au rancart. Dans cette agitation très éloignée de ses préoccupations et de son caractère, Grimal ne savait pas trop où se situer. Il espérait comme chacun une amélioration du fonctionnement des services. Et à défaut d'une épuration, un nettoyage qui aurait permis d'assainir les effectifs. Lui-même avait à ses côtés, à la Mobile, des policiers de valeur, dont la probité était suspecte. À commencer par Théroz et sa catin. Un autre officier avait été coincé en train de convoyer de la drogue dans un véhicule officiel. Comment les blâmer tout à fait... Leur salaire dérisoire était du pain béni pour les voyous des deux bords, qui avaient beau jeu de « dépanner » les policiers désargentés. Si l'on ne voyait plus guère défiler dans les couloirs les barbeaux et les voleurs à la tire qui faisaient d'ordinaire le quotidien de « la maison », la situation politique drainait dans ses murs des personnages d'une autre envergure.

Grimal aperçut, le lendemain du vote, Ferri-Pisani venu porter plainte pour coups et blessures et tentative de meurtre après l'épisode du corbillard dont il était apparemment l'un des instigateurs. Et le coup d'éclat de Sabiani sur la Canebière quelques semaines plus tard n'était pas resté sans conséquence. Les témoins étaient cette fois tellement nombreux que Carbone n'avait pas réussi à les acheter ou à les intimider tous. D'autant que son principal accusateur, présent sur les lieux, était un inspecteur assermenté du nom de Galinier. Le Proprianais eut du mal à démentir avoir fait usage d'une arme à feu sur la voie publique et avoir blessé un manifestant. Il s'en tira cependant avec une peine plutôt clémente de quinze jours de prison pour « trouble à l'ordre public ».

— Ça me fera des vacances, nota-t-il. Puisque c'est à la mode...

Quant à Galinier, il fut promu au rang de commissaire, preuve que la chasse au Carbone commençait à payer.

Incompétent pour les missions de maintien de l'ordre qui mobilisaient les effectifs, Grimal tuait le temps en épluchant les dossiers de Cardella. Tout le rapprochait de Bory. Pour le reste, il s'amusa à décortiquer les fiches assez complètes que le gardien de la paix avait établies sur des personnages en vue de la ville. Flics, voyous, politiciens, commerçants, avocats, juges ou vedettes du music-hall. Chacun y avait droit. Il étudiait les carnets politiques du mort en sursis lorsque Xavier entra dans son bureau sans frapper.

— Tiens, celle-là devrait te plaire. *Henry Ponsard : crapule.* Et celle-là. *André Daher : anguille.* Quant au bon président Buitton, il est entouré de deux cercles rouges et gratifié d'un simple : *Salopard !*

— D'où viennent ces jugements ma foi assez pertinents ?

— Des carnets d'Antoine Cardella.

Filori ouvrit de grands yeux.

— Tu ne crois pas que notre « collègue » pratiquait le chantage ? Cela expliquerait pas mal de choses, non ?

Grimal fit la moue.

— Je ne sais pas. Je suis allé chez lui. Ce n'est pas vraiment Byzance. Si chantage il y avait, il ne devait pas lui rapporter bezef.

— De toute façon…

Le flic corse se posa sur le fauteuil réservé aux visiteurs et fixa son confrère d'un air conspirateur.

— André, j'ai deux informations. La première, c'est qu'un chargement de Walther a été retrouvé dans une planque du côté de La Ciotat. Une bonne centaine de flingues, dans une caisse venue tout droit d'Allemagne.

Grimal siffla.

— Voilà qui est intéressant… Et sait-on à qui appartient cette planque ?

— Un demi-sel, *a priori* proche des Santucci. Enfin, tu sais, dans le Milieu, les amitiés fluctuent…

L'inspecteur approuva pour la forme.

— Et ta seconde information ?

Xavier esquissa un large sourire.

— On me dit que tu seras bientôt convoqué à Paris.

— À Paris ?

— Oui, monsieur.

— Et pourquoi donc ?

— Tu verras bien. Mais mon petit doigt me dit que nous aurons bientôt besoin d'un chef de la Sûreté nationale à Marseille…

La nouvelle ébranla Grimal. Son orgueil était flatté, bien sûr. Mais il commençait à s'agacer d'être toujours le dernier informé des affaires le concernant. Au moins cette décision, si elle se confirmait, n'était pas politique. À moins que…

44

Les grèves durèrent un bon mois, le plus souvent accompagnées d'occupations d'usines. Les patrons les plus compréhensifs ou les plus apeurés signèrent fissa des accords entérinant le passage aux 40 heures et une nouvelle organisation du travail. D'autres négocièrent âprement. Une minorité, braquée sur ses privilèges et refusant par principe toute discussion sous la pression de la rue, rejeta toute entente. Le conflit le plus dur mit aux prises marins, dockers, et l'armateur Jean Fraissinet, qui se présentait par ailleurs aux législatives à Ajaccio en remplacement de son ami l'ex-préfet Jean Chiappe, dont l'élection avait été invalidée. L'homme qui détenait le monopole des traversées entre l'île de Beauté et le continent défendait ainsi ses intérêts immédiats. Il débarqua en Corse avec des arguments frappants, en l'occurrence la fine fleur des équipes de Carbone et de Spirito, dont les méthodes musclées choquèrent même les politiciens insulaires, pourtant experts en la matière. Fraissinet fut battu assez nettement par le candidat radical Adolphe Landry. Cet échec exacerba encore sa rage d'en découdre à Marseille. Les effectifs de la bande à Carbone furent alors redéployés pour aller tabasser des dockers sur les quais et disperser les piquets de grève.

D'autres chefs d'entreprise jusqu'au-boutistes utilisèrent les mêmes méthodes et les mêmes exécutants. Dans ce rapport de forces, les Guérini se donnaient le beau rôle, étendant leurs lucratives entreprises pendant que leurs « associés » étaient occupés à casser du gréviste. À la mi-juin, la plupart des dispositions votées par le gouvernement Léon Blum étaient entrées dans les faits et des pactes avaient été conclus dans la quasi-totalité des entreprises phocéennes. Pourtant, la tension restait vive. La mise en place des accords traînait, les gangsters à la solde de Sabiani poursuivaient leur harcèlement. Quant à la guéguerre des drapeaux entre le rouge et le tricolore, elle continuait comme jamais dans les grandes artères de la ville.

Le 16 juin, un rassemblement en faveur du Front populaire dégénéra en bataille rangée. Pillages, saccages, bastonnades et fusillades. Et toujours l'omniprésence des hommes de Carbone, que ce climat quasi insurrectionnel galvanisait.

Dans le reste du pays, les ouvriers regagnaient les usines, et Maurice Thorez concédait qu'il fallait « savoir finir une grève ». Marseille restait rebelle et insoumise. Elle exporta ses particularismes jusqu'à la Chambre des députés. Henry Ponsard réclama au ministre de l'Intérieur, Roger Salengro, des mesures d'exception.

— Malgré les appels au calme, l'effervescence s'est accrue. Des automobilistes ont été rançonnés. Les membres des comités de grève insultaient les passants. Le drapeau rouge flottait à l'Hôtel des Postes et défilait dans les rues. Le conflit gréviste cause le plus grand préjudice au port de Marseille. Des éléments extérieurs aux protestations en cause ont semé le trouble. Beaucoup sont des étrangers. Ne comprend-on pas qu'à la guerre civile succéderait la guerre étrangère ? Veut-on voir le sang français couler dans les rues ? (*Vifs applaudissements au centre et à droite, sifflets à gauche. Vociférations communistes.*)

Le communiste François Billoux répliqua avec force :

— Spirito et Carbone sont les alliés de Ponsard ! Ce sont eux qui ont molesté la foule. (*Exclamations au centre et à droite.*) Carbone, arrêté, a été immédiatement relâché. Voilà l'œuvre des gangsters ! Je réclame l'arrestation de Sabiani, Carbone et Spirito, des trafiquants de drogue et de chair humaine ! Je réclame l'expulsion d'une tourbe qui déshonore Marseille !

Le socialiste Raymond Vidal se mêla aux débats.

— On a effectivement vu des gens comme M. Carbone et M. Spirito descendre la Canebière un drapeau tricolore dans une main et un revolver dans l'autre. Mais le drapeau tricolore n'est pas le drapeau d'un parti ! Par ailleurs, il y a eu, dans ces grèves sans fin, une manœuvre de nos amis communistes. Eh bien, je le proclame du haut de cette tribune : je suis socialiste, je reste fidèle au Front populaire ! Mais le communisme en France, le régime des Soviets chez nous ? Jamais !

Roger Salengro tenta de calmer les esprits de ces sudistes dissipés.

— Je prétends que l'apaisement de beaucoup de conflits à Marseille est dû à l'arrivée de députés communistes dans cette ville. Journées rouges à Marseille, a-t-on dit. Mais on a compté trois blessés, dont deux repris de justice ! Fallait-il faire appel aux gardes mobiles, faire évacuer de force les usines ? C'eût été faire couler le sang ! Qui l'aurait voulu ? Aujourd'hui, sans une goutte de sang s'achève le plus formidable conflit social qu'ait connu la République.

Fin juin, en effet, le calme était revenu.

45

Le fiancé de Betty Stora était un poivrot que l'alcool avait rongé, crevassé. Il n'avait pas quarante ans et en paraissait soixante. Il s'appelait Gaston Audibert et avait toujours hanté le quartier. Théroz avait d'ailleurs souvent aperçu sa silhouette arachnéenne aux terrasses des cafés de la place de Lenche ou plus haut, vers les Treize Coins. Mi-arsouille, mi-clochard, il faisait partie du décor. Si cela se trouvait, il était lui aussi propriétaire de meublés... Il l'était.

— En fait, je vais vous dire, commissaire, la vérité c'est qu'elle aurait dû vendre.

— Vendre ? Mais vendre quoi ?

— Ses immeubles ! Ses meublés ! Ils lui ont fait de belles offres. Mais elle a refusé. Et voilà...

— Qui lui a fait de belles offres ?

— Ah, mais ça, on ne sait pas. Un consortium. Moi, j'ai vendu.

— Vous avez vendu ?

— Oui. Ce n'est pas signé encore, mais j'ai une promesse.

Le gavot se grattait la tête. Visiblement, Audibert avait besoin d'un cordial pour continuer à parler.

Il fit signe au patron derrière son comptoir, en agitant le pouce de haut en bas. Deux…

— Et si je vous comprends bien, c'est parce qu'elle a refusé de vendre qu'on l'a tuée ?

— C'est possible.

— Et ce serait donc les gens qui vous ont acheté vos biens qui l'ont tuée ?

— Je ne sais pas.

— Vous ne savez pas, mais vous le pensez…

L'arrivée du cordial lui évita de répondre. Audibert jetait des petits regards inquiets autour de lui. Comme si les assassins étaient là, partout autour d'eux. Comme si les murs du Panier avaient des oreilles.

— Vous avez peur ?

Il sursauta.

— De quoi ?

— D'eux. De ceux qui ont tué Betty.

Il hésita.

— Oui.

Il descendit le cordial d'une traite. Se pencha sur le guéridon et chuchota :

— Je crois qu'ils l'ont tuée comme un avertissement.

— Un avertissement ? Mais à qui ?

— À nous ! À tous ceux qui ne voulaient pas vendre !

Un tic lui fit pencher la tête sur le côté. Théroz comprit qu'il demandait un autre verre.

— Et vous savez comment je le sais ?

— Je vous écoute.

— Parce qu'ils vous ont laissés retrouver le corps. Contrairement aux autres.

— Les autres…

Aubidert s'emporta.

— Mais oui ! Les autres ! Ceux qu'ils ont jetés dans les citernes !

Le gavot affecta un air détaché. Les citernes. Bien sûr.

— Et ils les ont jetés quand dans les citernes ?

— Il y a deux mois. Un mois. J'étais là, je les ai vus !

— Vous les connaissiez ?

— Oui ! Oui !

Le « fiancé » se dressa, éclata de rire, avala son verre cul sec et détala. Théroz se leva, marqua un temps d'arrêt, mais le laissa filer dans un juron.

46

Adèle débuta à l'Amical Bar le 18 juin 1936. Cela faisait deux mois que son mari luttait contre la mort. Deux mois aussi qu'elle n'avait pour ainsi dire pas repris le travail. La « grève des midinettes » était repartie dès le lendemain des élections. La solde d'Antoine ne rentrait plus. On lui promettait, à l'assurance, que la situation serait bientôt rectifiée. Mais elle ne savait plus qui croire… Elle n'avait pas osé revenir à l'église des Carmes où elle avait espéré trouver un soutien, des explications. Vers qui se tourner ? En proie au doute, elle avait tenté la veille de rencontrer l'inspecteur Grimal pour être tenue au courant de l'avancée de l'enquête. À l'Évêché, on lui indiqua qu'il était parti pour Paris. Elle comprit alors que tout le monde se désintéressait de son sort et plus encore de celui de son époux. Il allait mourir dans l'indifférence. Et elle allait sombrer comme une pauvre fille. Le cœur brisé. La bourse vide. Surtout, elle avait besoin de savoir. Et elle sentait confusément que Spirito connaissait l'assassin de son homme. Que c'était la raison pour laquelle il insistait à ce point pour lui offrir sa chance. Se rapprocher de lui permettrait peut-être d'obtenir les réponses à ces questions qui la hantaient.

Comme elle était jolie, pas idiote et qu'elle en imposait, Spirito l'installa à la caisse. Le travail n'était pas bien dur, bien moins éprouvant physiquement que celui de couturière. Il fallait seulement adopter la bonne distance avec les clients, des hommes pour l'essentiel, et du genre mauvais garçon qu'elle détestait par-dessus tout. Mais son enfance et son adolescence au quartier lui avaient appris à se défendre contre ce genre d'individus. Elle avait de la repartie, de l'allure. Ils se tenaient à carreau.

Bien sûr, ils ne tardèrent pas à savoir qui elle était. Alors ce fut, entre deux cafés, deux pastis ou deux blancs limés, une procession de condoléances et d'anecdotes. Antoine était venu ici, et plus souvent qu'à son tour. Elle le découvrait. Certains dressaient de lui un portrait élogieux, d'autres étaient plus circonspects. Mais elle sentait comme une méfiance qui déteignait sur elle. Elle se dit que son époux avait sans doute pratiqué une police de proximité, au plus près du terrain, qui avait pu lui valoir des inimitiés, ou au contraire des amitiés compromettantes.

Spirito passait au moins une fois par jour. Il se montrait aimable et souriant, plus familier sans doute que ne l'exigeaient leurs rapports professionnels. Il ne manquait pas de lui demander des nouvelles d'Antoine. Elle se garda de lui révéler où il se trouvait. Mais il devait le savoir. Forcément.

Elle se lia presque d'amitié avec le marlou qui était venu lui apporter l'enveloppe remplie de billets, le lendemain de l'agression. Il s'appelait Nino, avait grandi à deux pas de sa rue natale. Ils avaient des connaissances communes : les deux sœurs qui tenaient le restau ouvrier au-dessus de la voie ferrée, le vieux Sarde courbé à angle droit qui parcourait le quartier en vociférant dans sa barbe. Il lui apprit qu'il était mort. Sa mère et ses sœurs travaillaient à la manufacture des tabacs.

— C'est pour ça que je fume autant, pour faire marcher les affaires de la famille !

Il parla même d'Adèle à sa mère et il s'avéra qu'elle avait bien connu la sienne avant sa mort. Alors un soir de fermeture, tandis que Nino traînait au bar, laissant fondre les glaçons dans son anis, elle osa lui poser la question.

— Nino, tu sais qui a tiré sur mon mari ?

— Pffffffffff.

Il siffla comme s'il avait vu passer une belle fille.

— Ce n'est pas moi ! Ça, c'est sûr.

— Mais tu as une idée...

Il se gratta la nuque nerveusement.

— C'est difficile à savoir. Ton mari n'avait pas que des amis. Mais pour moi... Écoute, on lui a tiré dessus avec un Walther. Et qui à Marseille vend des Walther ? Poser la question, c'est y répondre.

— Qui, alors ?

— Oh, fan, Adèle, tu me pousses à dire des choses...

— Qui, Nino ? Dis-moi !

— Tu as entendu parler des Guérini ?

Oui, bien sûr. Mais alors pourquoi cette sollicitude de Spirito à son égard ? Qu'est-ce que cela cachait ? Elle s'était persuadée, sans se l'avouer vraiment, que le beau Lydro était l'assassin. Et qu'il payait ainsi sa dette.

Un soir, elle vit entrer dans le bar un journaliste parisien au bras d'une poule à Carbone. Il ne la remarqua pas tout d'abord, trop occupé à s'envoyer des godets de bourbon en pelotant la fille. Et puis, au bout d'une heure, alors qu'il était passablement éméché, son regard se fixa sur elle. Il s'approcha, abandonnant whisky, cigarette et petite pépée.

— Vous êtes la femme d'Antoine Cardella ?

Adèle acquiesça. Il resta éberlué, la bouche ouverte, les yeux pleins de questions qu'il ne formulait pas.

— Vous vous demandez ce que je fais là… La femme d'un flic à moitié mort dans l'établissement d'un truand ?

Il balbutia des dénégations.

— Il faut bien vivre.

Il cherchait une réplique, mais n'en trouvait pas.

— Et vous, vous êtes bien avec une pute…

47

Grimal n'avait pas pu ne pas emmener Arlette. D'abord, elle avait de la famille à Paris. Ensuite, elle n'était pas retournée dans la capitale depuis des années et elle voulait tout voir. Les théâtres, les musées et les boutiques. Surtout les boutiques. Elle l'abandonna pour les courir avec une cousine, ce qui le soulagea.

Il avait été convoqué au ministère de l'Intérieur pour dix heures. En arrivant place Beauvau, il ne put s'empêcher de sourire en pensant au café de Paul Carbone. Il se présenta à l'accueil et on lui confirma que Pierre Moitessier allait le recevoir. L'inspecteur ne savait rien de son interlocuteur. Il patienta quelques minutes, le temps de voir Roger Salengro, entouré d'une petite grappe affairée, sortir vivement du bâtiment. Le ministre, qui venait d'entériner la dissolution des ligues, faisait depuis l'objet d'une campagne abjecte de la part de la presse d'extrême droite. *L'Action française*, *Gringoire* relançaient les accusations de désertion pendant la guerre dont le maire de Lille avait depuis longtemps été blanchi. Un homme se détacha du groupe et se dirigea vers Grimal. Les cheveux épars rejetés en arrière, la moustache fine, il tendit la main.

— André Grimal. Je suis Pierre Moitessier. Si vous voulez bien me suivre…

L'homme marchait d'un pas vif, avec une élégance que soulignait son complet de belle coupe. Il l'entraîna dans une pièce à peu près vide, meublée d'un bureau et de deux chaises, ainsi que d'une table tapissée de dossiers.

— Je vous prie d'excuser ce confort relatif, mais nous nous installons à peine. Pour tout vous dire, je ne suis même pas encore officiellement nommé.

Il l'invita à s'asseoir. Le ton enjoué, la convivialité du personnage rassurèrent Grimal, qui laissa son hôte lui expliquer ce qu'il attendait de lui.

— Cher ami, je me doute que vous n'avez pas forcément entendu parler de moi. Avocat de formation, j'ai en effet effectué l'essentiel de ma carrière dans la préfectorale. Monsieur le ministre Salengro me fait l'honneur de me nommer directeur de la Sûreté nationale. Et c'est à ce titre que je me présente devant vous.

— Félicitations.

— Je vous remercie. Je sais bien que les rumeurs vont vite dans « la maison » et, ce qui est plus intéressant encore, elles sont souvent fondées. J'ai besoin d'un nouveau chef de la Sûreté à Marseille. Votre nom m'a été conseillé. J'ai mené ma petite enquête et j'en suis arrivé à la conclusion que c'est une excellente idée.

Grimal gigota sur son siège.

— Je suis flatté de cette proposition, difficile à refuser. Puis-je vous demander ce qui vous permet de penser que je serais l'homme de la situation ?

Moitessier se rejeta en arrière.

— Vos états de service plaident pour vous. Votre intégrité aussi. Votre réputation sans tache auprès de vos collègues. Votre poigne dans les moments critiques.

On m'a rapporté quelques interventions musclées dont la situation actuelle s'accommodera très bien. Votre « apolitisme » encore et peut-être surtout. J'ai consulté certains de vos collègues de Marseille proches de ce gouvernement. Tous m'ont assuré que vous n'aviez pas d'appartenance politique connue. Tous m'ont confirmé que c'était exceptionnel dans votre ville, où chacun est l'obligé d'un autre. Cette indépendance sera essentielle dans les missions qui vous attendent.

Un sourire se dessina sur les lèvres de l'inspecteur.

— Et moi qui pensais qu'il fallait être encarté pour faire carrière...

— Vous voyez qu'il n'en est rien ! Cependant, ne vous y trompez pas. Votre rôle sera éminemment politique. La majorité de ce gouvernement ne tient qu'à un fil. La stabilité de la rue aussi. Marseille, vous le savez, est le théâtre de troubles répétés. Et nous avons toutes les raisons de penser que ces débordements sont orchestrés par des organisations, partis politiques ou associations de malfaiteurs, qui les provoquent sciemment dans l'intérêt de leurs affaires. N'allez pas croire que les événements de 1934 sont derrière nous et que le risque d'une guerre civile fomentée par l'extrême droite est écarté. Nous venons d'interdire définitivement les ligues. Mais des groupuscules se reforment et complotent. Tout peut basculer à tout moment.

— J'en suis bien conscient, mais je suis plus spécialisé dans la lutte contre la criminalité que contre les intrigues politiciennes.

Moitessier se balançait sur sa chaise.

— Grimal, ne jouez pas aux naïfs. Vous savez parfaitement que, dans votre ville, tout est imbriqué. Je connais bien Marseille, j'ai fait mes études de droit à Aix-en-Provence, j'ai été inscrit au barreau de la ville. J'ai assisté à la montée en puissance des gangsters à tous les échelons de la vie locale. On a coutume de dire que Carbone et Spirito travaillent pour Sabiani. Vous savez bien qu'il n'en est rien. Ces deux individus travaillent pour leur compte. Vos politiciens croient manipuler ces malfaiteurs alors qu'ils en sont les pantins. Lutter contre la criminalité, c'est en somme purifier la vie politique locale.

Grimal se caressait le menton.

— Je suis en tout point d'accord avec cette analyse.

Moitessier se leva et commença à tourner autour de sa chaise. L'avocat reprenait ses droits.

— Malgré cela, nous ne pouvons nous permettre un coup de pied dans la fourmilière qui déstabiliserait trop l'édifice branlant sur lequel repose votre ville. Il va falloir procéder par étapes. Je vais vous parler franchement. Vous fumez ?

Il tendit une cigarette blonde que Grimal refusa.

— Mes informateurs marseillais sont proches du maire Henri Tasso qui, vous le savez, vient d'être nommé sous-secrétaire d'État à la Marine marchande. Ils m'ont prié de faire pression sur vous pour que vous abandonniez l'enquête sur l'agression dont a été victime un gardien de la paix du nom de Cardella.

Grimal se cabra.

— Mais cette enquête, monsieur le directeur, passera de toute façon entre les mains de mon successeur.

— C'est exact, en effet. Mais je vous saurais gré de garder cependant un œil dessus. Suivez-moi bien. Mes amis socialistes à Marseille sont persuadés que l'attaque contre ce gardien de la paix est l'œuvre d'une bande de malfrats du nom de Guérini, dont les sympathies socialistes sont connues. Ils ne voudraient pas, dans le contexte de tension actuelle, voir ces derniers sous les verrous tandis que Carbone et Spirito poursuivraient leurs exactions et leurs intimidations. Dans un premier temps, j'ai besoin de ces hommes, de ces flics militants fermement décidés à intervenir contre les complots de l'extrême droite.

— Et dans un deuxième temps ?

— Le péril écarté, il sera temps de faire le ménage dans nos propres rangs et de se débarrasser des brebis galeuses. Vous me comprenez ? Dans ce deuxième temps, toute information qui permettra d'éliminer les Guérini sera la bienvenue. Je vous demande donc de poursuivre cette enquête. En toute discrétion. Est-ce clair ?

— Tout à fait.

Le discours de son nouveau patron ne rassurait plus Grimal, il l'enchantait. Il sentait qu'il allait pouvoir, avec un tel soutien, faire du très bon travail.

— Ce n'est pas tout, enchaîna Moitessier. Le président du Conseil, Léon Blum, est très préoccupé comme nous tous par la situation internationale.

— On le serait à moins...

— Or nous avons toutes les raisons de penser que vos amis Carbone et Spirito jouent ou sont en mesure de jouer un rôle de premier plan aux côtés des puissances voisines avec lesquelles nous avons rompu toute relation commerciale. Nous savons par ailleurs qu'ils disposent d'un réseau sans équivalent pour faire entrer en France de la drogue et des armes. Ce réseau, nous en sommes certains, est déjà à la disposition de Mussolini et de ses services. Il peut, demain, se mettre au service du chancelier Hitler ou de tout autre. C'est pourquoi, là encore, je vous demande de le combattre sans détour. Ce n'est pas le sort de votre ville qui est en jeu, mais celui de la France !

48

Voilà. Je suis dans le noir. Je sais que je ne suis pas mort. Mais je ne vois plus. J'oscille entre le bien et le mal. Ils me visitent l'un après l'autre. Ou plutôt l'une après l'autre. Sainte Lucie vient moins souvent. C'est le portrait craché d'Adèle. Elle cherche à m'ouvrir les yeux, à me conduire vers la lumière. Je regrette tellement, ma belle Adèle. Si j'avais su, si j'avais pu. Pour tes beaux yeux, j'aurais dû abandonner ma mesquine vengeance. J'aurais dû faire face, faire front. Être un vrai, un bon flic. Et puis il y a l'autre. La femme en noir qui se penche tous les jours sur mon caveau et vient prier pour que je meure enfin. Cette diablesse se nourrit du sang des vivants, ne vit que de la mort et de la souffrance d'autrui. La commisération forcée est pire que le mépris.

1935 fut une année horrible. Celle où Antoine perdit la trace de lui-même. À vouloir entraîner les uns et les autres dans sa chute, il avait oublié le sens de sa démarche. Il était un pourri. Une hyène. Un calomniateur et un maître chanteur. Point. En travaillant pour Bory, il s'était donné l'illusion de contribuer à des intrigues dans l'intérêt de la République.

En aidant Carbone et Spirito, il pensait se venger de la trahison de l'idéal socialiste. Rien de cela n'était vrai. Il n'était plus qu'un parasite, une vermine égarée dans les entrailles d'un labyrinthe sans fin, sans but, sans issue. Il avait contribué à l'incarcération des deux gangsters dans l'affaire Prince. Mais ils avaient été libérés et étaient sortis renforcés de cette brève mise à l'écart. Et Bory, pour sa part, avait coulé corps et biens. Début 1935, Sabiani avait fait ressurgir le vieux dossier remis par Antoine quelques années plus tôt et qui accablait l'inspecteur parisien, reconnu coupable d'intimidation, de subornation de témoin et de dissimulation de preuve. Et le trio infernal n'en était pas resté là. Une aventurière du nom d'Andrée Cotillon relança contre Bory de vieilles accusations selon lesquelles le policier lui aurait extorqué de l'argent en échange de photos de l'identité judiciaire révélant son passé trouble. Profitant d'un procès en diffamation que Bory lui-même avait intenté au journal *Gringoire*, dirigé par Horace de Carbuccia, beau-frère du préfet Chiappe et ami intime de Sabiani, elle reconnaissait formellement l'inspecteur comme son maître chanteur. On la vit après le procès fêter la disgrâce de Bory dans un café parisien en compagnie de Carbone. S'il échappa de peu à des peines de prison, Bory fut révoqué de la police fin 1935. Antoine perdait son principal commanditaire. Ils se virent pourtant à plusieurs reprises cette année-là. Et l'inspecteur lui fournit même l'instrument de sa rédemption.

Rentrer au pays. Ne plus revenir. Jamais. Ne pas mourir ici. Pas ici. Surtout pas.

49

Faute de pouvoir s'impliquer tout à fait dans la couverture des manifestations où s'illustraient ses nouveaux « amis », Raoul se passionna pour le conflit chez Fraissinet. Mais il ne tarda pas à découvrir que c'était du pareil au même. Pendant ce mois de grève, Marseille était plus que jamais sa propre caricature. Le mouvement des marins et des dockers bloquait en ville des milliers de voyageurs, qui déambulaient aux abords du port et se posaient de guerre lasse dans les grands cafés pour regarder passer les cortèges. Le journaliste aimait cette atmosphère de fête forcée, d'agitation tendue, d'oisiveté nerveuse. Sur le quai des Belges, un groupe d'Africains s'était assis par terre en cercle et accueillait la tombée de la nuit au son des tambours. Autour d'eux, des Arabes improvisaient une danse du foulard. Des couples collet monté passaient devant cette petite troupe avec effroi, se demandant ce que faisait la police. Par à-coups, des *Marseillaises* répondaient aux *Internationales* portées par le vent. Le vacarme se mêlait aux longues plaintes des bateaux encalminés, au sifflement réprobateur des mâts. Le mistral faisait voler des papiers gras et des journaux d'hier. *La grève continue !* ou bien : *Que cesse le désordre !*

Au début, les marins l'avaient accueilli comme l'un des leurs. Il avait partagé leurs quarts, bu le café à la flamme vacillante des braseros disposés sur les quais, passé la nuit debout à écouter leurs attentes, leurs impatiences. Ils exigeaient des conventions collectives, des représentants au conseil d'administration, des primes. Chaque jour apportait sa nouvelle idée, sa nouvelle revendication. L'oisiveté était bonne conseillère. Le conflit s'était durci lorsque Fraissinet, fidèle à ses méthodes, avait embauché une dizaine d'hommes pour assurer le gros du travail en dépit du mouvement. Les grévistes exigeaient leur licenciement immédiat et affirmaient qu'il s'agissait de représentants des Croix-de-Feu. Ils avaient en partie tort. C'étaient des hommes de Carbone que Raoul avait déjà croisés et pour qui la politique n'était que prétexte à faire le coup de poing. Le Proprianais lui reprocha d'ailleurs ses premiers papiers sur le conflit, mais il résista, lui rappelant que ceux-ci n'avaient aucun rapport avec les accords dont il avait été le témoin. Carbone laissa faire. Il avait essayé.

Mais le bruit ne tarda pas à courir les piquets de grève que Raoul était un espion de Carbone et de Sabiani, et l'un des meneurs avec qui il avait sympathisé, un certain Luparia, vint le trouver pour en avoir le cœur net.

— Raoul, je n'ai rien à redire aux articles que tu as publiés sur le mouvement. Mais on me dit qu'on te voit tous les soirs dans les bistrots de l'Opéra avec une pute à Carbone...

Il ne pouvait nier l'évidence. Il tenta d'expliquer que cela n'influençait en rien la teneur de ses reportages, mais Luparia lui demanda de partir. Raoul eut beau lui proposer d'aller plaider sa bonne foi auprès de François Billoux, rien n'y fit.

— Même si je te croyais, les copains ne marcheront pas. Ça va mal finir pour toi, Raoul. Si ce n'est pas nous qui te cassons la gueule, ce sera les mecs à Carbone. Pour résumer, on t'a assez vu.

Ce soir-là, il prit une cuite mémorable au bar de Spirito. Il y croisa même la future veuve de Cardella. Marseille marchait sur la tête et lui suivait le mouvement.

50

Le déjeuner traînait en longueur. Arlette reprit un peu de cerise à l'eau-de-vie en évoquant des nièces et des neveux dont Grimal ne soupçonnait même pas l'existence. Il en profita pour s'éclipser.

— Ah, vous les hommes ! Vous ne pensez qu'au travail, soupira la cousine avant d'échafauder de nouveaux plans de lèche-vitrine.

Le métro lui fut comme un refuge. Il aimait cet anonymat enfiévré qu'on ne trouvait pas à Marseille, cette odeur de linge et de sueur mêlés, ces affichettes pour des spectacles qu'il ne verrait jamais. Tino Rossi triomphait dans *Marinella* sur un livret de Vincent Scotto et d'Émile Audiffred. Les Corso-Marseillais étaient les maîtres de Paris.

Bory lui avait donné rendez-vous dans un café anonyme de la Chaussée d'Antin. Il retrouva le tumulte de la rue au pied des Galeries Lafayette. Se dit qu'il aurait dû emmener ces dames. Des grappes disparates se croisaient le long des trottoirs, le nez en l'air, les bras chargés de sacs et de paquets. C'était un miracle que personne ne se percute. Le bougnat était au calme, un peu à l'écart de la ruée des grands magasins. Il reconnut tout de suite la silhouette efflanquée de l'ex-inspecteur, attifé comme s'il était en permanence pendu à un cintre. Les épreuves et la prison avaient un peu voûté les épaules et délavé le regard gris, embusqué derrière d'épaisses lunettes de vue. Bory avait à peine trempé les lèvres dans son boc et gardait sur ses genoux un vieux cartable noir. Il avait plus l'allure d'un vénérable professeur de lycée que d'un ancien limier de la Sûreté nationale. Il l'aperçut et leva la tête. Tira le siège en rotin à côté du sien. Grimal retira son chapeau et le posa sur le guéridon.

— Vous prendrez quoi ?

— Comme vous.

C'était une bière du Nord. Elle tarda à venir. Dès qu'il parlait, Bory recouvrait de l'allant, de la vie, à la manière d'une marionnette actionnée par des fils invisibles. Grimal en avait une petite idée, mais il se demandait pour qui roulait aujourd'hui le flic le plus controversé de France. Bory ne s'en cacha pas.

— Je continue à travailler en privé pour ceux qui n'ont cessé d'être mes supérieurs, et notamment Albert Sarraut. Il n'est certes plus ministre, mais ma mission de détective n'en est que plus utile.

L'homme conservait bien sûr des antennes à l'Intérieur comme dans tous les grands corps de la police, et il le félicita pour sa promotion. Grimal l'assura qu'elle n'était pas encore officielle.

— Pas officielle, mais effective, sinon vous ne seriez pas là.

— Je suis là pour vous parler d'Antoine Cardella.

Bory opina. Il s'y attendait ou feignait avec talent.

— Il travaillait pour moi, en effet.

— Pour vous, exclusivement ?

— Au risque de vous surprendre, je pense que oui. Certes, il avait des rapports avec la clique de

218

Sabiani, avec les socialistes, avec des gangsters. Mais c'est précisément ce que je lui demandais. D'avoir un pied dans chaque camp pour me tenir au courant. Et au-delà, mes commanditaires...

— Pourtant, il se murmure que c'est lui qui aurait remis à Sabiani le rapport de police que vous avez tenté d'escamoter voilà quelques années et qui a précipité votre chute.

— Ce n'est pas cette histoire qui a conduit à ma mise à pied. Cette affaire-là avait déjà été jugée et je n'avais pas été révoqué. C'est cette fausse histoire de chantage avec la bien nommée Mme Cotillon qui m'a coûté ma place. Cardella n'avait rien à voir là-dedans. Je vais même vous dire mieux...

Lorsqu'il avait une révélation à faire, Bory s'allongeait presque sur la table et levait la tête comme un chien réclame une caresse.

— C'est moi qui lui ai demandé de remettre ce rapport à Sabiani pour rentrer dans ses bonnes grâces. Preuve que je n'en avais rien à craindre.

Le flic révoqué descendit soudainement la quasi-totalité de son demi et s'essuya les lèvres du revers de la main.

— Vous savez qu'on a essayé de le tuer ?

— Oui, bien sûr.

Grimal tripotait son chapeau.

— Et ne me dites pas que cela peut être l'œuvre de n'importe qui. Je suis sûr que vous avez votre petite idée derrière la tête.

Bory releva ses lunettes et sourit.

— En effet...

La bière de Grimal arriva enfin. La chaleur parisienne lui était inhabituelle. Il fit lui aussi honneur à la Pélican.

— Mon cher Grimal, si nous étudions les circonstances de l'agression, que constatons-nous ? Elle se produit à mi-distance des locaux de campagne de Sabiani et de Ferri-Pisani. Bref, à un endroit idéal pour accuser tous ensemble Carbone, les Guérini, les socialistes et les sabianistes. Moi, je trouve cela trop beau pour être vrai.

— À qui profite le crime...

— C'est cela même. Pour moi, cette mise en scène démontre que ce ne sont aucun des coupables désignés qui ont fait le coup. Qui nous reste-t-il ? Tous ceux qui ont intérêt à les voir accusés.

— Les communistes ?

Bory leva les yeux au ciel.

— Et plein d'autres. Vous savez, j'enquête actuellement sur les mouvements d'extrême droite qui se sont constitués depuis les événements de 34 et la dissolution des ligues. Vous avez dû entendre parler de la Cagoule ?

— On dit que c'est un mythe.

— Pensez-vous ! Ces gens sont prêts à tout pour déstabiliser la République et prendre le pouvoir par le chaos. Dans votre nouvelle position, croyez-moi, vous allez avoir affaire à eux !

— Est-ce que Cardella enquêtait comme vous sur ces mouvements ?

— Non. Leur influence est réduite à Marseille. Vous avez déjà Sabiani. Et Ponsard. La dernière fois que je l'ai vu, Antoine se passionnait pour l'urbanisme.

— L'urbanisme ?

— Oui. L'immobilier, si vous voulez. Avez-vous entendu parler du plan Greber ?

Grimal lâcha son chapeau.

— Vaguement.

— Et qu'en savez-vous ?

— Que c'est un plan de réaménagement de Marseille adopté par la municipalité Sabiani/Ribot voilà quelques années, mais qui n'a jamais été appliqué à ma connaissance.

— C'est exact. Il a même été totalement abandonné avec l'arrivée des socialistes à la mairie. Mais vous devriez tout de même vous y intéresser. C'est à cela qu'Antoine travaillait. Et je peux vous dire que ce plan le passionnait.

Grimal termina sa bière pour se laisser le temps de réfléchir. Une affaire immobilière ? Pourquoi pas. Mais en quoi un vague plan d'urbanisme aujourd'hui abandonné pouvait-il conduire à la mort d'un homme ?

Bory s'était penché à nouveau et le regardait par en dessous, assez fier de son effet.

— Et voyez-vous, mon cher Grimal, j'ai gardé le meilleur pour la fin.

Bory plongea la main dans sa serviette et en sortit une enveloppe rousse. Il la tendit au nouveau patron de la Sûreté de Marseille.

— C'est une clef. Faites-en bon usage.

— Une clef ? La clef de quoi ?

Bory leva les bras.

— Je vous ai déjà suffisamment mâché le travail. Je ne suis plus flic, ne l'oubliez pas. Seulement un renégat. Un misérable détective à la petite semaine. Faites marcher vos méninges !

Il se leva d'un bond, empoigna sa sacoche et effectua un demi-tour gauche parfaitement réglementaire. Il disparut dans le flot des passants de la rue La Fayette.

Drôle d'oiseau.

51

En entrant chez lui, Théroz faillit s'étaler en glissant sur une feuille de papier glissée sous la porte. C'était un mot de Monique.

« Je suis en sécurité. Ne t'inquiète pas. J'ai appris pour Boubou. Tu vois ? J'avais raison ! Je t'aime. Enfin, je crois. Baisers. » Enfin, je crois... Elle le rendrait chèvre. Il était passé au bureau, où Grimal l'avait coincé. Du neuf sur Cardella ? Il avait esquivé. Obligé d'admettre que l'enquête que lui avait confiée Antoine Guérini prenait le pas sur celle officiellement commanditée par son chef. Il affirma qu'il aurait bientôt du neuf. Se maudit de ne pas avoir demandé au « fiancé » de Betty Stora s'il connaissait Cardella. Mais de ce côté-là, il avançait. Une brève recherche au service des personnes disparues lui confirma que six individus faisaient l'objet de recherches dans l'intérêt des familles dans le quartier de la Butte des Moulins. C'était beaucoup pour un périmètre aussi réduit. Il fallait vérifier si ces six « disparus » étaient propriétaires dans le quartier. Mais il y avait plus urgent. Par l'intermédiaire de Loule, il avait pris rendez-vous avec Marius Gasquet, le président du comité d'intérêt de quartier du Panier (CIQ).

Une personnalité locale, connue de tous, qui faisait ou défaisait les élections, les réputations, et parvenait à se faire respecter de tous, Corses ou Italiens, Arabes ou Indochinois. Il était posé au fond du bar, les mains sur son énorme panse. À son entrée, il se leva, et passa ses pouces sous les bretelles qui retenaient un pantalon informe. Chemise ouverte, maïs au bec, il portait en toute saison la même gapette blanche, légèrement rejetée en arrière. Ses sourcils épais, constamment en mouvement, trahissaient ses émotions et ses pensées.

— Commissaire ! Vous vouliez me voir ? Je suis toujours à la disposition des autorités.

Il tendit une grosse paluche couverte d'une épaisse toison noire.

— Merci, Gasquet. Je sais que votre temps est précieux.

— Que puis-je faire pour vous ?

Il fit tourner son doigt en direction de Loule pour demander deux cafés.

— Je crois me souvenir que vous détenez les clefs d'accès aux citernes de la place des Moulins...

— C'est exact. Pourquoi ? Vous voulez descendre y faire un tour ?

— Pour ne rien vous cacher, oui.

— Dans le cadre d'une enquête ?

— Absolument.

Gasquet afficha un air entendu. Il renifla.

— Nous pouvons nous y rendre immédiatement. Dois-je m'attendre à des découvertes macabres ?

Loule déposa les cafés et tendait l'oreille.

— Honnêtement, je n'en sais rien. Mais c'est bien possible.

— Bien, bien.

Le gros homme expédia son café d'une traite et se leva.

— Quand vous voulez.

— Allons-y.

Les citernes avaient été creusées au milieu du XIXe siècle sous la place des Moulins au moment de l'inauguration du canal de Marseille. Elles étaient parfois confondues avec les caves Saint-Sauveur, beaucoup plus anciennes, situées sous la place de Lenche et sur lesquelles elles avaient sans doute empiété. Les deux édifices souterrains étaient abandonnés et d'un accès difficile. Le portail dont Gasquet avait les clefs se trouvait rue des Muettes, à proximité immédiate de l'ancien moulin où avait été découvert le corps de Betty Stora. Ils descendirent une demi-douzaine de marches grises et humides. La grille était lourde et rouillée, fermée par une chaîne et un cadenas. Gasquet s'en saisit et fit tourner la clef. La chaîne céda en un bruit métallique et se déroula autour d'un des barreaux de la grille. Le responsable du CIQ souleva l'un des battants et le poussa de tout son poids pour qu'il pivote dans un grincement moqueur. Il avait pris la précaution de se munir d'une lampe torche.

Le faisceau balaya l'immense salle composée d'une série de voûtes hautes de cinq mètres, appuyées sur une forêt de piliers. De maigres stalagtites dégoulinaient du plafond. L'humidité suintait encore des parois.

— Depuis quand sont-elles désaffectées ?

— Elles fonctionnaient encore avant-guerre. On les a vidées voilà une vingtaine d'années.

Leurs voix ricochaient sur l'ocre de la pierre de Cassis. Un puits de lumière se formait au fond à gauche de la crypte. Théroz le signala à Gasquet.

— Un ancien puits où les gens du quartier venaient prendre de l'eau.

Ils avancèrent en direction du rayon qui striait la pénombre. Étrange projecteur que dissimulait à moitié une rangée de piliers.

— *Madre mia !*

Gasquet dirigea sa torche en direction du sol moussu, exactement sous le puits. Il y avait deux corps disloqués, jetés l'un sur l'autre dans une étreinte obscène.

— Restez là ! ordonna Théroz.

Il s'approcha des deux cadavres, chassant un vol de mouches. La décomposition avait sérieusement entamé son œuvre. Les yeux du cadavre du dessus se déchaussaient, la peau était parcheminée. Le flic effectua les premières constatations. Le corps du dessus était celui d'un homme d'environ cinquante ans. Le cadavre de dessous était celui d'une femme. Elle avait été égorgée et la lame avait sectionné la carotide. Du sang avait inondé sa poitrine avant de se coaguler. Il ne voyait pas de trace de blessure au couteau sur le corps de l'homme, mais il ne voulait toucher à rien avant l'arrivée des collègues. Tout indiquait que les corps avaient été projetés d'en haut, par le puits. Sans doute déjà morts. La tentation était forte de les fouiller à la recherche de papiers, mais non. Il fallait respecter la procédure. Gasquet continuait de l'éclairer. Sa main ne tremblait pas.

— C'est pas joli, joli, j'imagine.

— Pas trop, non. Remontons.

Ils filèrent en direction de la sortie. Gasquet tirait la grille lorsqu'un homme apparut en haut des marches.

— Salut, Gasquet. Bonjour, Théroz.

Blazer croisé, galure enrubanné. Un nervi, que Théroz avait déjà vu dans le sillage des Guérini. Un porte-flingues d'Antoine.

— Pas la peine de fermer, Gasquet, je vais aller voir là-dedans ce qui s'y passe. Et Théroz, pas un mot à vos collègues. Le patron vous fait dire que Monique est en de bonnes mains. Et qu'il vaudrait mieux que vous la boucliez. Pour l'instant. Le temps qu'on y voie plus clair.

Piégé. Le gavot s'était laissé piéger comme un bleu. Et ce n'était pas la peine de protester, de se débattre. Il avait assez vu, bambin, ces lièvres pris au collet qui se blessaient d'autant plus qu'ils gigotaient. Le voyou s'enfonça dans le réservoir.

— Je peux l'enfermer là-dedans si vous voulez, commissaire. Les Guérini ne me font pas peur !

— Merci, Gasquet. Mais ce n'est pas la peine. Attendez qu'il ressorte et tenez-vous tranquille.

Il s'apprêtait à partir, mais se ravisa.

— Dites-moi, d'ailleurs. Connaissiez-vous un collègue à moi du nom d'Antoine Cardella ?

Gasquet se cabra.

— Mais bien sûr ! Et figurez-vous qu'il m'avait demandé de visiter la citerne !

— Et quand ça ?

— Quelques jours avant son accident...

52

Imperceptiblement, Adèle se mit à boire. D'abord parce qu'on lui offrait des verres, mais aussi parce qu'elle découvrit qu'elle aimait ça. Surtout les vermouths. Le Noilly Prat. Ou le Martini, même si on n'en servait plus que sous le manteau, à l'Amical, en raison de l'embargo sur les produits italiens. Et l'alcool la rendait gaie, sympathique, attachante. Spirito passait rarement avant onze heures du soir. Et il avait toujours un mot pour elle.

— Vous vous décoincez, Adèle. Tant mieux. Tant que vous gardez l'œil sur la caisse.

Le patron était arrivé avec une joyeuse bande de malabars, qui ne tardèrent pas à se vanter de leurs exploits du soir. Même si la tension était retombée et que le travail reprenait, quelques îlots de résistance subsistaient et c'était l'un de ceux-là que ces hommes de main étaient allés mater. Elle pensa aux copines de chez Thiéry, les « midinettes ». Elle n'osait pas retourner les voir et leur demander si ça allait. Si elles avaient obtenu ce qu'elles exigeaient. Elle l'espérait.

Dans sa position, elle se devait d'être à l'écoute sans entendre. Et pourtant, c'était difficile. L'été battait son plein, les nuits étaient longues et chaudes, et les conversations s'enfiévraient jusque dans la rue. Lydro expliquait à sa troupe qu'ils devaient se rendre le lendemain sur le port attendre deux bateaux qui rentraient d'Espagne. Des paquebots de la compagnie Paquet qui ramenaient en France les athlètes partis à Barcelone pour une manifestation organisée en protestation contre les Jeux olympiques de Berlin. Ces contre-Jeux n'avaient pas eu lieu. La veille de l'ouverture, un putsch de généraux avait embrasé la grande cité catalane. On avait décidé de rapatrier les sportifs et leurs dirigeants.

— Ce sont tous des communistes. J'en veux quatre ou cinq d'entre vous pour aller leur secouer gentiment les puces. Mais sans casse, parce que nous irons dans le même temps accueillir mon ami Calabria, qui rentre de là-bas par le même bateau.

Les nouvelles d'Espagne étaient pour le moins inquiétantes. La presse des deux camps accusait celui d'en face des pires exactions, mais les conclusions étaient identiques. On s'entretuait dans les rues de Barcelone et de toutes les grandes villes du pays. Et la violence gagnait de jour en jour. Cela avait pourtant l'air de réjouir le boss et son ami Carbone. Hier soir, le tatoué avait débarqué un peu avant la fermeture, commandé du champagne, et les deux hommes avaient trinqué au succès de leurs affaires. Adèle savait qu'ils pratiquaient sur une grande échelle la contrebande de produits italiens. Visiblement, l'Espagne devenait un nouveau marché de choix pour les duettistes. En outre, les militaires mutins qui tentaient de renverser la République espagnole étaient de leur bord. Enfin, de celui qui les payait. C'était tout bénef.

Spirito quitta le groupe qui recommandait une tournée et s'approcha de la caisse. Il la troublait avec son regard de velours et sa voix feutrée, qui chuintait presque en sourdine. Mais le Noilly lui redonnait une contenance.

— Adèle, je suis satisfait de vos services. Vous êtes efficace, serviable, ponctuelle et les clients vous adorent. Vous êtes charmante, ce qui ne gâte rien.

Elle rougit, mais choisit de ne pas baisser les yeux.

— Pourtant… Même si la tenue de la caisse est une fonction sérieuse, je vous trouve encore un peu trop, comment dire, coincée ? Allez vous acheter des nippes demain, mon petit. C'est moi qui paie. Après tout, c'est votre tenue de travail.

Elle ne sut trop quoi répondre, sinon merci.

Le lendemain, apparemment missionnée, Rebecca vint la chercher chez elle pour aller faire les boutiques. C'était l'après-midi où elle avait prévu d'aller voir Antoine. Tant pis, elle irait une autre fois. La fille était gentille et moins vulgaire qu'elle ne l'avait pensé. Elles prirent le tram et descendirent en ville. Arrivées sur la Canebière, elles pouffaient comme de vieilles copines en écoutant les jérémiades d'une mémé avinée qui apostrophait tout le quartier. Elles descendirent au bout des Allées pour aller dévaliser les Nouvelles Galeries.

— Laisse-toi aller, ma grande. C'est Spirito qui régale !

53

Les sportifs de l'Olympiade populaire débarquèrent à la Joliette de deux paquebots de la compagnie Paquet, constellés de drapeaux rouges. Lorsqu'ils abordèrent, *L'Internationale* monta dans la chaleur de cette fin juillet, rythmée par le vrombissement des moteurs en manœuvre et coupée par les mugissements des sirènes. Drôles de retrouvailles où les larmes l'emportaient sur les sourires. Partis communier pour la paix, ces jeunes gens revenaient d'une ville en flammes, d'un pays meurtri par les blessures profondes de la guerre civile. Beaucoup se juraient de repartir dès que possible pour venir en aide à leurs frères d'armes. D'autres, une infime minorité, avaient réussi à rater le bateau, à se perdre dans les ruelles des *barrios* pour prendre les armes aux côtés des républicains.

Les hommes de Carbone se tenaient en retrait sur le quai, les bras croisés, visibles et menaçants, mais attentifs à ne rien faire qui puisse laisser la situation dégénérer. La loi du nombre leur aurait été fatale. Il s'agissait d'intimider, de bien faire comprendre à ces militants, de retour d'une manifestation sportive stoppée net par le putsch des généraux espagnols, qu'ils n'étaient pas plus les bienvenus ici qu'à Barcelone. Quelques gros bras de la CGT étaient bien venus les braver. Mais ils n'avaient pas bronché. Derrière le cordon qu'ils formaient, le bras sorti de sa décapotable, Spirito observait toute la scène et réfléchissait. Les conflits étaient du pain béni pour les affaires. L'embargo avec l'Italie leur rapportait déjà gros. L'affaire espagnole, car de toute évidence le conflit était parti pour durer, allait sans nul doute favoriser leur négoce. Il faudrait des armes, des vivres, des hommes. Et le réseau patiemment tissé depuis près de vingt ans pour leur trafic d'opium, puis d'armes et de produits italiens, serait parfaitement adapté à ce nouveau marché. D'autant qu'ils avaient déjà de fructueux contacts en Espagne pour faire remonter du kif du Maroc. Dès les premières informations parues sur les batailles de rue dans toute la péninsule, Carbone avait flairé la bonne affaire. Et même un peu plus tôt puisqu'un de leurs fournisseurs italiens, plusieurs jours avant le début des affrontements, les avait prévenus de se tenir prêts à livrer « *à tout moment* » « *une cargaison spéciale* » à Cadix. L'opération avait été bien montée et les Marseillais avaient la ferme intention de jouer un rôle clef dans le nouveau trafic qui n'allait pas manquer de se mettre en place.

Spirito alluma une cigarette et se gratta le crâne, qui le démangeait à hauteur du chapeau. Il allait cependant falloir être vigilant. Et malin. Pour leurs petites combines habituelles, il n'était pas difficile de soudoyer ou de graisser la patte des dockers, même syndiqués. Cette fois, l'affaire était politique, et les marins CGT n'allaient certainement pas leur faciliter la tâche. Il allait falloir jouer serré, prévoir des ports d'embarquement alternatifs et plus discrets, comme Toulon peut-être, pour éviter la surveillance des cocos.

L'Internationale lui cassait les oreilles. Les filles descendirent les premières et se jetaient dans les bras de leurs maris, de leurs fiancés ou de leurs parents. Les garçons suivirent, l'allure fière et martiale, conscients d'avoir un court instant frôlé l'Histoire.

Spirito aperçut cette andouille de Pichotte, assis seul sur une bitte d'amarrage, perdu dans ses pensées. Le journaliste ne pouvait se tenir aux côtés de ses hommes sans passer pour un vendu à la solde des gangsters, et les syndicalistes l'avaient fermement refoulé. Finalement, la tactique de Carbone n'était pas si stupide. Le garçon était parfaitement neutralisé.

Calabria descendit parmi les derniers, une petite valise à la main. Il traversa la foule agitée d'embrassades et d'effusions, se fit doucement bousculer par un groupe de filles, traversa le cordon des hommes de Carbone et alla s'asseoir dans la voiture à côté de Spirito. Il apportait de bonnes nouvelles. À Barcelone, le chaos s'installait vraiment.

Antoine ouvrit les yeux. Une vague d'effroi le submergea. Il ne savait pas où il était, ces murs froids ne lui disaient rien. La fenêtre grise ne laissait perler qu'une faible lueur de lune. Les draps étaient rêches. Au plafond, une ampoule rétive maintenait un semblant de clarté. La porte était fermée. Un carton y était épinglé, mais il ne parvenait pas à lire ce qui y était inscrit. Il appela.

— Adèle !

Le cri s'étouffa dans sa gorge. Personne ne venait. Personne ne viendrait. Il lutta de toutes ses forces contre le long sommeil dont il s'était arraché, mais qui à nouveau l'enveloppait. Puis la langueur le submergea comme un drap jeté sur un corps. Il sombra.

L'une des dernières fois qu'il avait vu Bory, l'inspecteur lui avait remis la lettre. Et Antoine avait tout compris. Il sentait confusément depuis des mois qu'une embrouille se tramait autour des vieux quartiers, mais il n'arrivait pas à déterminer de quoi il s'agissait. Il avait bien entendu parler du plan Greber de réaménagement urbain, mais sans comprendre ce qu'il impliquait. Et voilà que ce courrier remettait tout en perspective.

Les enjeux des circonscriptions de Tasso et de Sabiani n'étaient pas seulement politiques. En tout cas pas au sens noble du terme. Les deux camps, sans parler de leurs hommes de main, avaient bien compris tout le profit qu'ils pourraient tirer d'une vaste opération immobilière sur les ruines du Marseille historique. De l'argent facile, puisque les travaux seraient financés par la Ville ou par l'État, voire par des banques amies. Il suffisait entre-temps d'acquérir à vil prix les vieilles bicoques appelées à être démolies pour toucher une coquette plus-value. Mais qui tirait les ficelles ? Qui faisait quoi ? La logique incitait à voir en Sabiani le grand promoteur de toute l'opération. Le plan d'urbanisme avait été adopté alors qu'il était le premier adjoint du radical-socialiste Georges Ribot à la mairie, et en réalité le véritable patron de la ville. Sur le papier, l'opération était limpide : d'un côté on expulsait les habitants des îlots appelés à la destruction, par la violence s'il le fallait, de l'autre on les rachetait à bas coût, avant de les revendre à la Ville, c'est-à-dire à soi-même, pour un prix avantageux. Au passage, on s'en mettait plein les poches. Seuls le contribuable et les expulsés étaient lésés. Cette thèse semblait confirmée par la décision de l'équipe Tasso, dès son élection à la mairie, de suspendre le projet Greber. Mais Antoine avait découvert peu à peu que, comme de juste à Marseille, tout n'était pas si simple. L'affaire était trop juteuse pour que tout le monde n'eût pas envie de toucher sa part de l'orange.

Adèle !

Il frissonna. Elle n'était pas venue. Peut-être ne viendrait-elle plus.

Étalé sur son canapé, la clope à la bouche, Théroz récapitulait. Un gang non identifié cherchait à faire main basse sur des immeubles de la vieille ville. Ces braves gens n'hésitaient pas à estourbir et à intimider pour parvenir à leurs fins. Les Guérini, et c'était la moindre des choses, étaient au parfum. Mais ils ne savaient pas qui venait ainsi empiéter sur leurs plates-bandes. Et pour enquêter sans alerter la bande rivale et risquer d'inévitables passes d'armes, ils l'avaient « embauché ». Lui, Théroz. Il n'avait pas mal fait son boulot en découvrant les morts de la citerne. Mais impossible pour l'instant de mettre un nom sur les assassins. Un coup des Arabes, d'où les lames courbes ? C'était trop gros, et quel intérêt auraient les demi-sels nord-africains à acquérir des biens sur les terres des Guérini ? Le meurtre de Boubou était-il lié à tout ça ? Et celui de Cardella ? Si le collègue corrompu avait demandé à visiter les citernes, c'est sans doute qu'il était sur la même piste que Théroz. Et que sa propre sécurité était à présent menacée. Mais ça, le gavot s'en moquait. Ce qui comptait, c'était la sécurité de Monique. Elle était « en lieu sûr ». Et pour cause. Aux mains d'Antoine.

La stratégie était simple désormais. Il fallait crever l'abcès. Aller parler à Antoine. Ou à Grimal. Ou aux deux. Il se leva, passa son veston par-dessus son épaule et sortit.

À l'Étoile, pas d'Antoine. Mais Mémé l'accueillit avec civilité et même une certaine déférence.

— Lucien, je crois que je peux te le dire. Tu trouveras Antoine dans une nouvelle maison que nous venons de lancer rue Sénac. Tu y trouveras peut-être même quelqu'un d'autre...

— Vous traversez la Canebière ? Carbone ne va pas être content.

— T'inquiète. Comme dirait Sabiani, Carbone est mon ami.

— Mais j'ai cru comprendre que vous n'aviez pas que ça, des amis...

Mémé haussa les épaules.

— On peut pas plaire à tout le monde.

Théroz descendit le cours Belsunce en direction de la Canebière. Des grappes de badauds se bousculaient autour des vendeurs à la sauvette. Tout se négociait à même le trottoir. Le kif, les cigarettes, des friandises, des fruits, des images cochonnes, des femmes, des chapeaux de seconde main, des tapis plus ou moins authentiques. L'air embaumait le thé à la menthe, le patchouli et l'huile cuite et recuite. Dans un grand café juste avant le cours Saint-Louis, Sabiani tenait meeting. Deux gros bras barraient l'entrée. Des nuages de fumée stagnaient autour d'eux. Le soir s'immisçait le long des allées Gambetta, se faufilait entre les platanes. Des ombres désœuvrées allaient et venaient. Personne n'était jamais pressé à Marseille. La vie comme la mort prenaient leur temps. Théroz laissa passer un tram et traversa. Une auto l'évita de peu et le chauffeur l'injuria. Il pencha la tête et se glissa dans la rue Sénac. Le bouge se situait à l'un des premiers numéros de la rue. Il sonna. Une matrone discrète ouvrit la porte.

— Antoine Guérini est-il là ?

Il entendit la voix rauque du caïd.

— Laisse entrer, Restitude. C'est un ami.

Le gavot préféra ne faire aucun commentaire. Guérini était accoudé au bar. L'endroit était plutôt cosy. Un peu kitsch. Les odeurs de peinture fleuraient le flambant neuf.

— Alors, commissaire, que pensez-vous de mon nouvel établissement ?

— Que Carbone ne va peut-être pas aimer. Ou en tout cas Spirito.

Guérini ricana.

— Ce sont des amis.

— C'est ce que m'a dit votre frère.

— Oui, il vient de m'appeler pour me prévenir de votre visite.

— Il vous a peut-être dit que je l'avais mis en garde contre vos ennemis ?

— Vous voulez parler des assassins de Betty Stora ?

— Tout juste.

Antoine soupira. Offrit un drink, que Théroz accepta. Un vermouth.

— Ce ne sont peut-être pas des ennemis. Les choses sont souvent plus compliquées qu'elles le paraissent.

— Vous êtes en train de me dire que vous savez de qui il s'agit ?

— J'ai mes soupçons. Et merci de votre enquête efficace, qui m'a permis de les confirmer.

— Bien évidemment, vous ne m'en direz pas plus ?

— Bien évidemment. En tout cas, pas tout de suite.

— Puis-je parler de toute cette affaire à mon chef ?

— Ce cher Grimal. Puis-je vous demander la faveur de ne rien en faire ? J'ai besoin d'un peu de temps. Après, je vous le promets, je vous livrerai des informations explosives. Je vous implore de me faire confiance.

Il tendit la main.

— Parole de Calenzanais.

Théroz la prit.

— Et Monique ?

Le rideau du fond du bar s'écarta et elle apparut.

— Salut, Lucien. Tu vas bien ?

— Oui. Tu me manques.

Sa voix chevrotait imperceptiblement.

— Tu me manques aussi.

— Tu viens alors ?

— Non.

Le flic reposa son vermouth, sortit une Celtique du paquet d'un geste fébrile.

— Je suis désolé, Lucien. Mais je ne te suivrai que si tu fais ce que te dit M. Guérini. Il te demande de lui donner un mois. Je viendrai dans un mois.

Il alluma la Celtique. La flamme du briquet vacilla.

— C'est ton dernier mot ?

— Je suis désolée, Lucien.

Antoine Guérini observait cette scène touchante avec indifférence.

— Contrairement à ce que vous pensez, Théroz, je ne la force pas. Monique est une fille intelligente. Je vous répète ma requête. Accordez-moi un mois. Pas plus. Et je vous jure que c'est dans notre intérêt commun.

56

Au détachement avait succédé l'abattement. Assis tout seul sur cette bitte d'amarrage à regarder débarquer les jeunes sportifs de la FSGT expulsés d'Espagne, Raoul avait compris qu'il était coincé. Tricard. Que cette ville l'avait contaminé comme les autres. Les politicards véreux avaient sans doute un jour été honnêtes, sincères, scrupuleux. Les crapules avaient sans doute cru un temps respecter une forme de « code de l'honneur ». Et Antoine Cardella avait peut-être été un flic intègre. Jusqu'à ce que tous deviennent une pièce du même puzzle, incapables de s'extraire de l'ensemble, forcément solidaires de tous les autres. La gangrène était insidieuse, virulente, inexorable. Ne restait plus à Raoul désormais qu'à couvrir les rencontres de football. Ou les débuts de chanteurs prometteurs à l'Alcazar, à l'Odéon ou aux Variétés. Puisque la vogue était aux Marseillais…

D'ailleurs il fit une belle découverte – et un joli papier –, un soir au Melody's, en compagnie de Rebecca. Un jeune militaire permissionnaire baptisé par le propriétaire des lieux « Charles le Fou chantant » débitait des poèmes surréalistes sur des rythmes de jazz endiablés. Tous furent conquis ce soir-là par la gouaille de ce jeune Narbonnais roulant des yeux comme des billes et inventant un monde bien à lui. Un peu plus gai, plus enfantin que le nôtre. Peut-être celui qu'allaient créer les congés payés et la semaine des deux dimanches ? Raoul se souvint de l'avoir aperçu deux ou trois ans plus tôt à Paris avec Johnny Hess, dans un duo zazou baptisé Johnny & Charlie. Tant de légèreté, de joie de vivre et de chanter lui redonna un peu de moral. L'envie de réagir. Pour sortir des filets où l'avait emprisonné Carbone, il ne servait à rien de se débattre, de piaffer. De la patience. De la méthode. Et du détachement. La proie qu'il était devenu devait se jouer du prédateur. S'en faire un allié pour ne pas être dévorée. Il convia le gangster à venir voir ce jeune Trenet le lendemain même au sous-sol du Grand Hôtel. Le tatoué trouva le chanteur « complètement fada ». Mais il passa une bonne soirée qu'ils finirent au champagne, comme il se devait, Carbone jurant à Trenet qu'il le présenterait à Tino Rossi et à quelques imprésarios aux noms clinquants. Aussi timide au bar qu'expansif à la scène, l'artiste souriait poliment en expliquant qu'il devait malheureusement regagner fissa la caserne d'Istres, où il effectuait son service dans l'aviation. Il parvint à s'éclipser avant que Carbone ne se lance dans le récit de ses exploits aux Bat d'Af.

— Il est cocasse, votre fou chantant, remarqua le voyou lorsqu'il fut parti. C'est plutôt une folle, non ?

La discussion se perdit sur les chemins de traverse de l'ébriété.

Rebecca vautrée sur lui, la main glissée dans sa chemise, Raoul déballa à Carbone ses états d'âme. L'alcool libérait les confidences.

— Paul, vous m'avez bien muselé en abusant de ma curiosité naturelle et professionnelle. C'était bien joué. Mais au moins avez-vous eu le mérite et même l'obligeance de m'accepter parmi les vôtres, de m'intégrer par ce pacte qui nous lie au sein de la société marseillaise. Je ne peux pas dire la même chose des notables du coin. Autant j'ai été bien reçu par les flics, par vous-même, voire par certains politiques, autant j'ai été un temps accepté par les syndicalistes, autant les bourgeois de Marseille ne cessent de me regarder de haut, comme une déjection canine sur leur tapis d'Astrakan, et de me faire comprendre que je ne serai jamais des leurs. Jamais le bienvenu.

Carbone éclata de rire. Il se servit un verre de vin rouge.

— C'est un portrait très juste ! Ce sont des consanguins. D'immondes crapules, pour la plupart, et dans ma bouche, c'est presque une marque de respect. Mais j'ai l'avantage sur vous, mon petit Raoul, d'avoir découvert une faille qui me permet d'avoir un peu de prise sur eux. D'abord, j'ai de l'argent. Et cela, à leurs yeux, vaut tous les certificats de naissance. D'autant que ce sont des parvenus, tout comme moi. Pas un d'entre eux n'a du sang bleu. Leurs grands-parents étaient des métèques ou des repris de justice, enrichis dans le trafic d'esclaves et les affaires pas nettes au fin fond de l'Afrique. Au fond, ils dissimulent dans leur petit monde leurs vilains secrets de famille. Mais la faille dont je vous parlais est plus profonde encore, et vieille comme le monde. Le sexe. Le cul. La débauche. La fornication ! Ces braves gens, s'ils ne sont pas partageurs en affaires, le sont un peu plus de leurs corps et même de leurs compagnes dans certains lieux que j'ai la chance de contrôler. Et s'ils font un peu attention à Marseille, ils s'encanaillent dès qu'ils montent à Paris, où ils ont la gentillesse de fréquenter des établissements qui m'appartiennent. Je ne vous dis pas, Raoul, dans quelles postures j'ai trouvé certains de nos concitoyens les plus en vue. Masochisme, pédérastie, même les animaux ont parfois leurs faveurs. Aussi me foutent-ils une paix royale et ai-je même une certaine force de conviction s'il m'arrive d'avoir besoin de m'en faire des alliés.

Il fut convenu de se retrouver le week-end suivant pour une petite sauterie entre gens du monde. Histoire d'y introduire Raoul.

57

Ils arrivèrent à la gare de Lyon bien en avance. Grimal laissa Arlette tenir le crachoir à la cousine dans une arrière-salle du Train Bleu et leur indiqua qu'il s'absentait un court instant. Elles ne l'écoutaient pas. Il descendit les marches de la brasserie jusqu'à la salle des pas perdus, où un porteur lui indiqua la consigne. La clef que lui avait remise Bory portait le numéro 127. L'inspecteur n'avait pas douté un seul instant qu'il s'agissait de celle d'un casier de la gare de Lyon, la seule de Paris où Cardella avait eu des raisons de se rendre. S'il se trompait, c'est qu'il s'agissait de la consigne de la gare Saint-Charles. Mais il ne se trompait pas. Le casier 127 contenait un dossier volumineux entouré de puissants élastiques. Grimal s'en saisit, rendit la clef au préposé et s'acquitta de la coquette somme qu'on lui demandait sans oublier d'exiger un reçu. Il remonta quatre à quatre les marches du Train Bleu, frétillant comme un gamin, persuadé que ce dossier contenait les révélations qui allaient lui permettre d'élucider la tentative de meurtre du gardien de la paix. Ils avaient encore un peu de temps avant le départ du train. Il se vautra dans un fauteuil et, bercé par le babil des conversations autour de lui, entreprit de découvrir ce que dissimulait si précieusement Cardella dans ce casier.

Le premier document était une lettre. Elle ne portait ni en-tête ni exergue, comme si son destinataire savait de qui elle émanait.

Cher ami,

Je reviens vers toi à propos de l'affaire que nous avions évoquée lors de la dernière session. Après mûre réflexion, je pense en effet que ton approche est la bonne. Et tu as mon aval pour poursuivre les démarches entreprises depuis l'adoption du plan Greber. C'est pourquoi je prends la plume afin que ce soutien soit en quelque sorte acté. Depuis l'affaire Stavisky, nous sommes sous surveillance constante et ton plan d'action est sans nul doute le plus adroit qui m'ait été proposé afin d'assainir nos finances. Tu me dis qu'aucun accord n'a pu être trouvé au cours de la réunion informelle que tu as convoquée avec les autres élus de Marseille afin d'évoquer ce plan d'action. Le refus de Tasso ne compromet cependant rien à mes yeux. Ce n'est pas de sa part un refus de principe, mais bien certainement la volonté de s'approprier cette manne en utilisant ses propres hommes de main et sa situation privilégiée en tant que maire de la ville pour faire main basse sur les vieux quartiers à son seul profit. L'arrivée au pouvoir du Front populaire pourrait en outre lui permettre d'obtenir des soutiens au plus haut niveau. Tu ne manques cependant pas d'atouts par le travail déjà entrepris par tes hommes, par les acquisitions effectuées, mais aussi parce que tu es un partenaire inévitable dans le cadre de la reconstruction. J'userai de mon influence pour faire échouer les manœuvres de Tasso. Tu peux compter sur mon soutien sans failles. Bien à toi.

La signature n'était pas très lisible. Suffisamment cependant pour déchiffrer le nom d'Albert Sarraut, qui devait encore être président du Conseil au moment de sa rédaction. Il frissonna. Comprit soudain l'ampleur de la tâche que lui confiait Moitessier. Sa portée jusqu'au plus haut niveau de l'État. Arlette lui fit signe qu'il fallait partir, que c'était l'heure. Mais cette fois, c'est lui qui n'écoutait pas. Les connexions se faisaient à toute vitesse dans son cerveau. Entre ce que lui avait dit Bory, ce qu'il savait de la ville, ce que la lettre insinuait. Il sursauta lorsque son épouse lui toucha la joue.

— Nous devons y aller, mon ami.

Il se leva et son regard dériva sur les peintures murales du restaurant. Tunis, Tanger, Smyrne, Marseille… Il rentrait. Restait à savoir à qui la lettre était adressée. Mais il avait sa petite idée.

Arrivé à la gare Saint-Charles, il tenta de joindre Bory d'une cabine. Cette lettre, c'est forcément lui qui l'avait obtenue, et il devait en connaître le destinataire. Mais le téléphone sonna dans le vide.

58

Le 27 juillet 1936, près de vingt mille personnes convergeaient vers les arènes du Prado. C'était un des hauts lieux de la convivialité marseillaise où, tous les étés, la ville se donnait des allures sévillanes en assistant aux passes des matadors et des toreros. Dans la mémoire collective, c'était un endroit chargé de gravité parce que les arènes s'étaient effondrées en 1881, laissant une trentaine de morts. Peu importait que cette tragédie se fût produite à quelques centaines de mètres de là, dans une autre enceinte. Chacun, à Marseille, évoquait « les arènes » avec une pointe d'émotion. Ce soir, la foule qui affluait vers le rond-point du Prado était au diapason. Les canotiers et les panamas l'emportaient largement sur les casquettes. Chacun arborait au plastron la cocarde tricolore.

Il ne s'agissait pas de l'un de ces combats de boxe truqués mis en place par Paul Carbone et François Spirito quelques années plus tôt, et si une mise à mort fut prononcée symboliquement, ce fut celle du Front populaire, et plus précisément celle de son ministre de l'Intérieur, le « cycliste » Roger Salengro, ouvertement accusé d'avoir déserté pendant la guerre[1]. Électoralement, Simon Sabiani n'était plus rien. Mais son poids politique et son pouvoir de nuisance, déjà affirmés dans les rues ou sur les piquets de grève, ne faiblissaient pas. Le grand meeting organisé en l'honneur de son ralliement au Parti populaire français de Jacques Doriot était aussi une démonstration de force. Les arènes, installées au cœur des quartiers huppés de la ville, étaient on ne peut plus éloignées de cette troisième circonscription et de ce quatrième canton où le héros de la Grande Guerre avait bâti son pouvoir. C'est qu'en plus de Doriot, dont le PPF s'inspirait directement des thèses mussoliniennes, de grandes figures de la bourgeoisie locale, autour d'Henry Ponsard, se pressaient pour apporter leur soutien à l'ancien député, à ce communiste défroqué qui, désormais, était des leurs. « Simon » avait su habilement jouer des peurs nées des grèves et des manifestations ouvrières pour rallier à lui tout le mouvement des cocardes, ces petits boutiquiers et ces patrons affiliés à la chambre de commerce. Tous, avec lui, levaient le bras en un salut romain censé sauver la patrie en danger.

— Nous n'avons qu'un idéal, la France ! Et pour la faire plus belle, nous n'épargnerons personne ! lança l'ancien premier adjoint en annonçant solennellement son ralliement au parti de Doriot.

Dans la rangée réservée à la presse, Raoul devait admettre que Sabiani avait le sens de la survie. Le PPF avait su attirer à lui de grands noms du Paris littéraire comme Drieu la Rochelle et quelques-uns des banquiers les plus influents de la place. La magnificence de

---

1. Coursier en 1914, Salengro avait été arrêté par les Allemands. Cette arrestation était un temps passée pour une désertion.

cette réunion, bien éloignée de celle qui l'avait opposé à Billoux deux mois plus tôt dans son ancien fief, traduisait bien le virement de bord de l'ancien militant syndical. Sabiani n'avait pas seulement traversé l'échiquier politique. Il avait également changé de monde. S'il n'avait plus le soutien du peuple, il avait celui de l'argent, et les subsides versés directement par les services diplomatiques italiens n'étaient pas les plus maigres. Raoul tenta d'intercepter Ponsard, qui quittait la réunion, la moustache gaillarde, mais le député lui fit signe que l'heure n'était pas aux interviews. Carbone et Spirito brillaient aussi par leur absence. Il ne fallait pas trop effrayer le bourgeois.

Carbone attendait discrètement Sabiani en coulisses.

— Simon, je ne le sens pas trop ton Doriot, lui confia-t-il, de retour de la gare où ils avaient reconduit le patron du mouvement.

Le borgne soupira.

— Ce n'est peut-être pas l'homme providentiel, Paul, mais tu vas me comprendre. Ici à Marseille, je n'ai plus de mandat électif. Je ne suis plus député. Au conseil municipal, je cire le banc, même si je tiens encore beaucoup de fonctionnaires qui me doivent leur emploi. À l'Évêché, les condés qui me sont restés fidèles sont mis sur la touche. Je ne peux compter vraiment que sur les pompiers et les agents des pompes funèbres ! Du coup, malgré ton aide et le respect que me portent encore nombre de nos concitoyens, mon influence se réduit. Je ne peux plus aussi facilement qu'avant accorder des faveurs aux uns, des boulots aux autres. Ma porte reste grande ouverte. Mais plus personne ne vient y sonner. Si je n'y prends garde, je n'existerai plus.

Carbone n'osa pas remarquer qu'il était concerné au premier chef et que l'appui politique de l'ancien patron de la ville se faisait moins utile pour ses affaires. L'amitié l'emporta.

— Tu restes le chef, Simon. Et tu sais comme moi que le vent tourne en politique.

— Et c'est bien pour cela que j'ai choisi Doriot. Tu as vu ce soir, ils étaient vingt mille à venir l'écouter. Le PPF a le vent en poupe. Il recueille le soutien d'intellectuels de haute volée et des milieux d'affaires. Et il faut naviguer avec le vent. Toi qui es marin, tu le sais bien.

« Certes, pensa le Proprianais, mais c'est à sa capacité à avancer vent de face qu'on reconnaît le vrai loup de mer. »

— Il y a eu une autre raison pour laquelle j'ai choisi Doriot, et celle-là, tu vas mieux la comprendre. J'ai perdu une bonne partie de mes appuis chez les ouvriers et les dockers, séduits par les bolcheviques. Ils ne m'intéressent plus. Ils ne m'ont servi qu'à parvenir au pouvoir et à m'y établir durablement. Aujourd'hui, seul le soutien des riches et des puissants peut me permettre d'arriver à mes fins. C'est une revanche. C'est aussi le seul moyen de sauver la France du péril rouge.

Carbone acquiesça de bon cœur. La Delage longeait la place des Fainéants. La brise du soir se glissait par les vitres baissées des portières. Ils allaient traverser la Canebière, la frontière entre les deux mondes qui composaient Marseille. Le Nord, le Sud, la misère éclatante et la richesse honteuse.

— Doriot a su attirer à lui les plus grands banquiers de la place et tous les patrons terrorisés par le Front populaire. La banque Worms, la banque Lazard, même les Rothschild nous soutiennent. L'argent est là, Paul, et il a mille fois plus de puissance que les masses populaires. J'entends bien poursuivre ici la même démarche, travailler avec les grands patrons comme nous l'avons fait avec Fraissinet et quelques autres pour briser les grèves de ces derniers mois. Ponsard est avec nous, et Fraissinet bien sûr. Et tous les pontes de la chambre de commerce. C'est fini, les gagne-petit. Nous devons prendre l'argent où il est. Pour Marseille. Pour la France.

« Et pour nous », ajouta Carbone, *in petto*.

59

Adèle poursuivait son apprentissage de la belle vie. Comme l'établissement le permettait et que l'aristocratie de la pègre, qui se donnait rendez-vous au comptoir de Spirito, avait des goûts de luxe, elle abandonna les vermouths et se grisait désormais au champagne. Le patron, loin de désapprouver, l'encourageait presque, lui offrant le sien lorsqu'il passait au cœur de la soirée. Et du meilleur. Veuve-cliquot. Elle se demanda même un soir s'il ne fallait pas y voir une allusion. Août était là et les soirées s'éternisaient. Les hommes refaisaient le monde ou montaient « des affaires » en terrasse jusqu'au cœur de la nuit dans la fumée des cigarettes et le choc des glaçons. Un soir où le mistral semblait tenter de déloger les étoiles du ciel ambré, Lydro passa à la fermeture, lui servit lui-même une coupe et annonça qu'il l'emmenait danser. Elle ne sut trop que faire, alors elle accepta. Le miroir en face de la caisse lui renvoyait l'image de la jolie jeune femme qu'elle était devenue sur les conseils de Rebecca et avec sa garde-robe d'emprunt. Elle se rendit compte que les attentions, les compliments, sans même aller jusqu'à des manifestations d'amour de la part d'Antoine, lui avaient terriblement manqué pendant toutes ces années où son époux s'était enfermé dans ce monde intérieur dont il lui refusait l'accès. Elle était encore jeune, s'était mariée au sortir de l'adolescence et n'avait depuis connu que la soupe à la grimace et le travail ingrat avec les copines de chez Thiéry. Elle n'avait aucune illusion sur son patron ou sur le demi-monde qui formait le gros de la clientèle du bar. Mais étonnamment, il lui renvoyait d'elle une image plus flatteuse, moins résignée.

Ses cheveux emmêlés par le vent le long de la Corniche, elle inspira un long bol de liberté et huma l'air oxydé de la mer avec un appétit nouveau. Marseille pétillait à l'horizon, dans ces quartiers du Sud où elle n'était jamais vraiment allée. Spirito conduisait sans la regarder, un soupçon de sourire sur les lèvres, le bras posé sur la portière, la cigarette à la bouche.

Il avait passé une excellente journée. Calabria leur avait dressé un tableau parfait de la situation en Espagne. À Barcelone, les choses seraient compliquées. Les anarchistes tenaient la ville, et les communistes étaient loin d'avoir rendu les armes. Les choses se présentaient bien mieux au Sud, à Malaga, Marbella et surtout Cadix. Et cela tombait bien car c'était dans ces villes que, grâce à leurs parts dans des affaires au Maroc, les deux hommes avaient les meilleurs relais. Juste avant le déjeuner, leur commanditaire italien leur avait annoncé que la cargaison spéciale était prête et qu'il allait falloir en prendre livraison à Savone. Inutile de demander ce qui se trouvait à l'intérieur. Il faudrait choisir une route par la Corse, où ils tenaient tous les gardes-côtes, et éviter Marseille. Pour l'heure, les politiques hésitaient sur la conduite à tenir. Un accord existait entre la France et la République espagnole. Mais Blum tergiversait. Il avait trop besoin du soutien des Anglais. Trop peur des Allemands. Ils pouvaient pour l'instant naviguer à leur guise, dans l'attente d'un embargo hypothétique. Le jour venu, il serait toujours temps d'approvisionner les deux camps.

La veille au soir, Lydro s'était aussi dégourdi les phalanges et calmé les nerfs dans une opération musclée comme il était nécessaire d'en mener de temps à autre. Un patron de café des vieux quartiers s'était cru autorisé à organiser discrètement des pokers dans la cave de son établissement. Il pratiquait désormais, et pour longtemps, la plongée sous-marine au large du Mont Rose. Et cela était d'autant plus agréable à Spirito qu'il savait parfaitement que l'impétrant était un proche des Guérini, même si les frères s'en défendaient. Le respect des accords passés n'empêchait pas l'équilibre de la terreur. Et le jeu ne figurait pas dans le cadre de leurs arrangements.

Ce qui l'avait plus rassuré encore, c'était l'attitude de Venture. Le Sicilien s'était surpris à douter de son ami et associé. Il soupçonnait un ramollissement, un embourgeoisement. Pourtant, dans leur métier, il fallait savoir de temps à autre faire preuve d'autorité, rappeler qui était le patron.

Carbone avait à peine soupiré lorsque Lydro l'avait appelé. Il avait secoué sa lourde carcasse, allumé une anglaise et plongé son Beretta au creux de son aisselle. Au fond du dernier tiroir de son bureau, dans l'arrière-salle de la brasserie Beauvau, il avait retrouvé son plus fidèle allié, un maillet lourd et noir confectionné par un oncle forgeron de l'Alta Rocca, à Sainte-Lucie-de-Talano. C'était l'arme favorite du Tatoué, celle qu'il emporterait avec lui en enfer. Son manche était poli par la sueur, mêlée aux particules de peau morte des pognes qui l'avaient empoigné.

Sa tête avait des reflets rubis, où se mêlaient la rouille et le sang séché. Sa surface était irrégulière, cabossée de chocs et d'impacts. Elle ressemblait à une forge en modèle réduit. La haine et la colère, Carbone en était persuadé, pouvaient la chauffer à blanc. C'était une tête brûlée, une tête à claques. Son Excalibur à lui. Il enfila son veston, glissa le marteau dans sa poche, siffla deux hommes qui traînaient au bar et se raidirent, conscients que l'heure était à l'action.

Lydro les attendait devant le bouge, dans une voiture dont le moteur tournait toujours. Carbone sentait monter la jouissance de l'adrénaline. Son goût métallique asséchait la salive, irritait les narines. Ces bordilles n'avaient même pas jugé utile de mettre en place un guetteur. On se foutait de leur gueule en toute impunité. Il descendit de la voiture. La portière de la berline de Spirito s'ouvrit et il descendit à son tour. D'un signe de tête, Lydro fit passer devant lui les quatre hommes qui les accompagnaient. Les bouteilles et les verres alignés le long du miroir firent les frais d'une première salve de Thomson. Carbone dénicha le barman, prostré derrière l'abri précaire du comptoir, qui tentait maladroitement d'ouvrir la trappe. Le maillet jaillit, frappa la tempe.

Spirito attaquait l'escalier derrière ses hommes. Ils avaient repéré les lieux. Il n'y avait pas d'autre sortie. Pas même de fenêtre ou de lucarne. Nouvelle rafale. Carbone descendit à son tour. Une odeur âcre de brûlé se mêlait à celle, doucereuse, des alcools éparpillés. En s'approchant, s'y ajouta celle des excréments, de la pisse, de la transpiration fétide qu'émulsionne la terreur.

Aucun des six joueurs n'avait bougé. À la lueur blafarde du plafonnier, figés autour de la table derrière leurs cartes dispersées, ils faisaient de piètres apôtres. Leurs joues étaient creuses, bleuies. Au centre se tenait le taulier, un certain Blaise Cataldese qui avait tenu une de leurs boîtes avant de passer aux Guérini.

— Ô Biaggiu ! *Long time no see*, comme dirait Capone.

Cataldese ne répondit pas. Il ne comprenait pas l'anglais. D'un geste vif, le marteau assomma le joueur le plus proche de Venture. Un sang épais pissa sur le tapis vert. L'homme tomba de sa chaise et un nervi de Spirito lui expédia un violent coup de pied dans les côtes, pour la beauté du geste.

Spirito attrapa l'épaule d'un autre amateur de poker. Carbone reconnut Fregni, un petit souteneur du Panier qui faisait dans l'Africaine. Il l'avait croisé jadis à Dakar, un demi-sel sans envergure. Lydro lui tendit un feu. Un Walther.

— Vas-y, Néné, on sait que tu peux le faire.

Fregni bafouilla des mots sans suite. Carbone leva la mailloche au-dessus de son épaule comme pour rendre une sentence.

— René… Tu es venu jouer au poker et, d'une certaine manière, tu as gagné. Tu vas sortir d'ici vivant. Assassin, mais vivant. Blaise, lui, ne quittera pas cette cave. Ou plutôt si, mais les pieds devant. Il a joué, il a perdu. C'est le poker. C'est la vie.

Le petit maquereau le contemplait d'un regard vide. Comme frappé d'une amnésie fulgurante. Comme s'il ne savait plus qui il était, où il était. Ce qu'il devait faire. Il tenait mollement le Walther à la main. Refusait de le regarder. Le désarroi d'autrui était un spectacle encore plus amusant lorsqu'on l'infligeait soi-même. Sauvagement. Carbone ne savait trop quoi en penser. S'il aimait ça. Si cela le dégoûtait. C'était semblable au sexe. Abject et excitant. Honteux et délicieux.

Une torgnole vint s'abattre sur l'oreille de Fregni. Spirito répétait les gestes d'affection qu'avaient eus pour lui, à l'école communale, les instituteurs de la République.

— Ô Fregni, on n'a pas toute la nuit. Les condés vont rappliquer. Tu le butes. Ou je te bute. C'est simple les cartes, finalement.

— T'inquiète, Néné, poursuivit Carbone. Tes amis ici présents témoigneront en ta faveur. Pas vrai, les gars ?

Les apôtres ne surent s'ils devaient approuver. Cataldese présentait le tableau le plus savoureux. Un peintre de la Renaissance en eût fait un portrait poignant. Son regard avait la fixité amusée de *La Joconde*. Le tenancier regardait la mort en face et, finalement, trouvait qu'il ne s'en sortait pas si mal. À Dieu vat.

Fregni leva le Walther.

— Tss, tss, l'interrompit Spirito.

Le barbeau se retourna, plus désemparé que jamais.

— Dis donc, René, tu crois quand même pas que tu vas le buter comme ça ? Debout. Comme un homme.

Carbone enchaîna :

— C'est vrai ça, Blaise. Tu n'es pas un homme. Tu es un enculé.

On entendit voler les mouches à merde.

L'un des collaborateurs de Carbone ordonna à Cataldese de bien vouloir baisser son pantalon. Le croupier improvisé s'exécuta. Spirito poussa Fregni.

— Tu vas lui tirer dans le cul. Mais vers le haut, pour faire un peu de dégât.

L'un des joueurs, qui tentait jusque-là de se confondre avec le papier peint, éructa d'un rire nerveux.

L'adrénaline avait quitté la gorge et les narines pour gagner le cerveau. Carbone baignait dans cette béatitude charmante que lui avait jadis procurée l'opium dans les clandés d'Extrême-Orient.

Des pas dans l'escalier rompirent le charme. Le chauffeur de Spirito.

— Y a la volaille qui rôde. J'ai entendu des sirènes. Vaudrait mieux pas traîner.

Fregni fut soulagé de n'avoir finalement qu'à viser à la tête. La cervelle de Cataldese ruissela sur sa quinte floche.

Ils passèrent la Madrague et la petite route par laquelle, finalement, ils avaient conduit hier soir le corps du cafetier indélicat. Le sourire de Lydro s'effila et ses yeux déshabillèrent à nouveau la femme du flic. C'était une très jolie personne, qui l'ignorait, ce qui ajoutait encore à son charme une touche ingénue. Il espérait toujours pouvoir lui arracher des renseignements, convaincu que son mari détenait des éléments accablants pour les Guérini et qu'il serait avantageux de les détenir. Mais il était encore un peu tôt pour passer à l'action. Elle n'était pas tout à fait mûre. Il n'ignorait pas pourquoi elle avait accepté son offre d'emploi. Au fond, elle devait se persuader qu'elle découvrirait, au plus près de la gueule du loup, l'identité de ceux qui avaient voulu faire la peau de son homme. C'était un jeu dangereux. Et elle n'avait pas la carrure.

Il allongea le bras et glissa la main dans ses cheveux.

— Le mistral vous décoiffe.

Elle pouffa.

— Le champagne avait bien commencé !

La petite route dévalait de virage en lacets. Les phares de la voiture miroitaient sur les flots noirs en contrebas. Plus un bruit ne troublait la quiétude du soir que le murmure diffus de la mer et le souffle du vent qui lustrait la nuit. Dans un dernier virage, elle aperçut Marseille en pointillés. Si loin. Un port étriqué, ses quais encombrés de barques, s'ouvrait devant eux. Quelques cabanons éparpillés autour d'une large bâtisse illuminée. Des dizaines de voitures étaient garées au bout du cul-de-sac. La route n'allait pas plus loin.

Des éclats de rire et de musette montaient de la baraque. Des couples s'enlaçaient sur la terrasse. Un fumet lourd de sardine grillée agaçait les narines. Lydro fit le tour de la Delage pour ouvrir la portière. Adèle descendit en gloussant, déjà grisée. La porte de la maison s'ouvrit avec fracas et un homme et une femme, complètement nus, s'élancèrent vers le petit port et se jetèrent à l'eau. Elle les observa qui disparaissaient dans un grand plouf. Mais son chaperon ne lui laissa pas le temps de penser. Il passa son bras autour de sa taille, l'attira vers lui et l'embrassa à pleine bouche. Ce baiser lui inspirait le même mélange de volupté et de dégoût que l'alcool. Il l'entraîna vers la courette où guinchaient maladroitement des silhouettes dépenaillées. Un larbin leur tendit des coupes de champagne. Carbone officiait au gril, retournant les sardines et les rougets avec gourmandise. Des loufiats promenaient des assiettes où les convives piochaient avec les mains, enfournant des lambeaux de poisson dans leur bouche ou dans celle de leur compagne. Adèle reconnut quelques habitués de l'Amical et des visages qu'elle n'avait aperçus que dans le journal. Au centre de la piste, Rebecca se trémoussait dans une sarabande lascive. Une grappe d'hommes ondulait autour d'elle. Adèle refoula une montée d'angoisse. Elle vida sa coupe, en saisit une autre sur un plateau. Elle rejoignit Rebecca et se déhancha à son tour, comme elle ne l'avait plus fait depuis ses dix-sept ans dans les baluches du Racati.

60

— Tu n'es pas bavard, Lucien…

Cela faisait plus d'une heure que Théroz enfilait les anis avec conviction, vissé au comptoir comme s'il tenait un siège. Le flic des stups fixait devant lui le reflet de son ombre dans le miroir dépoli du bar de Loule, comme s'il allait y découvrir les raisons de son infortune, les motivations de Monique.

— Les femmes, philosophait Loule.

Et le bistrotier leva les yeux vers le plafond, comme si elles étaient toutes là-haut, affichées en rang le long du crépi douteux.

— Et bien sûr, tu ne peux rien me dire…

Pourquoi s'offrait-elle ainsi pieds et poings liés à son tortionnaire, à Guérini ? Qu'y trouvait-elle ? La sécurité ? La tranquillité d'esprit ? Cette sale mentalité marseillaise de s'inféoder au plus pourri, au plus violent. Pour avoir la paix. Pour survivre dans une quiétude coupable. Cette soumission de tous à la volonté perverse de quelques-uns. Était-ce plus fort que l'amour ? Que la justice ? Que l'honneur ? Oui. De toute évidence.

— Je vais t'enlever la bouteille, Lucien, tu as trop bu. Et maintenant, que faire ? Devait-il à son tour s'incliner devant la volonté impérieuse du caïd ?

Exécuter ses quatre volontés ? Taire tout ce qu'il savait à Grimal. Pendant un mois encore ? La situation devenait intenable. Son intégrité était en cause, ses compétences aussi. Combien de temps son supérieur allait-il avaler que son meilleur limier ne lui rapporte pas le moindre renseignement, le moindre os à ronger ? Et pourtant, pouvait-il rompre son pacte avec le diable ? S'il le faisait, Monique reviendrait-elle ? Alors l'idée atroce, insupportable, revenait le harceler. Jour et nuit. *Bien sûr, elle couchait avec Guérini.* Et ils se moquaient bien de lui, le soir, au fond des draps satinés du parvenu corse, entre deux étreintes farouches. *Mais non.* La jalousie l'égarait, lui faisait perdre pied. Garder la tête froide.

— Bon sang, Loule ! Elle est où, cette bouteille ?

— Tss, tss. C'est fini. Tu ne bois plus tant que tu ne m'as pas dit ce qui te tracasse.

— Monique.

Le limonadier soupira.

— Alors, je ne peux pas faire grand-chose.

— Si. Me passer la bouteille.

— Bon, bon, bon...

Loule fit glisser le litre de Duval sur le zinc. En se servant une nouvelle momie, Théroz ressentit une sensation étrange. Une idée floue venait butiner sa mémoire.

— Qu'as-tu dit ?

— Rien. J'ai dit : bon...

Boubouboubou... Il la revoyait, chancelant au fond du verre, la bonne trogne du souteneur sur son lit d'agonie. Ce borborygme, ce bégaiement. Bou comme... Bon sang ! Voilà que le mécanisme s'était déclenché, qu'une clef avait libéré l'accès d'un tiroir secret dans sa tête. Continuer l'enquête. C'était la seule solution. Et repousser le moment de tout dire à Grimal. Le temps d'espérer.

61

Grimal découvrit à l'Évêché que la nouvelle l'avait précédé. Les collègues se jetaient sur lui pour le féliciter. Certains qu'il appréciait. Certains qu'il n'avait jamais vus. D'autres rasaient les murs. Il se dit que le tri serait difficile à faire entre les lèche-bottes, les courtisans, les malfaisants et les hommes sur lesquels il pourrait vraiment compter. Il avisa Filori, tout sourires à son bureau, et lui fit signe de le suivre jusque dans le sien.

— C'est toi qui as vendu la mèche ?

— Non. Mais n'oublie pas que tu es dans un hôtel de police. Ces messieurs ont leurs réseaux, leurs informateurs. Ils sont payés pour savoir.

— Tu as raison. C'est plutôt rassurant.

Il tira un fauteuil vers le Corse et se laissa tomber dans le sien.

— Je ne vais pas y aller par quatre chemins, Xavier. J'ai besoin de toi. À partir de ce jour, tu es mon adjoint. Si tu acceptes, bien sûr.

— Bien sûr.

Un court silence ponctua cette marque de confiance mutuelle. Filori le brisa :

— Alors ? Moitessier ?

Grimal renifla.

— Il m'a fait bonne impression. Il est un peu comme moi. Il débarque dans un nouveau poste et se lance, plein de bonnes intentions. Il est notamment décidé à nettoyer les services de leurs planches pourries.

Xavier se recula dans son siège, pesant de tout son poids sur le dossier.

— Il fallait en arriver là. La République est vraiment en danger, infiltrée de toutes parts par des éléments fascistes qui ne veulent que sa perte. Ils ne défilent plus dans la rue comme en 34, mais ils n'en sont que plus dangereux. Il suffit de voir la campagne dégueulasse dont fait l'objet Salengro. Pas plus tard qu'hier, *Gringoire* l'accusait implicitement de pédérastie. Alors que le ministre vient de perdre sa femme.

Le nouveau chef de la Sûreté marseillaise soupira longuement.

— Tu sais bien, Xavier, que je n'ai guère de goût ni de compétence pour ce genre de tâches. La purge, c'est toi qui t'en chargeras. Je te fais confiance, mais n'épargne tes amis politiques que si c'est vraiment nécessaire à la marche de nos services. Je ne demande pas à nos collaborateurs d'être intègres. Seulement efficaces. C'est clair ?

Le téléphone ne laissa pas à Filori le temps de répondre. Le préfet voulait voir Grimal dans l'après-midi. Quinze heures ? C'était d'accord. Il expliqua à son nouvel adjoint sa conversation avec le chef de la Sûreté nationale. Les craintes que faisait planer sur le gouvernement la situation internationale.

— D'autant que l'affaire espagnole n'arrange rien, renchérit Xavier. Les hommes de Carbone se sont déjà manifestés à l'arrivée d'un bateau d'athlètes de retour de Barcelone. D'après mes sources sur le port, ils ont déjà commencé à effectuer des livraisons depuis l'Italie pour le compte des généraux putschistes.

— Pour l'instant, c'est à peine illégal, tant que le gouvernement ne prend pas position. Mais commence à monter une équipe spéciale pour la surveillance de la flotte de nos amis.

— Elle existe déjà.

— Et en face ?

Xavier temporisa.

— En face ?

— Ne me dis pas que la CGT n'a pas mis en place un réseau d'approvisionnement pour les républicains espagnols !

— En toute légalité ! La France a des accords d'assistance mutuelle avec l'Espagne en cas de conflit. Mais ça risque de ne pas durer…

— Justement. Comment vois-tu la suite ?

Filori leva les bras au ciel.

— Blum est un anglophile. Il ne prendra pas le risque de se mettre Londres à dos. Or les Anglais interdiront toute intervention en Espagne. Dans le même temps, c'est une République amie que nous ne pouvons pas laisser tomber. Pour ce que j'en sais, une filière d'aide clandestine aux républicains est déjà en train d'être organisée *via* le ministre de l'Air, Pierre Cot, avec les dockers et les cheminots CGT, et des membres de nos services. Je pense que Moitessier ne va pas tarder à te demander d'organiser tout ça. Ou en tout cas de fermer les yeux.

Grimal ricana.

— Bref, tu sais ce qu'il te reste à faire ! Je me demande même si tu n'aurais pas été un bien meilleur postulant que moi !

Filori se leva.

— Nous avons une affaire comme tu les aimes sur les bras. Un meurtre…

Grimal se leva à son tour.

— Voilà que tu m'intéresses.

— Un pêcheur a repêché un corps. Celui d'un patron de bar bien connu des services. Un proche des Guérini. Abattu d'une balle de Walther…

— Je vois. L'étau se resserre autour de tes « camarades » calenzanais. Mais je ne peux rien faire pour l'instant. J'ai pour instruction semi-officielle de ménager les Guérini. Mais je te préviens, Xavier, cela ne durera pas.

— Et l'affaire Cardella ?

— J'avance, j'avance. J'ai même rencontré un homme très intéressant, puisque nous parlions de planches pourries… L'inspecteur Bory.

Filori siffla.

— Et alors ?

— Un personnage fascinant. Et très bien informé.

— Tu peux m'en dire plus ?

— Non.

62

Raoul s'installa dans une maisonnette, un ancien cabanon de pêche qu'avait dégoté Rebecca au Vallon des Auffes. En sortant de chez lui, il avait pour ainsi dire les pieds dans l'eau, ou plutôt dans la coque des pointus qui s'amoncelaient sur la grève de ce petit port qui faisait de l'endroit un Marseille d'opérette. Il avait pour voisin le chanteur Alibert, qui triomphait à Paris avec *Un de la Canebière.* Forcément, c'était un ami de Carbone. Il préparait d'ailleurs avec Vincent Scotto un nouveau spectacle bien nommé : *Les Gangsters du château d'If.*

Rebecca partie, ses malles vidées, son maigre mobilier installé, Raoul sortit humer l'air de son nouveau décor. Une brise fraîche s'était levée et se glissait sous le col défait de sa chemise. En un éclair, la température baissa de plusieurs degrés. La danse des gabians dans le ciel aurait dû l'alerter. Bientôt, ils le mitraillaient de fientes. L'orage s'abattit sur le vallon comme un oiseau de proie. Il écarta les bras et accueillit avec bonheur ce don du ciel qui le purifiait. Un voisin qui rentrait son vélo le contempla d'un air inquiet. Raoul lui sourit.

63

Adèle se réveilla dans des draps inconnus. Elle étouffa un cri d'horreur. Le soleil léchait les baies vitrées de la chambre. Elle était seule. Spirito devait être parti depuis quelque temps car le café qui l'attendait sur la table en bois de la cuisine était froid. L'horloge murale indiquait dix heures et demie. Elle jeta un regard par la fenêtre. Le quartier ne lui disait rien, mais on apercevait la mer. Une main invisible lui enserrait le crâne et exerçait des pressions saccadées sur ses tempes. Elle lança l'un des feux de la gazinière et fit réchauffer le café. Des images de la soirée lui revenaient par bribes, par flashes. Elle était nue. Spirito l'avait ramenée au petit matin. Elle se rappelait lui avoir demandé, alors qu'il arrêtait la voiture devant cette maison bourgeoise du quartier d'Endoume, s'il avait tué Antoine.

— Je te jure que non. Sur ce que j'ai de plus précieux. Ni moi ni Carbone. Ce n'est pas nous.

— Comment te croire ?

— En m'embrassant.

Elle l'avait cru.

Et ce matin, elle ne savait plus trop à quel saint se vouer. La honte la submergeait. Et le dégoût d'elle-même. Et s'il disait vrai ? S'il n'avait pas tué Antoine, s'il n'avait rien à y voir, que faisait-elle là ? Sa soif de vengeance avait été bien vite étanchée à coups de Noilly Prat et de champagne. La pacotille de l'argent et du luxe avait eu raison de sa fidélité à Antoine. À elle-même. Elle n'était plus qu'une traînée. Dans la salle de bains, elle trouva des aspirines. En avala deux. Cracha à la gueule du miroir, à cette image d'elle-même qu'elle découvrait avec terreur. Ce rouge qui suintait de ses lèvres. Ce noir qui creusait ses orbites. Cette peau flétrie qu'il avait parcourue toute la nuit de ses mains douces. Ces seins qu'elle lui avait offerts.

Elle se précipita dans la chambre. Rassembla ses affaires éparpillées sur le plancher. Chercha dans la glace du boudoir à maquiller son désespoir. Antoine ! Le mouroir où il s'éteignait lentement était à deux pas de là. Elle devait y aller. Pour lui dire. Pour s'excuser.

Elle claqua la porte, gagna la ruelle. Dévala la rue d'Endoume. Elle courait retrouver son homme. En entrant dans la cour de l'institution religieuse, elle bouscula quelqu'un qui sortait et bafouilla des excuses. Elle se jeta dans l'escalier, avala le couloir jusqu'à la chambre. Il était là. Il ne disait rien. Il respirait paisiblement. Elle lui prit la main, la serra de toutes ses forces et implora son pardon.

64

— *Ô testa di cazzu !* François ! Appelle-moi Spirito !

Mais le beau Lydro ne répondait pas. Carbone détestait découvrir des informations le concernant dans le journal. C'était un des privilèges de sa position, un devoir même, que d'être informé avant les autres. Il lança *Le Petit Provençal* à son frère pour qu'il prenne connaissance lui aussi de la nouvelle.

— Est-ce qu'on peut être aussi couillon ?

François Carbone se mit à lire à voix haute le fait divers qui mettait ainsi son frangin en rogne. Noyé dans la masse des comptes rendus de la guerre d'Espagne et d'un long reportage sur le naufrage du *Pourquoi pas ?* où avait péri le docteur Charcot, ce court article :

Un accident d'auto fait découvrir une affaire de trafic d'armes

Paris, 18 septembre

Cette nuit, une auto portant le numéro 957-47 M B 2 entrait en collision rue des Martyrs, à l'angle de la rue Notre-Dame-de-Lorette, avec un autre véhicule. Quatre individus, trois hommes et une femme, qui occupaient la première voiture, descendirent aussitôt et prirent la fuite. Des gardiens de la paix se lancèrent à leur poursuite et parvinrent à arrêter l'un d'eux, Louis Jean Raggio, 34 ans. Dans l'auto, on découvrit un revolver chargé. Raggio, qui s'est refusé à toute déclaration, portait sur lui une lettre ayant trait à une commande d'armes, mitrailleuse et mitraillettes pour l'Espagne. Le commissaire de police du quartier Saint-Georges a ouvert une enquête. Au commissariat où il fut conduit, Raggio se refusa à toute déclaration. Cependant, après fouille faite, on s'aperçut qu'il était un repris de justice et qu'il était connu pour faire de la contrebande de tabac belge. Il était porteur d'une somme de 2 573 francs belges et de 45 francs français. En outre, on trouva sur lui une lettre émanant d'un inconnu signant du nom d'Antoine, qui disait en substance : « J'ai besoin de deux mille Mauser, de revolvers, de mitraillettes, etc., qu'il faut livrer en Espagne : c'est une bonne affaire. » Les enquêteurs trouvèrent cette lettre alors qu'ils se proposaient de relâcher Louis Raggio, après lui avoir signifié qu'il serait simplement poursuivi pour délit de fuite. Cette lettre, datée du 12 septembre, lui avait été expédiée de Marseille. Le correspondant, paraissant avoir déjà conclu une affaire similaire avec l'inculpé, n'indiquait ni le nom ni la nationalité de l'acheteur. Invité à s'expliquer, Louis Raggio refusa d'indiquer l'identité de son correspondant, se contentant d'avouer avec cynisme : « J'ignorais absolument à qui ces armes devaient être livrées : nationalistes ou communistes d'Espagne, je m'en fous. La seule chose qui m'intéresse, c'est la commission que devait me rapporter cette affaire. » Après son interrogatoire, Louis Raggio a été conduit à la police judiciaire.

— Merde ! Raggio ! Mais ce n'est pas homme à parler.

— Non, concéda Carbone, mais cette affaire ne peut que nous inciter à redoubler de prudence.

Lorsqu'il parvint enfin à contacter Spirito, qui avait lu le même papier que lui, il ne put s'empêcher de lui poser la question qui lui brûlait les lèvres.

— C'est quoi, cette lettre signée Antoine ?

— Tu vois bien. Si l'un de nos gars est arrêté, les flics vont penser que le commanditaire se nomme ainsi.

— Tu es vraiment obsédé par les Guérini.

— Et avec raison. Figure-toi qu'ils ouvrent un bordel de haute volée dans une quinzaine de jours rue Sénac.

— Et alors ? Ne leur avons-nous pas laissé le champ libre pour la prostitution ?

— Oui. Mais tu sais ce que les gens disent. Les Guérini s'agrandissent. Ils traversent la Canebière. Ils taillent des croupières à Carbone et Spirito. Que tu le veuilles ou non, notre réputation en souffre. Nous ne sommes plus les patrons.

— Je croyais que tu les avais rappelés à l'ordre l'autre jour au Mont Rose.

— J'aurais préféré voir flotter le corps d'un certain Antoine…

— Tu t'inquiètes pour rien. Malgré ce couillon de Raggio, je sens que nous allons nous faire une petite fortune avec cette histoire d'Espagne. Figure-toi que j'ai été contacté pas plus tard qu'hier soir par des anarchistes !

Son rictus se fit goguenard.

— On va bientôt être en manque de marchandises. Il va falloir mener une petite expédition. J'ai acheté quelques conscrits dans une caserne pas loin d'Aix, aux Milles. Leur arsenal est assez facile d'accès.

— La France est désarmée !

Lydro soupira.

— C'est la faute au Front populaire...

Il n'était pas aux Treize Coins. Pas plus au grand café du Panier. Aucune trace de sa silhouette décharnée au Blizzard, au Rialto, au Reinitas. Théroz allait renoncer lorsqu'il aperçut l'ombre d'Audibert au détour de la rue du Petit-Puits. Il songea à cette histoire que Loule lui avait racontée : que la rue devait son nom à un puits où les désespérés du quartier avaient coutume de se jeter pour mettre fin à leurs jours. Une note municipale du XVIIIᵉ siècle entérinait la fermeture dudit puits avec cette remarque, frappée au sceau du bon sens administratif : « *Qu'ils aillent désormais se jeter à la mer !* » Le flic pressa le pas pour intercepter l'amant de la pauvre Betty Stora avant qu'il émerge dans la lumière diffusée par le porche de la Vieille Charité. L'autre leva vers lui des yeux de bête blessée lorsqu'il le reconnut.

— Il faut qu'on parle.

Le poivrot tenta de faire volte-face, mais une joyeuse bande sortait d'un café et lui barrait la route.

— Je... je n'ai rien à vous dire.

Théroz l'agrippa par le revers de sa veste de velours usé et l'attira vers lui.

— Je pense exactement le contraire.

Et il accompagna cette affirmation d'une violente gifle qui aurait expédié l'ivrogne sur le trottoir si le gavot ne l'avait tenu solidement de l'autre main par le colbac. Loin de s'étaler, l'amant éploré lui lança un regard de défi, traversé d'une lueur de haine.

— Je te dirai rien !

La deuxième gifle fit pisser le sang du nez couperosé. Théroz le poussa sans ménagement dans la pénombre des ruelles. C'était la loi du Panier. Les curieux n'existaient pas et les témoins disparaissaient comme par enchantement si un homme en violentait un autre. À chacun ses affaires. La puanteur âcre du petit propriétaire s'accentua quand il comprit où l'entraînait le flic. Il se laissa tomber par terre lorsqu'ils furent parvenus devant la grille qui donnait sur l'ancien réservoir.

— Tu vois, mon gars, je vais te jeter là-dedans.

Audibert protesta d'un rire plaintif. Un honorable policier comme lui ne ferait pas une chose pareille. Théroz le redressa et le tira vers le puits. Le rire nerveux dérapa en sanglots.

— Non, vous n'avez pas le droit.

Une nouvelle torgnole lui rappela que le droit n'avait plus son mot à dire.

— Tu vas aller rejoindre les deux cadavres qui sont là en bas. Tu vois de quoi je veux parler, non ?

Un glapissement répondit par l'affirmative.

— Mais tu vois, l'ami, je ne vais pas te tuer AVANT. Je vais te jeter là-dedans VIVANT. Par-dessus les corps en décomposition de tes deux voisins. Parce que c'étaient tes voisins, non ?

L'autre ordure hululait à présent. Théroz le fit taire d'un direct en pleine poire.

— Tu vas leur tenir compagnie ! Un jour, deux jours, trois jours, quatre peut-être. Et puis la soif te fera hurler. Et enfin la faim te fera crever. Crever !

Il le poussa au bord du puits, lui plongea la tête dans le vide.

— Alors Audibert ? Tu parles ou tu crèves comme les autres !

Le pochetron se mit à glapir.

— Je vais parler ! Je sais tout, je sais qui a fait le coup !

Théroz pencha la tête pour entendre le nom que l'alcoolique tentait de lui murmurer à l'oreille. L'autre bafouillait et dut s'y reprendre à deux fois.

Mais le gavot avait vu juste.

— Merci, crevure.

Un dernier coup de poing dans sa face livide et le fiancé de Betty Stora perdit connaissance. Du pied, Théroz le fit rouler vers l'orifice et le précipita dans le réservoir.

66

Le moins que l'on pouvait dire de la mort de Blaise Cataldese, propriétaire du café du Bon Coin, place des Treize-Cantons, c'est qu'elle n'était pas accidentelle. Une balle tirée à bout portant dans le crâne du cafetier avait perforé l'occiput, délimité clairement les lobes du cerveau et, pour faire bonne mesure, le Walther dont elle était issue avait été enfourné dans sa bouche pour signer un peu plus encore le message adressé à qui de droit. Le légiste expliqua à Grimal que les artistes qui avaient exécuté ce chef-d'œuvre avaient apparemment tenté d'introduire l'arme dans l'anus de la victime avant que la *rigor mortis* ne les ramène à plus de pudeur. Le chef de la sûreté signifia qu'on pouvait lui passer les détails qui n'apportaient rien à la résolution de l'affaire.

— Bien sûr il n'y a pas d'empreintes.

— Aucune.

— L'arme est-elle connue de nos services ?

— Non.

Et l'enquête de voisinage n'avait strictement rien donné. Il faut dire qu'il n'y avait pour tout voisin dans le coin où avait été retrouvée la victime que le curé de la paroisse de Montredon, sourd comme un pot, et quelques poissons de roche guère plus causants.

Le casier du « noyé » était édifiant. Deux condamnations pour proxénétisme, dont l'une aggravée. Une autre pour voies de fait dans le cadre d'une manifestation politique. Cataldese avait fait le coup de poing avec des colleurs d'affiches sabianistes lors de la campagne pour les municipales de 1935. Il avait d'ailleurs été embauché à la Ville cette même année au titre de « cantonnier vacataire », poste qu'il n'avait occupé que six mois avant de prendre la gérance du Bar du Coin, dont la propriétaire n'était autre que Toussainte Guérini, l'une des sœurs d'Antoine et de Mémé. Le rapport indiquait que, selon les relevés de la mairie, la victime était restée salariée par la municipalité en dépit de cette nouvelle activité. Les fouilles menées au Bon Coin avaient révélé l'existence, dans la cave de l'établissement, d'une table de poker abandonnée en l'état au beau milieu d'une partie. Les empreintes relevées sur les lieux étaient, pour certaines d'entre elles, connues des services de police, notamment celles de Jean-Luc Luciani, proxénète, René Fregni, souteneur, et Jeannot Contrucci, condamné en 1933 pour faux en écriture. Deux d'entre eux, interrogés, n'avaient rien à déclarer et avaient assuré ne pas être sur les lieux le soir du crime. Le troisième était introuvable.

La mort de Cataldese n'intéressait en réalité qu'assez peu le nouveau patron de la Sûreté. Tant qu'elle ne permettait pas d'arrêter à coup sûr un Carbone, un Spirito, ou l'un de leurs lieutenants les plus proches, ce n'était qu'une perte de temps. Tous ces braves gens disposaient d'alibis irréfutables, et le tueur serait, de toute façon, retrouvé plus vite par les nervis du camp d'en face que par la police.

Il ferma le rapport et se tourna à nouveau vers le légiste.

— Savez-vous si le service des empreintes a eu le temps d'analyser le document que je leur ai remis ?

— Oui. Voilà le rapport.

Grimal en prit connaissance et regagna son bureau. Trois empreintes bien distinctes étaient perceptibles sur la lettre découverte dans le dossier de Cardella. Les seules qui figuraient au fichier de la police étaient celles de Bory. Les deux autres devaient être celles de Cardella et de Sarraut ou bien du destinataire, qui n'étaient pas fichés. Cette lettre le turlupinait depuis plusieurs jours. Elle posait plus de questions qu'elle n'apportait de réponses. À qui était-elle adressée ? Et pourquoi Albert Sarraut, avec les fonctions qu'il occupait et les soupçons qui avaient pesé sur lui ou ses proches au cours de l'affaire Stavisky, avait-il pris le risque de laisser une trace écrite de son implication dans un projet de malversation immobilière ? Comment cette lettre était-elle parvenue à Cardella ? Le gardien de la paix l'avait-il récupérée auprès de Bory ? Mais si c'était le cas, comment l'inspecteur avait-il pu la subtiliser à son destinataire ?

Un seul scénario semblait tenir debout. Sarraut avait remis la lettre à Bory, son homme de main, pour qu'il la confie à Cardella, à charge pour ce dernier de la transmettre en main propre à la personne à qui elle était adressée. Ce destinataire était un homme politique en vue à Marseille, qui avait participé à une réunion de conciliation pour tenter de se partager les bénéfices d'une éventuelle opération immobilière dans les vieux quartiers. Ce ne pouvait être Tasso, cité nommément dans la lettre et qui avait refusé toute entente. Tout accusait Sabiani. Et si Cardella détenait ce document, c'est qu'il ne s'était pas acquitté de sa mission, préférant conserver la lettre pour, le jour venu, l'utiliser contre l'ancien député. Grimal ne doutait pas que Bory connaissait le contenu du dossier de Cardella et la présence de cette lettre qui accusait évidemment son ennemi juré.

Alors ? Le borgne avait-il découvert que le gardien de la paix détenait contre lui cette preuve accablante ? L'autre s'en était-il vanté ce fameux soir où il avait écumé les locaux de campagne de l'avenue Camille-Pelletan ? Avait-il tenté de monnayer ce pli ? Était-ce la raison de son assassinat ?

En vérité, le nouveau chef du PPF local n'était pas cité expressément dans cette missive. Elle ne constituait donc pas un vrai danger pour lui. Seul Albert Sarraut lui-même pouvait être inquiété par sa divulgation.

Quel jeu jouait donc Bory ?

67

C'est parce qu'il n'habitait pas très loin que Raoul avait eu l'idée de rendre visite à Antoine Cardella en ce dimanche matin paisible de fin d'été. Xavier Filori lui avait confié qu'on avait transféré le gardien de la paix dans une institution sur les hauteurs d'Endoume. L'occasion était trop belle et il avait besoin de prendre l'air après cette folle soirée où, plus voyeur qu'acteur, il avait pu contempler à loisir la face cachée de la bourgeoisie locale. Il n'était pas certain de préférer cette vulgarité affichée, ce gâchis orchestré qui manifestaient dans la boisson, la débauche et le sexe le mépris d'un argent gagné au prix de la sueur des autres. La curiosité était certes l'une des vertus de son métier et il était tout sauf bégueule, mais comment pourrait-il désormais respecter les emportements de ce négociant qui avait passé la nuit vautré sur une paillasse, abruti par les vapeurs d'un opium fourni obligeamment par la maison Spirito ? Comment pourrait-il dorénavant prendre au sérieux les propositions de cet élu qui, agenouillé, souillé de champagne, un groin de papier mâché sur le nez, avait servi de monture aux autres convives toute la soirée autour de la piste de danse ? À la recherche des toilettes, il n'avait passé que la tête dans le salon discret du sous-sol où des notables entravés et fouettés gémissaient sous les coups méthodiques d'un haut gradé de l'état-major. Ces petits secrets le liaient encore un peu plus à cette pourriture revendiquée. Il n'était plus cette pièce d'un puzzle qu'un geste malencontreux ou violent pouvait disperser. Il était désormais soudé à tous les autres par la même déchéance. Au petit matin, gavés, imbibés, les rescapés de la nuit avaient achevé cette bacchanale par une bataille de petits-fours et de déchets. Oursins, cuisses de poulets, petits farcis, coquilles de moules, pieds, paquets, alouettes sans tête volaient à travers la terrasse, atterrissaient sur les corps inertes de filles assommées par l'alcool. Les hommes se poursuivaient en poussant des cris de bête, glissaient sur des débris de sauce, chutaient dans des flaques de vin. Il avait abandonné Rebecca dans les bras d'un autre et repéré Carbone en train d'uriner sur une forme évanouie avant de regagner la voiture qu'il avait empruntée pour l'occasion.

Sur le terre-plein qui servait de parking, il retrouva Spirito, la cigarette au bec, qui attendait la femme du flic. Elle avait passé la nuit de bras en bras sur la piste de danse et dans les canapés. En l'apercevant, le gangster releva les yeux. Il ralluma la clope que le vent avait étouffée. La lumière diaphane de l'aube et la flamme du briquet accentuaient les crevasses de son visage.

— Ça va, Pichotte ?

Raoul grogna un oui fatigué. Spirito aspira une longue bouffée de tabac.

— Dites-moi, Raoul, je me demandais un truc.

— Oui ?

— Est-ce que vous êtes juif ?

Le journaliste haussa les épaules et regagna sa voiture.

Le souffle du vent matinal le dégrisa à peine. Il se gara de travers sur le trottoir devant la maison d'Alibert pour ne pas gêner le passage du tramway sur le pont.

Il sortit au milieu du fouillis des pointus imbriqués les uns dans les autres sur la grève. Quelques pêcheurs rentraient leurs filets et lui jetaient des regards hostiles. Sur le quai d'en face, des couples se croisaient au bord de l'eau, passaient au milieu des barques pour gagner l'ombre des arches du viaduc en surplomb. Des badauds se massaient déjà à l'étage du Bar du Vallon d'où montait une prometteuse odeur de safran.

Il remonta la ruelle qui rejoignait la rue d'Endoume. Le chemin était abrupt et la marche l'aida à retrouver ses esprits. Le quartier somnolait encore. Il ne croisa que quelques mémères de retour du marché. À la terrasse des rares cafés de coin de rue, des pépés attendaient que la mort se dépêche en remuant leurs mokas. Il tâtonna un tantinet avant de trouver l'institution Sainte-Cécile, planquée à flanc de colline à la sortie d'un virage. Un Christ en croix accueillait les visiteurs au fronton du porche d'entrée. Dans la cour, des familles affligées promenaient des fantômes. Il pénétra dans la moiteur de l'établissement et se lançait à l'assaut des étages quand une sœur, tout de noir vêtue, l'intercepta.

— Où allez-vous ?

— Je vais voir Antoine Cardella.

— Il ne peut recevoir de visites.

— C'est que…

— C'est que j'ai des consignes.

Il comprit que la nonne serait un rempart plus infranchissable qu'un cerbère. Il rebroussa chemin et traversait la courette lorsque apparut Adèle Cardella, le regard égaré, les yeux emplis de larmes, qui courait presque. Elle le percuta sans le reconnaître. Sans même l'apercevoir. Raoul resta figé. La pauvre fille perdait la tête. Elle avait volé la vedette à Rebecca dans les ébats enfiévrés de la soirée, se dénudant au fil de la nuit pour passer de bras en bras sous le regard amusé de Spirito. La morale n'était pas le point fort du journaliste, mais cette dépravation le heurtait. Se donner ainsi en spectacle pendant que son homme agonisait dans l'ombre d'un mouroir. Les remords de la jeune femme devaient être ce matin plus douloureux encore que sa gueule de bois.

Il décida de l'attendre. Il n'avait rien de mieux à faire et avait l'intuition que quelque chose couvait. Qu'il fallait la suivre. Elle resta un gros quart d'heure auprès de son époux. Quand sa silhouette repassa le porche, la démarche s'était affirmée. Elle regardait droit devant elle, tout à la mission qu'elle semblait s'être assignée. Il la suivit à distance, la laissant disparaître de virage en virage avant de la retrouver dans la longue descente vers la Corniche. Elle se posta à l'arrêt de l'église d'Endoume, épiant l'arrivée du tramway. Tapi au coin de la rue, Raoul attendit que les rares voyageurs fussent installés pour sauter dans la rame qui démarrait, espérant qu'ainsi elle ne le remarquerait pas. Mais elle fixait la ville, droit devant elle, et la forme massive d'une *mama* bardée de paquets faisait au journaliste un affût idéal. Elle descendit au terminus du Vieux Port et se mit à trottiner en direction des vieux quartiers. Le journaliste espérait qu'elle se jette dans les venelles et les calades du Panier, où sa filature serait plus discrète, mais elle aborda au contraire la rue de la République et ses larges trottoirs. Raoul demeura prudemment à une centaine de mètres, s'amusant de ces précautions sans doute inutiles tant Adèle semblait avoir la tête ailleurs. Au milieu de la grande artère, elle bifurqua vers les marches qui escaladaient la tranchée creusée dans l'ancienne colline en direction des Carmes. Il la laissa gravir l'escalier avant de s'y attaquer à son tour. Il ne conduisait qu'au parvis de l'église des Grands Carmes, où elle ne pouvait logiquement pas échapper à sa vue. Ne la repérant pas arrivé en haut, il en conclut qu'elle était entrée dans l'édifice, où la messe était terminée. Quelques fidèles traînaient encore aux abords, sans doute retenus par des péchés plus lourds à expier.

Adèle se tenait devant l'autel, aux aguets, comme si elle cherchait quelqu'un sans le trouver. Il la vit se glisser au fond de la nef et tenter de pousser la porte qui menait à la sacristie. Mais elle était fermée. Une bonne femme quitta les lieux en se signant. Ils étaient seuls. Une présence semblait les guetter. Raoul remarqua alors les bas-reliefs en bois et les peintures défraîchies qui l'observaient. Il s'abrita dans une chapelle dédiée aux bergers, feignant de s'intéresser à l'ange naïf portant dans ses bras un agneau.

Elle se mit à crier.

— Mon père ! C'est Adèle Cardella ! Je vous en prie, écoutez-moi ! J'ai besoin de me confesser !

Sa plainte ricocha sur les murs sans déranger la quiétude impassible des icônes effacées par le temps.

— Mon père, par pitié !

Elle s'agenouilla, les mains serrées. D'où il était, Raoul ne voyait que son dos agité de tremblements. Elle sanglotait. Mais ni le Christ, ni la Vierge Marie, ni Élie, ni sainte Marie-Madeleine de Pazzi ne semblaient sensibles à sa douleur. Elle se leva, essuya ses larmes d'un revers de la main et traversa la nef pour rejoindre le parvis. Il se recula, la laissant passer devant lui. Il se faufila au-dehors par la porte qui se refermait. Adèle filait au milieu de la place. Un gamin, juché sur une bicyclette rafistolée, s'approcha d'elle.

— Madame, madame !

Elle poursuivit son chemin d'une démarche saccadée, méprisant le môme.

— Madame !

Elle se retourna enfin vers lui.

— Madame ! Je voulais vous dire…

— Qu'est-ce que tu veux encore ?

Le ton était sec, cinglant.

— Je crois que je sais qui a tué votre mari.

Son rire de folle, ses tremblements la jetèrent dans les escaliers de la rue des Enfants-Abandonnés. Raoul s'immobilisa. La poursuite s'arrêtait là.

— Vous la suiviez ?

Le minot s'était approché de lui.

— Qu'est-ce que ça peut te faire ?

— Je sais qui vous êtes.

— Ah bon ?

— Oui, parce que je sais plein de choses.

— Comme quoi par exemple ?

— Comme quoi vous êtes le journaliste de Carbone, par exemple !

Raoul encaissa le choc d'un rictus.

— Et tu sais quoi d'autre encore ?

Le garçon se mit à tourner autour de lui, maintenant le vélo en équilibre précaire.

— Je sais qui a tiré sur son mari, par exemple.

Décidément, ce mioche ne manquait pas d'air.

— Et tu vas me le dire, sans doute ?

— Eh bien...

Raoul farfouilla dans sa poche, y trouva un billet de 50 francs. Le petit secoua la tête.

— C'est tout ce que j'ai.

Le môme feignit de s'éloigner. Cent francs firent l'affaire.

— Le soir du meurtre, un homme est venu voir le curé. Un vieil homme.

— Et alors ?

— Alors, il y a une petite salle près de la sacristie où nous nous cachons entre *collègues* pour jouer aux cartes et fumer des cigarettes. Et j'étais là. J'ai entendu ce qu'ils disaient, même qu'ils s'engueulaient. Au bout d'un moment, ils se sont mis à parler en corse, mais moi, je le comprends, le corse.

— Et ils disaient quoi ?

— Le vieux disait : « J'ai tué ton frère, tu comprends ce que ça veut dire ? » Et le curé ne faisait que répéter des prières. Jésus, Marie, tout le saint frusquin...

Raoul frissonna. Un vieil homme ?

— Tu sais qui c'était, ce vieux ?

— Non, mais le curé, il s'appelle le père Cardella. Et le vieux le tutoyait. Les vieux, d'habitude, ils tutoient pas les curés. Donc moi je pense qu'il était de sa famille. Son père, son grand-père. Qu'est-ce que j'en sais, moi ?

Raoul le remercia. Lui fit signe de filer. Bordel de Dieu. Si le jeune avait raison...

68

C'était un beau dimanche d'arrière-saison et Grimal comprenait qu'Arlette eût préféré aller se balader au bord de l'eau à la Pointe-Rouge ou à la Vieille Chapelle plutôt que de rester à la maison. Mais il avait du travail. Le trafic d'armes, d'hommes et de vivres à destination de l'Espagne lui prenait tout son temps. Sans compter la banalité des crimes crapuleux qui, ces jours-ci, semblaient souvent conduire eux aussi vers la filière espagnole. Deux jours plus tôt, trois petites gouapes sans envergure avaient été arrêtées en flagrant délit dans un bar du quartier réservé alors qu'ils tentaient de fourguer à des émissaires des républicains espagnols de faux lingots d'or en cuivre authentique. Un garagiste connu pour ses liens avec l'extrême droite avait été interpellé au volant d'un camion de fruits chargé de grenades plus explosives que juteuses. Les guerres étaient un terreau fertile pour les criminels, qui s'y mouvaient avec aisance au contraire des honnêtes gens. Le moindre demi-sel semblait impliqué dans un réseau de livraison d'armes aux anarchistes, aux communistes, aux anarcho-syndicalistes, aux nationalistes, aux carlistes, aux fascistes, aux phalangistes catalans, castillans, basques ou andalous. Par sa position, Marseille se prêtait à merveille à ce trafic emberlificoté où l'appât du gain l'emportait largement sur les convictions politiques. L'offre était du côté des truands. La demande de celui des militants.

Sur les ordres de Moitessier, et en vertu de la politique gouvernementale de « non-intervention active » dans le conflit espagnol, Grimal devait non seulement fermer les yeux sur les opérations clandestines menées par les réseaux socialistes et communistes, mais surtout veiller à ce qu'elles ne soient pas découvertes. La presse d'extrême droite redoublait de vigilance, et la fameuse Cagoule, très implantée dans l'armée et les services de renseignements, cherchait à déjouer les plans officiels du gouvernement par la délation et le sabotage.

Une semaine plus tôt, on avait frôlé la catastrophe. Pour faire plaisir à Sabiani et à ses soutiens politiques et financiers, Carbone avait placé sur le port quelques hommes sûrs pour garder l'œil sur les mouvements de marchandises suspects. Un soir, constatant que des dockers CGT faisaient du zèle sur un quai discret bien au-delà de leur quart, l'un de ces chiens de garde avait donné l'alerte. Ses complices avaient rappliqué dare-dare pour tenter de découvrir ce que signifiait ce manège. Le petit groupe se déployait pour trouver le meilleur poste d'observation et éventuellement intervenir, lorsqu'il fut surpris par une autre équipe, déjà en planque, mais cette fois pour surveiller que l'opération se passât sans entrave. Les calibres sortirent promptement, mais un « Police ! » répondit à un autre, évitant ainsi un bain de sang. Filori, qui faisait partie du groupe de protection, reconnut aussitôt dans le camp d'en face un inspecteur sabianiste récemment mis sur la touche. Le garçon, un certain Simsolo, vivait avec une bourgeoise dans une luxueuse villa des hauts du Roucas-Blanc et n'avait que récemment renoncé à venir travailler au volant de sa Bugatti, un peu trop voyante.

— *Umbeh !* Xav', qu'est-ce que vous foutez là ?

— C'est plutôt à moi de te poser la question. Nous sommes en service commandé. Et toi ?

Simsolo avait éclaté de rire.

— Plus ou moins pareil. Avoue que c'est une drôle d'époque, où les flics « respectables » assurent la protection des contrebandiers, tandis que les voyous font respecter la loi !

Filori conseilla à son « collègue » de décaniller et on en resta là. Mais Simsolo avait raison. Le monde à l'envers : ce n'était pas une mauvaise définition de Marseille.

Comme tout travailleur, même s'il venait d'être promu au rang de commissaire principal, Grimal disposait désormais de ses *week-ends* et les consacrait à ce qui devenait une obsession : l'agression contre Cardella, qui reculait encore, contre toute probabilité médicale, l'heure du jugement dernier.

Plus il y songeait, plus il était persuadé que la lettre était un faux. Un ancien président du Conseil et ministre de l'Intérieur du calibre d'Albert Sarraut ne produirait jamais un document aussi compromettant, surtout au vu de son passé troublé. Il s'agissait plus certainement d'une nouvelle entourloupe imaginée par l'esprit torturé de Bory. La lettre avait eu le mérite de mettre Cardella sur la piste d'un probable scandale immobilier dans les vieux quartiers. En lui confiant cette clef de consigne, l'inspecteur révoqué obligeait en quelque sorte Grimal à poursuivre l'enquête entamée par le gardien de la paix. Bory pensait certainement qu'elle pouvait lui fournir des éléments pour atteindre Sabiani, voire d'autres ennemis politiques de son véritable patron, Sarraut lui-même. Ce pli sans enveloppe, sans destinataire pouvait en outre faire porter les soupçons sur le nouveau dirigeant du PPF, même si Grimal voyait mal Albert Sarraut donner du « cher ami » à celui qui avait si souvent tenté de l'abattre. Mais en politique, les haines d'hier pouvaient devenir les alliances du jour.

Laissant la lettre de côté, il se consacra aux autres éléments trouvés dans le dossier laissé par Cardella. C'étaient, pour l'essentiel, des cartes et des plans du vieux Marseille, détaillant le projet Greber, le quartier en l'état et sa configuration une fois démoli et reconstruit. À l'exception de quelques bâtiments historiques comme la Maison diamantée, l'hôtel de Cabre ou la Vieille Charité, la ville nouvelle ne laissait presque rien debout des anciennes bâtisses du Panier, de Saint-Jean et de Saint-Lazare. Le quartier réservé, où se concentraient la prostitution et les trafics en tout genre, était rayé d'un trait de plume, et Grimal s'étonna que Sabiani eût pu cautionner une telle destruction. Il était vrai que ses amis Carbone et Spirito avaient délaissé la zone pour y laisser s'établir les Guérini. Ce pouvait être l'une des raisons pour le maire socialiste Tasso de s'opposer à ce projet qui dépossédait ses soutiens dans le Milieu.

La pièce la plus intéressante était un plan cadastral que Cardella avait colorié îlot par îlot, comme pour délimiter des zones bien distinctes à l'intérieur des quartiers concernés. Trois couleurs dominaient et, si

aucune légende ne venait expliquer à quoi elles corres-
pondaient, Grimal en déduisit qu'elles représentaient
le partage qu'avaient prévu d'effectuer les promoteurs
de l'opération. Il se demanda si ces parcelles avaient
déjà été vendues ou s'il ne s'agissait que de projec-
tions. Si Cardella avait pu si fidèlement identifier ces
lots, c'est qu'ils avaient déjà dû être vendus. À qui ?
Il se leva, attrapa son chapeau et annonça à Arlette
qu'il sortait. Elle bougonna :

— Tu me dis que tu as du travail, et voilà que
tu sors ! Et on peut savoir où se rend monsieur le
chef de la Sûreté ?

— Dans le quartier réservé !

Elle leva les yeux au ciel et maudit cette semaine
des deux dimanches qui faisait décidément de l'oisiveté la mère de tous les vices.

69

Adèle ! Ma belle Adèle ! Ça y est, l'heure approche.
Prépare mes affaires ! Défroisse mon chapeau ! Passe la
brosse sur mon veston, resserre mon nœud de cravate.
Lace mes meilleurs souliers. Cette fois, nous partons.
Nous rentrons. La Corse m'attend. Elle nous attend.

La mort allait plus vite que les navires de Fraissinet.
Il se retrouva à la porte de la bicoque. Elle était
entrouverte, alors il entra sans frapper. La masse
voûtée du vieil Octave obturait la lumière de l'unique
fenêtre. De dos, le vieil homme chargeait son fusil.
— *O Ziu, chi scumbati ?*
Octave se retourna. À son regard impavide, Antoine
comprit que le vieillard ne rigolait pas. Il leva le fusil,
le mit en joue. Et tira.

— Oui, Carbone, je pars en Corse. Un article pour
le journal.
— Vous avez bien de la chance, mon petit Raoul.
Si vous avez besoin de recommandations, n'hésitez pas.
— Je ne pense pas. Je me rends dans un petit
village de montagne. Je doute que vous y ayez des
contacts.

— Je pourrais vous surprendre. Et tous nos petits villages sont de montagne !

— Zevaco, cela vous parle ?

— Et pardi ! Mais pour un trou, c'est un trou, qu'allez-vous faire là-haut ?

— Rencontrer quelqu'un. En tout cas je l'espère.

— Méfiez-vous cependant, Raoul, les gens sont bizarres là-haut. Ils sont honnêtes. Vous n'avez plus l'habitude. Ils ont même donné naissance à un pape !

— Vous savez ce qu'on dit : trop beau pour être honnête...

Carbone lui tendit une Dunhill.

— Si vous avez le temps, descendez donc chez moi à Propriano, c'est à une demi-heure à peine.

— Avec plaisir. Que dois-je y faire ?

— Allez voir un de mes amis, Daniel Montana. Vous le trouverez au café le Lido. Dites-lui simplement que nous passerons la Noël à Cassis.

— C'est tout ?

— C'est tout.

70

Le 43 de la rue Caisserie était une bâtisse sans âge, érodée par les siècles et rafistolée par les occupants successifs qui, venus des quatre coins de la planète, y avaient ajouté une couche de remblai pour effacer les fissures de la maison et celles de leur passé. Grimal se glissa sous le porche. De la courette intérieure, la demeure révélait une partie de sa splendeur initiale. Les balcons ouvragés trahissaient une construction ancienne, antérieure sans doute à la Révolution. La fontaine de pierre de Cassis, condamnée, avait dû à l'époque être un luxe appréciable. Aujourd'hui, des cordes couraient d'une fenêtre à l'autre, enguirlandées de caleçons, de culottes, de bleus de travail et de torchons. Il tapa au carreau crasseux de ce qui devait être le logement de la bignole. Elle surgit derrière lui, de retour d'une ronde dans les étages, ses cheveux filasse rassemblés en un chignon.

— Bonjour, ma toute belle ! Commissaire Grimal, de la Sûreté nationale.

— Si je peux me permettre, c'est écrit sur votre figure.

— Quoi donc ?

— Que vous êtes de la flicaille, permettez-moi l'expression. Alors qui a tué qui ?

Grimal s'esclaffa.

— Oh, mais personne, rassurez-vous ! Je passais dans le quartier et l'occasion faisant le larron, je me suis dit que je pouvais peut-être me renseigner sur une affaire qui m'occupe. Cet immeuble a-t-il été vendu récemment ?

La commère sursauta.

— Oui. Comment vous savez ça ? La vente n'a même pas été conclue. Attendez…

Elle porta une main à sa bouche et cria.

— Georgette ! Georgette !

Au bruit d'une espagnolette que l'on poussait avec difficulté, une fenêtre s'ouvrit au premier et une autre vieille y passa la tête.

— Ho, qu'est-ce qui t'arrive ?

— Tu faisais la sieste ?

— Et pardi !

— C'est qu'il y a là un monsieur de l'Évêché qui veut savoir si l'immeuble a été vendu.

— Oh, pôvre ! Je descends.

Dans l'attente, la bignole glissa à Grimal que c'était la propriétaire. La petite bonne femme qui se matérialisa au pied de l'escalier était vêtue avec sobriété mais élégance. Elle se campa face à Grimal.

— Qu'est-ce que vous voulez savoir au juste ?

Le flic retira son chapeau.

— Je mène ma petite enquête sur des ventes d'immeubles dans le quartier et on m'a dit que le vôtre avait été vendu. D'où ma présence.

La vieille se frotta les mains.

— Écoutez, oui et non. Enfin, je veux dire l'immeuble a été vendu, mais pas tout à fait. C'est-à-dire qu'un homme est venu pour savoir si j'étais vendeuse. Un notaire ou un avoué. Eh oui. Je voulais vendre. Parce que je suis vieille et que je n'ai plus la force de m'occuper de tout ça et que, si je loue à des braves gens, ils n'ont pas trop les moyens de me payer en ce moment.

— Et la vente n'a pas abouti ?

— Eh bien, non. Cet homme m'a donné une grosse somme d'argent en liquide en acompte, me promettant que la vente définitive se réglerait rapidement à son étude. Et puis, quelques mois plus tard, il est repassé pour me dire que la vente était repoussée.

— C'était quand ?

— Un peu plus d'un an.

— Après les élections municipales ?

Elle cligna des yeux pour réfléchir.

— Oui, deux, trois semaines après.

Grimal opina.

— Et cet homme avait un nom ?

— Oui. Il m'a donné un reçu. Attendez, je monte le chercher.

Il l'accompagna pour éviter qu'elle n'ait à redescendre. La rampe en bois agrémentée de têtes de chat, les larges marches étaient celles d'une maison bourgeoise, qui avait dû être l'hôtel particulier d'un notable du XVIᵉ ou du XVIIᵉ siècle. La pierre ravinée de l'escalier portait la marque du temps et du lent déclin du quartier, aujourd'hui peuplé de ces Napolitains, de ces Siciliens et de ces Corses venus à Marseille trouver ce pain que leur terre natale leur refusait. L'intérieur de la propriétaire était un paradis pour les napperons en dentelle. Il y en avait partout. Sur le manteau de la cheminée, les fauteuils, les buffets, la gibassière au fond du salon et la table ronde où elle l'invita à s'asseoir.

— Attendez-moi là.

Elle farfouilla dans le tiroir d'un des buffets et en sortit une feuille pliée en deux qu'elle tendit à l'enquêteur. *Me Richard, marchand de biens, 1, rue Mazagran.* Il nota l'adresse et remercia la vieille dame.

— Si je peux être utile à la police.

— Vous l'êtes.

— Vous savez que le quartier doit être démoli ?

— Il paraît.

— C'est aussi pour ça que je voulais vendre. Ce... Richard m'a clairement laissé entendre que, bientôt, tout ça ne vaudrait plus un clou quand la mairie aurait décidé de nous exproprier.

— C'est possible. En tout cas merci, chère madame, de votre amabilité.

Elle proposa un café qu'il déclina et prit congé.

Au moment où il passait devant la loge de la concierge, elle le héla.

— Commissaire ! Vous devriez aller voir Cerruti, au 27. Là-bas, je crois qu'ils ont eu des problèmes avec ces histoires de vente.

— Merci du tuyau.

À l'adresse indiquée, le portail était fermé. Il tapa à un carreau. Sans succès. Il chargerait Théroz de s'y rendre. En courant après un tram, il se demanda ce que fichait son collègue de la Mondaine. Peu ou pas de nouvelles depuis qu'il l'avait mis sur les traces du fantôme de Cardella. Cela cachait quelque chose. D'autant que Filori lui avait confié entre deux couloirs que sa pute l'avait largué. S'était-il trompé sur toute la ligne ? Théroz n'était-il qu'un corrompu de plus dans le service ? Il soupira, se promit de surveiller le gavot. Son silence était un aveu. Ou plutôt un cri à l'aide. Devait-il l'aborder de front ? Pour l'instant, il allait lui accorder le bénéfice du doute. Le laisser venir.

71

On frappa à la porte. Voilà trois jours qu'Adèle n'était pas allée travailler. Elle se cabra, ne répondit pas. On tapa encore. Plus fort cette fois. Et à coups répétés. C'était lui.

— Adèle ! Ouvre. Je sais que tu es là.

Elle se terra au fond du canapé.

— Adèle ! Je vais enfoncer la porte. Faire sauter la serrure d'un coup de pistolet. Tu auras l'air maligne devant les voisins !

Un choc énorme ébranla les gonds. Il recommença. Elle se leva. Les larmes avaient séché au creux de ses yeux. Elle s'approcha. Elle sentait sa présence juste derrière, hésita à le surveiller par l'œilleton.

— Va-t'en ! Je ne retournerai pas au café !

Re-choc. Elle perçut comme un craquement.

— Arrête !

Elle tira le verrou. Il tenait une arme brandie devant lui. La leva légèrement et fit semblant de tirer. Il cria :

— Pan !

Elle gémit.

Lui éclata de rire.

— Tu ne croyais quand même pas que j'allais tirer !

Si, elle l'avait cru. Elle avait aperçu dans ses yeux une lueur fugitive de cruauté. Elle tremblait et se laissa tomber dans ses bras.

— Je ne retournerai pas au bar. Je n'y retournerai pas ! Ce n'est pas la peine de venir me tourmenter. Tu peux me battre, me tirer dessus. Je ne reviendrai pas.

— Et qu'est-ce que tu vas faire, alors ?

— Je vais retourner à l'atelier. Chez Thiéry. Reprendre la vie d'avant.

Il la repoussa d'un ricanement.

— Parce que tu crois qu'ils t'attendent alors que ça débauche dans toutes les usines de la ville ? Et quand bien même ! Tu pourrais payer ton loyer pour cet appartement avec ta paie chez Thiéry ? Ne sois pas idiote !

— Je ne retournerai pas au bar.

— Non, tu n'y retourneras pas.

Elle le fixa sans comprendre. L'interrogea du regard.

— Tu m'as bien entendu. Tu ne retourneras pas au bar. C'est d'accord.

Son visage s'éclaira. Il ordonna :

— Assieds-toi.

Elle se posa sur le bas du sofa.

— Y a quelque chose à boire dans ta turne ?

Il disparut dans la cuisine, en ramena une bouteille de Berger et deux verres.

— Écoute-moi bien, ma petite Adèle. Tu ne retourneras pas au bar et pour cause… Tu n'as plus besoin de m'espionner à présent que tu sais que je n'ai pas tiré sur ton mari. Si j'avais tiré sur lui, il serait mort. Et on n'aurait jamais retrouvé son corps. Je l'aurais coulé dans du béton, découpé en morceaux, dissous dans la chaux. Tu comprends ? Je suis un professionnel.

Je fais les choses comme il faut. Mais je ne tue pas les gens au petit bonheur, pour le plaisir. Il me faut une excellente raison et je n'en avais aucune de tirer sur Antoine. C'était un pourri sans envergure. Et nous l'utilisions pour nos combines autant qu'il nous utilisait pour ses petites enquêtes. C'était un médiocre. Il ne gênait personne.

Elle sentit monter des sanglots.

— Alors qui ?

— Tu sais très bien qui. Ces enculés de Guérini ! Parce qu'ils ont intérêt à mettre le oaï ! Parce que, dès qu'un homme meurt dans cette ville, on va accuser Carbone et Spirito ! Et qu'ils en profitent pour tirer les marrons du feu. Je suis sûr que ton mari savait des choses sur eux. Il n'a pas laissé de documents ?

— J'ai tout donné à la police.

— Tu permets que je regarde ?

Elle haussa les épaules et prit le verre de Berger à deux mains. Il farfouilla un peu partout, dans les buffets, dans la chambre, dans le bureau où Grimal était déjà passé avant lui. Il regarda sous le lit, au-dessus des armoires, derrière le réservoir d'eau sur le balcon. Rien.

— Merde… Ce sont les Guérini, je te dis. Je le sais !

Il se laissa tomber sur le canapé à côté d'elle.

— Écoute-moi. J'ai une idée. Je ne te force à rien. Si tu veux ta liberté, je te la rends. Mais écoute-moi. Les Guérini ouvrent ces jours-ci un établissement rue Sénac. Je ne te cache pas que c'est une maison de passe. Mais dans le genre haut de gamme. Nous avons un accord avec eux, un pacte de non-agression, si tu veux. Mais pour les gens, c'est symbolique, ce claque ! Les frères Guérini traversent la Canebière. Ils viennent sur les terres de Carbone et Spirito. Ils marchent sur nos plates-bandes. En vertu de notre accord, je dois pouvoir te faire embaucher là-bas.

Adèle se redressa. Le brava.

— Comme quoi ? Comme pute ?

Il se leva à son tour.

— Ne sois pas stupide. Bien sûr que non. Ils ont besoin de quelqu'un pour l'accueil. Tu feras le même boulot qu'à l'Amical. Juste mieux payé.

Elle protesta.

— Dans un bordel !

— Et alors ? Tu le dois à ton mari. Là-bas, tu pourras observer à loisir cette engeance de Guérini. Et me renseigner en même temps. J'ai besoin de quelqu'un dans la place. Et si tu veux venger Antoine, c'est l'occasion rêvée.

— Mais les Guérini ne sont pas des abrutis ! Pour eux, je serai ton espionne. L'espionne à Spirito ! Sa pute...

Il éclata de rire.

— Si tu étais ma pute, je ne t'enverrais pas rue Sénac, mais au Caire ou à Tanger !

Elle fit quelques pas jusqu'à la fenêtre, écarta le rideau, observa la voie ferrée qui filait vers l'est. Des nuages bas annonçaient l'automne.

— Je ne sais pas. Je vais réfléchir.

72

Thénoz était passé le matin même au 27 de la rue Caisserie et avait interrogé le dénommé Cerruti, qui gérait lui-même cet immeuble dont il était en partie propriétaire.

— Voilà un an, un marchand de biens est venu le voir pour lui proposer d'acheter l'ensemble. Cerruti a répondu qu'il n'était pas vendeur. L'homme a insisté, proposant une forte somme en liquide. Devant le refus répété du propriétaire, il lui a expliqué que l'immeuble faisait partie d'un secteur appelé à être détruit dans le cadre de la rénovation du quartier. Cerruti a rétorqué qu'il entendait ce refrain depuis qu'il était né, et que le quartier n'avait jamais été rénové. L'homme a laissé sa carte. Il s'agit d'un démarcheur du nom de Richard...

— 1, rue Mazagran.

— C'est cela, patron. Mais ce n'est pas tout. Ce Richard est revenu quinze jours plus tard avec une offre encore plus alléchante, ajoutant que ce serait la dernière et que Cerruti aurait tort de refuser.

— Mais il a refusé quand même.

— Le type est né dans cet immeuble, il en connaît tous les occupants et, comme il le dit, s'il n'est pas forcément d'un bon rapport, il lui permet de vivre décemment.

— La bignole que j'ai interrogée au 34, m'a parlé de problèmes avec la vente.

— Oui. Peu de temps après les passages de ce Richard, plusieurs incendies se sont déclarés dans l'immeuble. Dans un local à poubelles et surtout une nuit dans la cave. Heureusement, Cerruti est insomniaque et il a senti l'odeur de la fumée. Sinon, comme il le dit, ils cramaient tous.

— Bien. Tu peux chercher si d'autres incendies ou dégradations ont été signalés dans le quartier depuis un an ?

Théroz marqua une pause, comme s'il hésitait à parler. Il se racla la gorge. L'automne arrivait.

— Je m'en occupe.

Le gavot quitta l'Évêché en nage, le ventre noué. C'était insupportable de vivre ainsi dans le mensonge. Il n'allait pas pouvoir tenir beaucoup plus longtemps. La patience n'était pas son fort. Et l'anis n'était pas la meilleure des béquilles. Il fallait que quelque chose cède. Et vite. Il avait désormais une alternative. Entre Guérini et Grimal se trouvait à présent ce troisième larron, dont Audibert lui avait soufflé le nom. Était-il d'ailleurs encore en vie, au fond du réservoir ? Le manque d'alcool avait dû creuser son ventre, le larder de crampes et de douleurs. Il imaginait les mirages abjects du *delirium tremens*, les ombres douteuses rôdant sur les murs moites de la citerne, l'odeur putride des cadavres décomposés, ces yeux blancs posés sur des lambeaux de chair épiant l'agonie du poivrot, ces mâchoires jaunies ricanant de son impuissance. Il se figurait les vains hurlements du malheureux, que ne pouvaient entendre que des âmes égarées, qui s'empresseraient de fuir bien loin de ces cris d'outre-tombe. Ces pensées le faisaient sourire. Le calvaire du salopard apaisait un peu sa rancœur, sa colère rentrée.

La rue Mazagran longe la Canebière pour déboucher sur le parvis du lycée Thiers. Grimal connaissait bien les lieux pour avoir effectué une partie de sa scolarité dans le plus vieux bahut de la ville. Encaissée, plongée dans l'ombre à toute heure, inhabitée la nuit, la voie abritait pour l'essentiel des études de notaires ou d'avoués, les bureaux d'obscures compagnies d'assurances et de courtiers. Deux bars borgnes se disputaient la clientèle d'une poignée de retraités faméliques, trop pauvres pour s'arsouiller un peu plus loin chez Charley, la brasserie à la mode. L'étude de Bruno Richard se situait au premier étage du 1, et son ouverture côté cours Garibaldi laissait entrer un peu de lumière. Affable, la poignée de main franche, les lèvres fines dessinant un sourire, il inspirait confiance. Peut-être trop.

— J'ai en effet entamé des démarches pour l'acquisition de lots dans les vieux quartiers. J'ai même obtenu la signature de plusieurs promesses de vente, dont certaines restent valides. Malheureusement, aucune ne s'est encore réalisée.

— Vous travailliez pour votre compte ou pour celui de clients ?

— Des clients qui, parce qu'ils ne résident pas à Marseille, ont eu besoin d'un homme de l'art pour effectuer ces démarches à leur place.

— Peut-on savoir de qui il s'agit ?

Le sourire du marchand de biens s'affina. Ou se crispa.

— Pour l'essentiel, des retraités installés en Corse qui voulaient placer leurs économies dans la pierre.

— Combien sont-ils ?

Richard feuilleta le dossier étalé devant lui.

— Quatre.

— Ça ne vous a pas étonné, cet engouement subit de retraités corses pour des immeubles dans les vieux quartiers de Marseille ?

— Non. Pourquoi ? Le quartier est peuplé de Corses. Ils souhaitaient sans doute y installer de la famille, des proches.

Grimal laissa son regard glisser sur les classeurs qui tapissaient les murs.

— On m'a parlé d'avances en liquide. C'est une pratique courante ?

— Vous savez, les vieilles personnes ne font pas trop confiance aux banques. Surtout en Corse.

— Et savez-vous pourquoi ces ventes n'ont finalement pas eu lieu ?

Richard se grattait la tête.

— Pas vraiment. Mais les transactions sont loin d'être achevées. Mes clients attendent peut-être une meilleure période. Vous n'êtes pas sans savoir que la situation politique n'encourage pas les acquisitions.

— C'est la faute au Front populaire…

— En quelque sorte.

— Avez-vous entendu parler du plan Greber ?

Les yeux noirs du démarcheur s'embrasèrent.

— Ne pas en avoir entendu parler, dans mon métier, serait une faute.

— Et qu'en pensez-vous ?

— Je n'ai rien à en penser. Mais si vous cherchez à me faire dire que cela pouvait être une opportunité pour mes acheteurs d'effectuer une belle plus-value en cas de démolition, la réponse est oui.

— Vous n'avez pas pensé qu'il pouvait s'agir de prête-noms ?

— Je n'ai pas à penser ce genre de choses. Des clients viennent me voir. Ils veulent acquérir des biens, ils ont de l'argent. Que voulez-vous que je vous dise ? Je fais mon métier.

— Mais vous êtes un professionnel. Qu'en pensez-vous ?

— C'est possible. Tout est possible. Nous sommes à Marseille. Mais il n'est pas si facile de frauder l'État et les pouvoirs publics. Les transactions immobilières laissent des traces. Il faut des actes de vente, des actes de propriété. Acheter *via* des prête-noms est risqué ou repose sur une confiance absolue envers ses intermédiaires.

— Pensez-vous que le rejet du plan Greber est la raison pour laquelle ces transactions ont été repoussées ?

— Peut-être. Vous imaginez bien que j'ai intérêt à ce que ces ventes soient effectives. Mais je ne suis pas sûr qu'il y ait eu relation de cause à effet parce que, d'après ce que je sais, d'autres acquisitions ont été effectuées dans le quartier par certains de mes confrères depuis l'élection d'Henri Tasso. Et à ma connaissance pas pour le compte de mes retraités corses.

— Auriez-vous l'amabilité de me fournir la liste de ces hommes ?

— Mais bien sûr.

Richard lui tendit la feuille. Grimal chaussa ses lunettes. Dominique Lombardi, Augustin Leonetti, Octave Cardella, Jean-Pascal Campinchi. Le commissaire reposa ses lunettes sur le bureau. Le marchand de biens remarqua le léger tremblement de sa main. La question tarda à venir.

— Vous… les avez tous rencontrés ?

— Oui.

— Lombardi ? Leonetti ? Cardella ?

— Tout à fait. M. Cardella même assez récemment.

— Quand cela ?

La réplique avait jailli comme un réflexe.

— Voilà… cinq mois.

— En avril.

Ce n'était pas une question.

— Oui, c'est cela. Juste avant les élections.

Le commissaire répéta comme pour lui-même :

— Octave Cardella était à Marseille quelques jours avant les élections d'avril.

Richard interrompit ses pensées.

— Oui. Pour me confirmer que la vente était suspendue et pour savoir si je pouvais prolonger les promesses de vente.

73

L'entrée dans le port d'Ajaccio n'avait rien de spectaculaire. Le golfe n'affichait pas la beauté alanguie de la baie de Marseille lustrée par un soleil matinal. Ni la blancheur éblouissante d'Alger. Encore moins la splendeur écrasante du Bosphore pris en tenaille par les maisonnettes dévalant les flancs d'Istanbul. C'était une petite préfecture assoupie au pied de deux collines modestes. Elle n'en jetait pas. L'âme corse, secrète et montagnarde, narquoise peut-être, avait réservé la vue la plus époustouflante aux morts. Le cimetière étalait ses tombes roses le long du flot rougi des Sanguinaires, rappelant au visiteur imprudent que les beautés de l'île confinaient au tragique.

Raoul sortit sur le pont au lever du soleil. Aucun oiseau marin ne daignait ce matin accompagner leur arrivée au port. Sur le quai, des forains installaient les étals d'un marché, des chapelets d'hommes et de femmes attendaient l'accostage. La sirène du bateau se fit discrète pour ne pas troubler le sommeil des lève-tard. La proue percuta doucement l'appontement ; une tape amicale à un cousin retrouvé. Le journaliste avait réservé une chambre à l'hôtel de France sur le cours Napoléon, sans trop savoir s'il resterait longtemps sur l'île. Il avait pensé passer au bureau du journal *La Corse*, où officiait le correspondant insulaire du *Petit Parisien*, mais l'hôtelier, à qui il demandait la route pour se rendre à Zevaco, proposa de lui prêter sa voiture. Dès neuf heures, Raoul empruntait « la nationale » en direction du col de Saint-Georges. La route était meilleure qu'il ne l'avait pensé et la légère brume du matin se dissipa très vite. Le chemin se faisait plus abrupt et plus encombré de charrettes et de bétail lorsqu'il bifurqua vers l'intérieur des terres après Santa-Maria Siché. Plus sinueux aussi. Défoncé par endroits, le revêtement le ballottait de droite et de gauche et il ne croisa sur la fin du parcours qu'un camion de livraison arrivant en sens inverse et qui le klaxonna avec ardeur en le traitant du nom d'oiseaux inconnus sur le continent.

Enfin apparurent, jetés sur une crête en surplomb d'une vallée encaissée, les toits de tuile des premières maisons de Zevaco. Comme tant de villages corses, celui des Cardella s'agrippait au bord de la route, le long de champs disposés en restanques et de bois touffus où s'enfonçaient des chemins sombres. Raoul se gara au coin d'une impasse, devant l'Auberge du Taravu, où il entra d'un pas hésitant, les jambes engourdies par le trajet. Il commanda un café, que le patron, intrigué par l'irruption du *pinsut*, lui servit d'un air enjoué.

— Et vous venez de loin ?

L'intonation était traînante, la curiosité sincère. Zevaco ne recevait guère d'étrangers en automne.

— De Marseille.

— *Oimè !* Ça fait une trotte. Vous êtes arrivé avec le bateau d'Ajaccio ?

— C'est ça.

— Et vous allez loin, comme ça ?

— Pas plus loin qu'ici.

L'aubergiste se servit lui-même dans la cafetière et constata :

— C'est vrai qu'il n'y a presque rien à voir après nous. Sauf si vous allez prendre les bains à Guitera.

— Ce n'est pas le cas.

Le jus était amer, mais Raoul apprécia le retour du silence. Deux hommes entrèrent, l'un portant une hache sur l'épaule. Ils saluèrent le taulier en corse, dévisagèrent le visiteur sans mot dire et se posèrent à une table. Raoul demanda combien il devait et jeta sur le bar quelques piécettes.

— Vous savez où je pourrais trouver Octave Cardella ?

Les deux clients levèrent les yeux.

— Qu'est-ce que vous lui voulez, au *véchju* ?

— Je suis un ami d'Antoine.

L'aubergiste marqua un silence. L'homme à la hache se leva et s'approcha du journaliste.

— Ça y est ? Il est mort ?

— Non, pas encore. Mais cela ne saurait tarder.

— Vous allez ramener Octave à Marseille ?

— Je ne sais pas encore. Je vais lui parler.

L'aubergiste lui indiqua une des dernières bicoques sur la route, juste après l'église.

— Ramenez-le à manger. J'ai fait des côtelettes. Et le vin du coin est pas mal, vous verrez !

Le client se faisait rare. Toutes les occasions étaient bonnes à prendre. Raoul remercia la compagnie et monta vers l'église.

Il dénicha facilement la maison, jetée dans un renforcement au creux d'un virage à la sortie du village. La porte était entrouverte, alors il entra sans frapper. La masse voûtée du vieil Octave obturait la lumière de l'unique fenêtre. Raoul se racla la gorge.

Le vieux se retourna. Il tenait un fusil, qu'il braqua sans agressivité en direction de l'intrus. Il le détailla, identifia un étranger et laissa un peu de mou à son arme.

— Qu'est-ce que vous voulez ?

— Je suis un ami d'Antoine.

— Ça y est ? Il est mort ?

— Non. Pas encore.

Le canon se redressa un poil.

— Alors qu'est-ce que vous foutez là ?

Raoul soupira longuement.

— Je suis venu vous voir parce que je pense que c'est vous qui avez tiré sur Antoine.

Le rire du vieil homme fusa comme une détonation.

— *Avà !* Alors vous, vous êtes gonflé ! Et vous êtes venu tout exprès de Marseille pour me dire ça !

— Je suis journaliste, lâcha Raoul, comme si cela justifiait tout.

Octave Cardella agita le fusil devant lui.

— Et moi, je suis chasseur. Je peux très bien tirer là, maintenant, tout de suite ! Croyez-moi, on ne retrouvera jamais votre corps !

— On sait que je suis ici.

Le rire du vieil homme gronda comme une menace.

— Si vous voulez parler des gens de l'auberge, ils ne vous ont jamais vu. Et même à Ajaccio, vous n'existez déjà plus. On ne retrouvera pas votre auto non plus. Vous savez, le maquis est vorace.

Raoul avança d'un pas qu'il voulait nonchalant. Le fusil se cabra.

— Vous avez tiré sur Antoine. Le jour de l'agression, vous étiez là. Vous étiez à Marseille. J'ai des témoins qui l'affirment.

— Et alors ? J'y ai des amis, de la famille. On est en république !

— Et Antoine, vous êtes allé le voir ? Grâce à un ami flic, j'ai pu avoir accès au dossier de l'enquête. Vous n'apparaissez nulle part. On ne vous a pas interrogé. Vous êtes là le jour où l'on tente d'assassiner votre neveu, et même le lendemain, j'en ai la preuve, et vous ne restez pas à Marseille ? Vous ne vous rendez même pas à son chevet ? Vous rentrez discrètement en Corse ! Pourquoi ?

Octave baissa la tête, fit quelques pas en direction du râtelier au-dessus de la porte et y accrocha le fusil.

— Vous ne pouvez rien prouver, de toute façon. Et je n'avouerai pas. Ou plutôt, j'avouerai quand je l'aurai décidé. Quand ce sera utile.

Raoul sentit qu'il le tenait. Son hôte lui désigna un fauteuil élimé dans lequel il s'assit, les jambes croisées.

— Pourquoi avoir fait ça ? Pourquoi avoir tiré sur votre neveu ?

Le vieillard resta debout, le dos contre le mur, en face de lui.

— Vous le savez bien. C'était un pourri, une bordille. Il a sali le nom de Cardella. Un nom qui ne se portera plus. Je n'ai pas eu d'enfant.

— Et son frère est prêtre.

— Vous en savez des choses. Oui, son frère est prêtre. Vous imaginez ça ! Moi ! Une figure locale du socialisme, qui ai combattu toute ma vie les malhonnêtes et les curés ! Antoine a pris pour les autres.

Le silence installait entre eux une barrière invisible. Octave n'avait rien à ajouter. Raoul tenta d'en savoir un peu plus.

— Pourquoi n'avoir tiré qu'une balle ?

— Et qu'est-ce que ça peut faire ? Il ne méritait pas le prix de deux. Et je me suis dit que, s'il survivait un peu, cela lui servirait de leçon. J'espère qu'il a pu ruminer et qu'il rumine encore tout le mal qu'il a fait. À son nom. À sa famille. Aux valeurs dans lesquelles son pauvre père a tenté de l'élever.

Il se redressa, proposa un alcool qu'il alla dégoter dans la cuisine sans attendre la réponse de son visiteur. C'était une grappa âpre comme la rocaille, qui remontait par les narines, y laissant un goût de tourbe.

— Une chose que je ne comprends pas, c'est pourquoi vous l'avez abattu maintenant ? Cela fait des années que votre neveu a dérapé. Qu'il est sorti du droit chemin. Alors pourquoi ?

— Parce que je ne le savais pas ! Je me doutais bien qu'il y avait un problème, j'ai moi-même été flic pendant trente ans.

Il se retourna, dévoilant son portrait en poilu, et la croix de guerre encadrée, sous verre.

— Je me disais quand il passait des semaines et des mois ici, « en maladie », qu'il n'était pas le gardien de la paix exemplaire dont je rêvais. Mais je ne soupçonnais pas l'ampleur des dégâts.

— Et comment l'avez-vous appris ?

— J'ai gardé de bons amis à Marseille, des amis influents, qui m'ont tout raconté. Sa déchéance, sa corruption, ses trahisons, ses basses besognes pour ces crapules de Carbone, Spirito et Sabiani. Antoine était devenu un moins-que-rien, un traître. Je n'avais pas le choix. Je l'ai fait pour moi, mais je l'ai fait surtout pour lui. J'espère que son agonie lui a ouvert les yeux. Qu'il pourra se présenter devant son créateur, s'il existe, purifié, repenti.

Raoul se leva et posa le verre vide sur la table.

— L'arme ? Qui vous l'a donnée ?

Octave secoua la tête, un sourire aux lèvres.

— N'insistez pas. Je n'ai plus rien à vous dire. Vous en savez déjà plus qu'assez.

Le journaliste rajusta son chapeau.

— Je crois que je vais partir.

— La porte est ouverte.

— Allez-vous vous rendre aux gendarmes ?

— Non. Et vous ? Allez-vous m'accuser dans votre journal ?

Raoul hésita. Tendit la main au héros de la guerre.

— Non. Je ne crois pas.

Octave accepta la main tendue. Ils restèrent un instant figés, à se jauger. Puis Raoul baissa les yeux et regagna sa voiture.

Il fit route vers Propriano comme dans un songe, perdu dans ses réflexions et ses doutes. Octave Cardella était un assassin, sans doute. Mais il n'avait jamais trahi ses valeurs. Raoul comprit qu'il était temps pour lui de se reconstruire.

Le Lido était un grand café sur le port. Daniel Montana y était bien connu. On lui jura qu'il arrivait. Le temps d'un café, c'était vrai.

— Paul Carbone m'a demandé de passer.

— Et comment va ce bon Venture ?

— Fidèle à lui-même. Il m'a seulement prié de vous dire que vous passeriez Noël à Cassis.

— Cassis ! Eh bien, ce ne va pas être du gâteau. Plutôt de la bûche ! Dites-lui que ça m'embête, mais que nous allons le faire.

Raoul ne chercha pas à en savoir plus. Il n'attraperait pas le bateau du soir. Il rêva d'un plat de figatelli à l'œuf et d'une bouteille de Patrimonio, voire de deux. Tant pis si demain la traversée était rugueuse.

74

L'automne était là. Le bel été du Front populaire avait été de courte durée. Certes, le travail avait repris et les ouvriers avaient obtenu des avantages considérables, mais les prix augmentaient de jour en jour et la cherté de la vie atténuait les effets des réformes. Le gouvernement de Léon Blum, paralysé par ses alliances, ne tenait qu'à un fil. Une aide trop voyante à la République espagnole, et leurs alliés radicaux-socialistes quittaient le navire. Un coup de vis économique, et Blum perdait le soutien tacite des communistes. Cette corde raide, la droite s'ingéniait à la faire rompre par tous les moyens. Injures, calomnies, intimidation. Ses éléments les plus extrêmes, symbolisés par la trop célèbre Cagoule, n'hésitaient pas à recourir au meurtre. Marseille avait depuis longtemps montré la voie.

Ce n'était plus le combat politique. C'était déjà la guerre. Et les ligues d'extrême droite, que le Front populaire achevait de dissoudre, se recomposaient dans la clandestinité. La France « éternelle », fière de demeurer la fille aînée de l'Église, criait au déclin des valeurs morales et familiales, fustigeait la paresse et l'oisiveté symbolisées par les diaboliques

« 40 heures ». Beaucoup lorgnaient avec envie vers l'Italie ou l'Allemagne pour faire barrage au communisme et endiguer ce déclin « inexorable ». Une presse à scandale, avide de scoops et de rumeurs, s'était développée et accréditait dans l'opinion l'image d'une classe politique corrompue, où les héros de 14 se faisaient moins nombreux.

Le 17 novembre 1936 marqua la première mort du Front populaire. Ce soir-là, de retour d'une réunion dans sa ville de Lille, le ministre de l'Intérieur Roger Salengro, victime depuis des mois d'une campagne de dénigrement sans précédent, croisait en rentrant chez lui l'un de ces bons Français convaincus du déclin national. L'homme le reconnut et, après quelques insultes bien senties, lui cracha à la figure. Salengro, qui se remettait toujours aussi mal du décès de son épouse dix-huit mois plus tôt, et dont la mère vivait ses derniers jours, décampa sans réagir, pressé de retrouver le refuge de son domicile. Il ne put retenir ses larmes alors que son chat, heureux du retour de son maître au bercail, lui faisait la fête. Il prit l'animal dans ses bras, lui servit sa pâtée et le descendit au cellier. Méprisant ses miaulements, il remonta à la cuisine, se servit un verre de vin. Sur la table, il disposa un numéro de *Gringoire*, ouvert sur une double page ressassant ces accusations de désertion dont il avait été innocenté aussi bien par la justice que par ses pairs. Il tira une chaise, passa à son bureau prendre une plume et du papier à lettres. Ayant confié par écrit à son frère et à Léon Blum son état d'épuisement moral et physique, il plongea deux torchons dans l'évier, les roula pour les déposer au pied de la porte de la cuisine. Il ouvrit le robinet de la gazinière.

Son corps fut retrouvé le lendemain matin.

Toute la journée, la foule afflua autour de la maison. Ses amis, ses proches, ses administrés, des anonymes, tous réclamaient vengeance. Accouru de Paris, la voix brisée par l'émotion, Léon Blum dénonçait « le poison de la calomnie » :

— Une fois versé, il continue d'agir, quoi qu'on fasse, dans le cerveau des indifférents, des hommes de la rue. Il pervertit l'opinion par le goût du scandale. Tous les bruits infamants sont soigneusement recueillis et avidement colportés. On juge superflu de vérifier, de contrôler. On écoute et on répète, sans se rendre compte que la curiosité et le bavardage touchent de bien près à la médisance, que la médisance touche de bien près la calomnie et que celui qui publie ainsi la calomnie devient un complice du calomniateur.

Plus d'un million de personnes convergèrent le 22 novembre au cimetière de l'Est pour rendre hommage au maire de Lille.

Il n'y eut jamais d'excuses, jamais de remords. Dans l'esprit de ces assassins de la plume, ce geste désespéré confirmait les soupçons. Salengro était un lâche, la France en guerre.

À Marseille, le même jour, la Fédération républicaine tenait meeting au cinéma Olympia pour soutenir son unique élu marseillais, André Daher. Si, en coulisses, les représentants de cette droite de plus en plus décomplexée discutaient d'un rapprochement inévitable avec le PPF de Doriot, c'est bien sûr le suicide de Salengro qui alimentait les discours.

« M. Salengro s'est suicidé. Paix à ses cendres. Mais n'est-il pas permis de constater que d'autres hommes politiques ont été l'objet d'attaques autrement plus violentes et venimeuses ? Ces notabilités politiques ont tout de même continué la lutte et n'ont pas abandonné le champ de bataille de la vie », notait ainsi le député de la Charente Jacques Poitou-Duplessy, fer de lance de la lutte contre le marxisme qui menaçait, évidemment, le territoire bien plus sûrement que les frontaliers allemands et italiens.

La vraie France rassemblait ses forces.

Grimal se sentait lui aussi pris en tenaille. De fait, la plupart des hommes qui occupaient désormais les postes clefs de son équipe étaient socialistes, proches du pouvoir, proches du syndicat. Comment faire autrement alors que, Moitessier le lui rappelait sans cesse, il fallait coûte que coûte déjouer la contrebande organisée en faveur des généraux putschistes espagnols ? Comment, dans ces conditions, faire confiance à un bon flic de droite qui risquait, à tout moment, d'alerter la presse « nationale » du double jeu qui se jouait sur le port ? Toute sa carrière, le patron de la Sûreté de Marseille avait pu la mener à l'abri des compromissions. Mais le pouvoir corrompait, à moins que ce ne fût la ville. Sans doute un peu des deux. Ici, l'intégrité était comme l'innocence. Elle se perdait un jour. Forcément.

Par chance, Filori effectuait sa tâche avec discernement. Les authentiques pourris pouvaient désormais se glorifier de toucher leur solde à ne rien faire. Et les officiers de police promus par les circonstances, Frégier ou Théroz par exemple, n'étaient pas forcément des militants convaincus, mais plutôt des enquêteurs tenaces et perspicaces. Est-ce que le décès de leur ministre de tutelle allait changer les choses ?

C'était un choc dans la maison, mais le successeur de Salengro, Marx Dormoy, avait une réputation de sévérité qui rassurait.

Xavier avait également conduit, grâce à ses relations insulaires, une enquête discrète auprès des quatre retraités désireux d'acquérir des biens dans le Marseille historique par l'entremise du marchand de propriétés Richard.

— Tous assurent qu'ils ne cherchent qu'à s'assurer une rente pour leurs vieux jours.

— Le contraire m'aurait étonné.

— Mais j'ai réfléchi, comme tu as dû le faire, au montage qui pourrait en faire des hommes de paille.

— Je t'écoute.

Filori posa les paumes sur le bureau et se pencha vers son chef pour mobiliser toute son attention.

— Le détail qui cloche dans cette histoire, c'est que ce sont tous des vieux.

— Mais aussi que l'un d'entre eux est l'oncle d'Antoine Cardella.

— Oui. Mais ça, c'est encore autre chose. Mais pourquoi des vieux ?

Grimal releva ses lunettes sur son front.

— La réponse me paraît évidente. Les véritables commanditaires ont mis en place une sorte de viager qui force nos investisseurs cacochymes à leur léguer ces biens à leur mort.

— Je pense exactement la même chose ! Et c'est pourquoi j'ai fait mener ma petite enquête auprès des notaires de l'île.

— Et alors ?

— Aucun de nos vieillards n'a déposé de testament chez un notaire.

— Et des contrats de viager ?

318

— Pas plus. Mais ce n'est pas étonnant. Aucune vente n'a été finalisée. Ces viagers n'auraient pu se mettre en place qu'après la vente effective des lots.

— Tu as raison. Tant que ces acquisitions ne sont qu'hypothétiques, nous n'avons aucun moyen de remonter jusqu'aux véritables acheteurs.

Grimal laissa sonner le téléphone, un outil auquel il avait pourtant dû se soumettre de meilleure grâce dans ses nouvelles fonctions.

— Et du côté du vieux Cardella ?

— Je le connais bien. C'est un Corse à l'ancienne. Un socialiste du même tabac. Un policier à la retraite en plus. S'il participe à une magouille, ce n'est pas pour son intérêt personnel, c'est évident.

— Tu veux dire qu'il est inconcevable à tes yeux qu'il serve de prête-nom à Simon Sabiani, par exemple ?

Filori acquiesça.

— C'est hors de question, en effet. Et je ne te cache pas que ça m'embête. Mais c'est comme ça.

— Plus je réfléchis et plus je pense qu'un homme est forcément au courant de tout ce micmac et pourrait être prêt à en parler.

— Et qui donc ?

— Ton ami Ferri-Pisani.

Xavier se prit le menton, hocha la tête à plusieurs reprises.

— Tu as peut-être raison. Je lui en parle.

75

Théroz arpentait les rues engourdies du Panier. Le soir, le froid se faisait mordant et les draps, les torchons, les caleçons, les culottes n'obstruaient plus les coins de ciel gris. Les cordes à linge vides striaient le plafond bas, taché de nuages de suie. Marcher l'avait toujours aidé à penser. Il tenait ça de son sang. La solitude des chemins de montagne ne faisait certes pas des bavards, mais des penseurs, certainement. Là-haut, ils ruminaient comme leurs bêtes et ne redescendaient au bourg que lorsque était venu le temps de l'action. En précipitant le fiancé de Betty Stora au fond de la citerne, Théroz avait éliminé le seul témoin gênant pour les escrocs qui avaient assassiné les propriétaires rétifs des vieux quartiers. Ces salopards qui, il en était sûr désormais, avaient aussi éliminé Cardella. Maintenant qu'il savait, autant aller tout raconter à Guérini, confronter leurs points de vue, leurs informations. Le Corse était sans doute le plus apte à sévir, tant ces ordures avaient, depuis de longues années, échappé aux poursuites. C'était même du grand art. Tandis que chacun prenait parti pour Sabiani, pour Tasso, Ponsard ou pour les communistes, pour Carbone, Spirito ou les Guérini, eux avançaient masqués, en toute impunité, ravis de l'ombre que leur faisaient les querelles politiques et mafieuses plus spectaculaires. Le Bègue ne payait pas de mine, il prêtait allégeance aux uns, puis aux autres, au gré de ses intérêts du moment. Mais quelle virtuosité dans l'art de tirer les ficelles ! Tout le monde le connaissait, tout le monde le craignait. Personne pourtant ne parlait de lui, ni même n'y songeait. Et c'était encore plus vrai de son aimable, de son affable protecteur, pourtant perché pendant de longues années au plus haut du sommet de l'État. Leur évidence leur tenait lieu de couverture. Ils avançaient démasqués. Et c'était le meilleur des camouflages.

Tout à ses pensées, le gavot n'avait pas remarqué ce nuage pisseux qui le suivait à la trace depuis la place des Moulins et qui se décidait à déverser sur lui son trop-plein de bile. Il courut se réfugier de l'averse chez Loule.

— Tu tombes bien, y a du monde pour toi.

Il aperçut, le dos calé contre le mur du fond, son embonpoint déversé sur le guéridon, le vieux Gasquet, planté devant une anisette.

— Commissaire ! Je vous attendais.

Théroz tira un tabouret et se posta en face du président du comité d'intérêt de quartier.

— Ce cher Gasquet. Que puis-je faire pour vous ?

— Prenez donc une anisette, je déteste boire tout seul.

Il leva le bras en direction de Loule, qui apporta la bouteille. Gasquet fit lui-même le service.

— C'est un peu embarrassant, commissaire…

— Je vous écoute.

Le vieil homme s'accorda le répit d'une rasade et se lança.

— C'est ma conscience qui me taraude, voyez-vous ? Voilà plusieurs semaines que nous avons visité la réserve et que nous y avons fait une découverte macabre. Et depuis… Rien. Rien dans les journaux, aucune rumeur dans le quartier. Alors je m'interroge.

Théroz sentit ses entrailles se nouer en une boule de haine.

— Vous vous interrogez sur quoi, Gasquet ?

Il se rengorgea.

— Sur les raisons de ce silence. Je suis un honnête citoyen et…

— Vous étiez là, à mes côtés, lorsque cet homme de Guérini est venu nous menacer.

— Je ne savais pas que les Guérini vous faisaient peur, monsieur Théroz. Et je n'ai pas l'intention d'être le complice de vos magouilles avec les voyous !

— Mais de quoi parlez-vous ?

Une veine martelait sa tempe. Son poing sur la table fit tressauter les momies. Un glaçon fila vers le ventre de Gasquet.

— Tout le monde sait que vous êtes à la colle avec une prostituée. Et maintenant, vous travaillez pour Antoine et Mémé ! Si l'on découvre ces cadavres, on viendra forcément m'interroger. Et qu'est-ce que je pourrais bien dire ? En plus, ces trois pauvres gens méritent une sépulture.

— Trois ?!

Un sourire mauvais effila les lèvres fines du gros. Il reprenait la main.

— Oui, commissaire, trois ! Je descends régulièrement à la citerne. Et ils sont trois désormais. Le troisième, je l'ai découvert au pied de la grille, mort de faim ou plutôt de soif. Il a dû crier, crier en vain pour qu'on vienne le secourir. Que faisait-il là, inspecteur ?

Théroz agrippa sa mominette. Sa main tremblait.

— Qu'est-ce que vous voulez au juste ?

Gasquet se pencha vers lui.

— Je suis prêt à faire taire ma conscience pendant quelque temps. Mais tout a un prix, commissaire.

Le rire du gavot ricocha sur les murs.

— Ta conscience ne doit pas valoir bien cher !

— Deux mille francs feront l'affaire.

— Non.

— Allez… Ta pute peut bien te gagner ça.

Le poing partit comme une catapulte. Le sang pissa sur la table ronde et dans l'anis de Gasquet, qui tituba et glissa de la chaise.

— Tu m'aides, Loule, on va le foutre dehors.

Le bistrotier secoua la tête.

— Compte pas sur moi, Lulu. Tu te démerdes. J'en ai ma claque de tes conneries.

76

Depuis son retour de Corse, Raoul ruminait.
Il s'enferma quelques jours dans la fraîcheur du
cabanon, volets clos, refusant de répondre aux appels
de Rebecca qui, à deux reprises, était venue frapper à
sa porte. Le soir, la bouche grasse, saturée de pastis,
il entrouvrait un battant pour observer le clapotis des
barques, se griser de l'éclat des braises que dessinaient
les lampadaires du pont sur l'âtre noir du port. Il
écoutait l'écho des conversations à l'étage du Bar
du Vallon. Parfois, des éclats de voix lui parvenaient
distinctement.

— *Mussolini, ce n'est tout de même pas Staline !*
— *Si ça, c'est un rouget, moi je suis un gobi !*
— *On va tout droit à la guerre !*
— *Puisque je te dis que je l'aime !*

Il se renfermait dans son antre, allumait une cigarette
avec le bout incandescent de la précédente. Ses cendriers
débordaient. Ici, plus personne n'avait d'emprise sur
lui. Et puis, surtout, il n'avait plus peur. Être le pantin
de Carbone, il l'avait plutôt bien supporté. Dans le
grand guignol marseillais, il fallait être la marionnette
de quelqu'un pour exister. Il en avait pris conscience.
Ici, pas de détachement. Ou il fallait aller voir ailleurs.

Rester éternellement un paria, un étranger. Ce qui créait ce splendide isolement de la bourgeoisie locale, c'était justement cet attachement viscéral qui la liait à ses semblables. Cette solidarité indéfectible. Il était devenu marseillais en acceptant les chaînes qui le reliaient à Venture, aux Guérini. La ville ne se donnait qu'à ses esclaves. Et ce n'était pas cela qui lui faisait peur.

Son âme, il l'avait vendue voilà beaucoup plus longtemps.

Et c'est la remarque de Spirito qui avait réveillé cette vieille culpabilité. *Êtes-vous juif ?* Il l'était. Mais avait tout fait pour se détacher de cette judaïté honteuse que ses parents, intégrés à la bonne société parisienne, refoulaient tout autant. Son nom donnait le change. Quand on lui demandait, il évoquait des racines catalanes bien réelles. Ses aïeux avaient fait partie de la riche communauté israélite de Gérone, l'une des plus prospères et respectées d'Espagne, d'où ils avaient été expulsés en 1492. Ces origines étaient si anciennes que plus personne ne pouvait vraiment savoir, même s'il restait de bon ton dans la famille d'épouser une Levy ou une Goldstein. Comment Spirito avait-il su ? Pourquoi le lui demander ? Peu importait d'ailleurs. La question était tombée comme un couperet. Une sentence. Et Raoul comprenait depuis qu'il ne servait à rien de se cacher. De se mentir. Dans la presse, il évitait de lire les articles sur la politique antisémite des nazis, comme ses parents refusaient de parler de l'affaire Dreyfus. Mais on était aussi juif dans le regard des autres. Et ce déni de lui-même ne trompait personne que lui. Voilà pourquoi il s'était perdu.

Au bout de trois jours, ses réserves de Berger épuisées, il sortit braver la vie, prit un café corsé au comptoir, empoigna le téléphone et appela le journal.

— Bon sang, mais où étais-tu passé ?

— En Corse. Je te raconterai. Ou plutôt tu le liras.

— Quand ça ?

— Bientôt.

— Oui, bien en attendant, le patron veut t'envoyer en Espagne.

Raoul pensa suggérer de s'embarquer sur l'un des bateaux de Carbone pour suivre la contrebande de l'intérieur. Mais outre que le tatoué refuserait probablement, c'eût été s'enfoncer encore un peu plus dans la complicité et la dépendance. De toute façon, le patron avait tranché. Il devait se rendre à Barcelone aux obsèques de l'anarchiste Durruti. Ce reportage lui changerait les idées. La guerre clarifiait les pensées, sortait l'esprit du flou, du mi-chemin, de l'à-peu-près. Il avait besoin de prendre des décisions. Mais avant de partir, il avait quelque chose à faire. Une mission. Un devoir.

Adèle ouvrit dès les premiers coups frappés, persuadée que c'était Spirito qui revenait. Elle fut tout étonnée de découvrir Pichotte, le journaliste parisien. Il n'était pas rasé, semblait avoir dormi sous un pont. Il lui avait toujours été antipathique avec ses airs supérieurs, sa garde-robe du dernier chic et, pour tout dire, son côté snob. C'était en plus une créature de Carbone et cela l'exaspérait de voir cette nuée de courtisans s'agiter autour du caïd. Journalistes, starlettes, chanteurs connus ou sur le retour, imprésarios, boxeurs ou footballeurs. Certes, elle était devenue l'employée de Spirito, et en plus sa maîtresse. Mais même si elle se le reprochait encore amèrement, elle n'avait jamais cédé à cette fascination morbide pour tout ce qui brillait. Elle était seulement stupide, désargentée, désemparée, ivre de vengeance et rongée de doutes.

— Je peux entrer ?

Elle hésita.

— C'est que j'allais sortir…

Sa tenue d'intérieur, un peu négligée, démentait ses propos.

— Je n'en aurais pas pour longtemps. Je dois filer à la Joliette, prendre le bateau pour Barcelone.

— Vous partez ?

— Juste quelques jours.

Il fit un pas en avant et elle s'écarta, désignant le sofa du salon.

— Je peux réchauffer du café.

— Oui, je veux bien.

Elle revint, porteuse d'un plateau coiffé de deux tasses. Elle le posa sur la table basse et se cala dans le fauteuil d'Antoine.

— Je vous écoute.

— Je suis venu vous voir parce que je sais qui a tiré sur votre mari. L'agresseur me l'a avoué.

Le cœur d'Adèle fit le saut de l'ange. Elle ne s'attendait pas du tout à cette révélation. Confusément, elle le découvrait à présent, elle avait toujours pensé qu'elle ne saurait pas, que cela resterait le mystère de sa vie. Elle s'écria :

— Qui est-ce ?

Raoul reposa la tasse sur le plateau.

— Son oncle Octave. Il se trouvait à Marseille le jour de l'agression et il est allé se confesser le lendemain auprès du frère de votre mari, qui est prêtre aux Grands Carmes.

Elle en eut le souffle coupé. En restait muette. Octave ? C'est donc pour ça qu'il ne répondait pas aux messages, aux télégrammes ? Mais pourquoi ? Elle s'était persuadée qu'Antoine avait été victime du Milieu, d'un tueur malfaisant agissant pour des mobiles abjects. Qu'il s'agissait d'une machination. Que le monde était coupable, la méchanceté des gens, la pourriture des puissants, des salauds. Mais l'oncle Octave ! Pourquoi ?

— Il affirme avoir appris d'amis à Marseille que votre mari était impliqué dans des affaires pas nettes. Il prétend que l'honneur familial était en jeu, qu'Antoine avait déshonoré le nom de Cardella. Qu'il n'avait pas le choix.

Elle se mit à sangloter.

— Antoine était un brave homme. Je sais bien qu'il ne faisait pas son métier comme il aurait dû le faire. Mais ce n'était pas sa faute. On l'a forcé. On l'a… perverti. C'était un homme gentil. Tellement gentil. Si vous l'aviez connu quand nous nous sommes mariés !

— Je suis désolé.

Elle le dévisagea. Le journaliste avait l'air sincèrement attristé. Que faire maintenant ? On disait que le deuil ne pouvait se faire tant que l'on ne connaissait pas les circonstances du décès. Mais Antoine n'était même pas mort. Et cette explication ne la satisfaisait pas. Ce ne pouvait pas être ça. Pas que ça.

— C'est tout ? Je n'arrive pas à y croire.

Il s'était levé et restait là devant elle, ne sachant trop s'il devait la réconforter, poser sa main sur son épaule. Compatir.

— Non, ce n'est pas tout. Je me suis demandé pourquoi votre oncle avait soudainement décidé d'abattre son neveu. Il y a des années que votre mari a passé les bornes. Alors pourquoi maintenant ?

— Il ne savait pas ! Moi-même je ne savais pas.

— Alors la question est simple : qui le lui a dit ? Et pourquoi ?

Elle se mit à réfléchir.

— Vous pensez que quelqu'un lui a tout révélé précisément pour qu'il venge l'honneur de la famille et qu'il tire sur Antoine ?

— Oui. J'y ai beaucoup réfléchi et je suis convaincu qu'on lui a en quelque sorte tenu la main. Quelqu'un qui a de l'influence sur votre oncle et qui avait intérêt à voir mourir Antoine.

Elle respira un grand coup.

— Qui ? Mais qui donc ?

Raoul se rassit.

— Le vieil Octave m'a parlé d'amis sûrs et de vieilles connaissances. À qui ferait-il confiance sinon à des militants socialistes, comme lui ? Ou à des flics ?

— Si vous me dites tout ça, c'est que vous avez une idée derrière la tête. Dites-moi qui !

— Je ne vois que les Guérini. Le pistolet qui a servi à tirer sur votre époux est un Walther et la police pense que ce sont eux qui font circuler cette arme en ville. Par ailleurs, ils sont les hommes de main des socialistes ici et même en Corse, à Calenzana. Votre oncle les connaît certainement. Antoine avait dû découvrir des informations compromettantes pour des élus socialistes ou pour les Guérini eux-mêmes. Et il fallait l'abattre.

C'était ça, oui. Elle en était sûre. Tout se mettait en place. La mort d'Antoine, si elle venait enfin, aurait un sens dans ce tissu d'absurdités qu'était Marseille. Spirito avait raison. Depuis le début. C'étaient les Guérini et ils avaient poussé ce vieux fou à tuer pour leur compte. Cette idée la rassurait. L'ulcérait. Réveillait sa colère et sa haine.

77

L'automne avait été relativement calme. Quelques esclandres en marge du meeting du PPF. Des voitures calcinées. Des passants molestés. Pour Marseille, c'était peu. Et puis la Toussaint ressuscita la mort. Sur l'initiative de François Billoux, les communistes lançaient une grande campagne « Marseille propre ». Le 11 novembre, alors qu'un cortège d'anciens combattants membres du PPF s'ébranlait de la rue Pavillon, en face de l'Amical Bar, un groupe de militants du PCF décida d'aller en découdre. Un marin au chômage du nom de Joseph Cesari arracha le drapeau tricolore que portait fièrement le cafetier Louis Revertérat, maire d'une petite localité du Var, et le jeta à terre. Ni Sabiani ni Carbone n'étaient présents, mais les « feux » entrèrent dans la danse, mettant fin à une bagarre de rue qui laissa des membres des deux camps sur le carreau. Le soir même, Cesari se rendit dans le bar tenu par le porte-drapeau du PPF à la Villette et l'abattit de plusieurs balles de pistolet. Il alla directement se livrer à la police, assurant qu'il avait débarrassé la France d'une « vermine ».

Si Sabiani et Carbone se faisaient rares, c'est qu'ils étaient occupés à lever des fonds et des hommes pour la cause, tandis que Spirito, en bon logisticien, gérait à sa guise l'import-export espagnol. Les hommes infiltrés de Grimal et Filori signalaient Carbone à Toulon, dans les bouges de « Chicago », ou dans le restaurant d'un casino à Nice, mêlant avec entrain la politique et le *bizness*. Le « chef » passa deux semaines en Afrique du Nord, à Oran d'abord, où il put rencontrer des émissaires du Duce dans une relative discrétion, puis à Tunis, où il fut reçu tout à fait officiellement à la légation d'Italie. Si Doriot était plus inspiré par le national-socialisme et les subsides du chancelier Hitler, Sabiani tenait à sa spécificité latine et aux aides généreuses de Mussolini.

L'assassinat de Revertérat et les nombreux tracts et articles de *Rouge Midi* dénonçant le règne des gangsters et la corruption de la ville appelaient une réponse. Dans l'attente du retour du patron, le confident et « nègre » de Simon Sabiani, Philibert Géraud, répliqua aux attaques communistes par des éditoriaux au vitriol.

Il faut nettoyer les écuries crottées de l'Évêché, où les policiers serviles se prosternent devant leurs nouveaux maîtres moscoutaires dans l'attente répugnante d'un poste de complaisance. Que fait aujourd'hui la police du Front populaire ? Il faut croire qu'a été instaurée à l'Évêché la semaine des sept dimanches. Sinon comment expliquer que, sept mois après le forfait, l'agresseur du gardien de la paix Cardella n'ait pas été arrêté ? Quant à l'assassin de notre camarade Revertérat, il courrait toujours, et pour longtemps, s'il ne s'était de lui-même constitué prisonnier, sans doute convaincu d'être promptement libéré par ses camarades.

Si le propos était outré, Grimal devait convenir qu'il n'était pas tout à fait inexact. Et le « papier » du journal sabianiste le mettait mal à l'aise.

En tout cas, les affaires reprenaient.

La rencontre avec Ferri-Pisani eut bien lieu. Mais plutôt que de le convoquer à l'Évêché, où l'on n'aurait pas manqué d'évoquer la mainmise des socialistes sur l'hôtel de police, rendez-vous fut pris discrètement dans un restaurant de la Treille où Marcel Pagnol venait de tourner récemment l'un de ses films à succès. L'orage menaçait et grondait de loin en loin alors qu'ils longeaient le cimetière Saint-Pierre avant de traverser ces quartiers ouvriers de la vallée de l'Huveaune qui hésitaient encore entre la ville et la campagne. La Treille n'hésitait pas. C'était un coin de Provence au cœur de la ville, où l'on s'attendait à tout instant à voir surgir un cantonnier, un puisatier, une lavandière, un berger, tout un petit monde de santons nourri à la farigoulette et élevé au son du fifre et du tambourin. Ils se garèrent sur l'esplanade qui surplombait le profond vallon des Escaouprés et se hâtèrent d'entrer dans l'auberge du Cigalon avant que la pluie tombe. La patronne, une vieille aux traits fripés, sortait elle aussi d'une carte postale sur les petits métiers de nos belles provinces. Elle gratifiait Ferri-Pisani d'un « Monsieur le député » qui le faisait tiquer chaque fois. Elle proposa sans surprise un plat de pieds et paquets. C'était la spécialité de l'endroit. Ils attaquèrent avec appétit les portions copieuses de l'énorme gamate qu'elle avait déposée sur la table, accompagnées d'un vin d'Aix un peu âpre.

Les attaques de *Marseille libre* alimentèrent la discussion, de même que les dernières nouvelles en provenance d'Espagne. Puis, alors qu'il refusait une troisième ration de pieds – les paquets avaient été expédiés dès le premier tour de table –, Grimal produisit la lettre de Bory et la tendit à l'élu socialiste. Ferri-Pisani la parcourut d'un air crispé et asséna :

— C'est un faux grossier.

— C'est ce que je pense aussi.

— Où l'avez-vous obtenue ?

— L'inspecteur Bory me l'a remise à Paris.

Ferri-Pisani leva les yeux au plafond.

— Alors...

Filori intervint.

— Il n'en reste pas moins, Pierre, que cette lettre, vraie ou fausse, porte de graves accusations contre les élus locaux. Y compris de ton bord.

Ferri-Pisani fit tourner la bouteille et s'étonna.

— Tu découvres qu'il y a des pourris à la mairie, au conseil général ?

— Ce n'est pas la question. Que sais-tu de cette histoire de démolition des vieux quartiers ?

L'ancien docker inspira longuement.

— C'est un vieux serpent de mer. Et je pense qu'en effet certains avaient vu dans le plan Greber, à l'époque de la municipalité Ribot/Sabiani, la possibilité de s'enrichir aux dépens de la population locale. Mais dès que nous sommes arrivés à la mairie, nous avons abandonné ce projet. C'est de l'histoire ancienne.

— Pas tant que ça, intervint Grimal. La lettre évoque une réunion entre les principaux élus de Marseille pour tenter de se partager le gâteau. Et Henri Tasso est ouvertement accusé d'avoir voulu tirer la couverture à lui.

— C'est faux. Je pense qu'une réunion a bien eu lieu. Ou soyons plus clairs, je sais qu'une réunion a bien eu lieu. Mais si Tasso a retoqué le plan Greber, c'est tout simplement parce que la mairie n'avait pas les moyens de racheter tous ces lots. L'opération aurait entraîné la faillite de la ville.

— Et pourtant la municipalité précédente était prête à la mettre en œuvre.

— Mais Sabiani se moque totalement des finances de la ville ! Ce qui l'intéresse, ce sont les finances de son parti et les intérêts de ses amis. Il nous a laissé un trou de 160 millions !

Xavier persifla :

— Qui, d'après ce que je sais, s'est encore creusé de 100 millions depuis que vous êtes là.

— Il faut tenir compte de la hausse des prix, mais tu as raison. Je n'arrête pas d'alerter Tasso sur cette dérive, mais personne ne m'écoute. Cela ne sort pas d'ici, mais j'envisage même sérieusement de démissionner de mon poste si ça continue.

— D'autant que, d'après ce que je sais, il y avait quatre-vingt-cinq repris de justice dans les effectifs municipaux sous Sabiani. Il y en aurait plus de cent trente aujourd'hui.

— C'est que nous n'avons pas pu virer les hommes de l'équipe précédente. Ce sont des fonctionnaires ! Et tu devrais aussi nettoyer devant ta porte, Xavier ! *Marseille libre* n'a pas tout à fait tort.

Grimal tempéra ces échanges.

— Nous ne sommes pas là pour un débat politique, mais pour faire avancer une enquête. Savez-vous qui était présent à cette fameuse réunion ?

— Honnêtement, non. Même pas qui l'avait convoquée. Même si tout porte à croire que c'est Sabiani. Je ne pense pas que les communistes étaient conviés.

Chez nous, je ne vois que Tasso, sans doute Buitton. Et puis Daher, Ponsard...

Il porta le ballon de rouge à ses lèvres, le reposa, se lécha les lèvres.

— Puis-je savoir pourquoi ce plan Greber vous intéresse à ce point ?

— Parce que Antoine Cardella enquêtait sur cette opération pour le compte de Bory ou pour son propre compte. Qu'il avait dû renifler quelque chose. Et que nous avons la conviction que c'est la raison pour laquelle il a été abattu.

Ferri-Pisani tapa du poing sur la table.

— Sincèrement, commissaire, je pense que vous allez chercher midi à quatorze heures. Pourquoi voir dans cette histoire une manipulation politique alors qu'un suspect majeur n'a, à ma connaissance, jamais été interrogé.

Grimal s'offusqua.

— Et de qui voulez-vous parler ?

— De la femme, bien sûr ! Bon sang, Grimal, d'où sortez-vous ? Vous ne savez pas qu'elle travaille aujourd'hui pour Spirito ? Cela ne vous paraît pas bizarre tout de même ? Son mari est entre la vie et la mort et elle va se livrer à l'un des assassins notoires de notre ville !

Filori admit qu'il marquait un point. Grimal fulminait.

— Non. Je n'y crois pas un seul instant. Et accordez-moi au moins le crédit de savoir de quoi je parle en matière de crimes. J'ai rencontré à plusieurs reprises Adèle Cardella. Elle serait incapable de tuer son mari ou de le faire tuer. Et pour quelle raison ? L'argent ? L'amour ? Si oui, où est l'amant ? Vous étiez au meeting de Sabiani et Billoux, lorsqu'elle est venue braver les hommes de Carbone. Je pense que Spirito a voulu faire preuve d'« humanité » en lui offrant un emploi pour se dédouaner et indiquer clairement que le coup ne vient pas d'eux.

Ferri-Pisani fit la moue.

— Si cette affaire est politique et que Carbone et Spirito n'ont pas fait le coup, qui alors ?

— Tu le sais bien, Pierre ! Tout le monde soupçonne les Guérini. L'arme du crime les accuse. Et ce sont aujourd'hui eux qui tiennent les vieux quartiers et y multiplient les acquisitions de cafés, de bars...

— Oui. Les coupables désignés ! Et qui par contre-coup accusent Tasso. Si ce sont eux les coupables, alors pourquoi Tasso a-t-il abandonné le plan Greber ? Tout ça ne tient pas debout. Honnêtement, je pense que vous faites fausse route.

Une eau-de-vie à la farigoulette vint ponctuer cet échange de vues.

78

Théroz sonna à la porte de la rue Sénac. C'est Monique qui lui ouvrit. Elle sursauta en le voyant, mais son sourire le rassura.

— Quelle surprise, tu vas bien ?

— C'est à toi que je devrais demander ça.

Elle soupira longuement.

— Ça va, je suis bien traitée. Je fais le turbin, quoi. Et tu devrais être content, parce que, grâce à ce job, je ne tapine même plus. Je fais dans le *management* à présent.

Le flic pouffa.

— Ouais, tu es mère maquerelle, quoi…

— Ne sois pas désobligeant. Et puis entre, tu ne vas pas rester là les bras ballants.

Il hésita. Lui tendit une Celtique qu'elle refusa.

— Antoine est là ?

— Non.

— Tu peux lui dire qu'il faut que je lui parle ?

Elle frissonna, comme si l'air de la rue l'incommodait.

— Si je le vois, oui. Mais il a le téléphone, tu sais ? À l'Étoile.

Il acquiesça d'un grognement.

— Tu vas bien, alors ?

Elle s'emporta.

— Oui, je te dis !

— Et tu reviens quand ?

— Lucien ! On a dit un mois ! J'ai une parole. Et tu vois bien que les choses s'arrangent pour moi, ici. Boubou est mort. Toi...

Elle lui posa la main sur l'épaule.

— Ça va aller. Franchement, mon chéri, Antoine est l'homme de demain. La mairie le soutient, la police aussi. Oui, Lucien, il me l'a dit. Les condés lui laissent une paix royale. Ils ont besoin de lui à cause de la guerre d'Espagne, des trafics, tout ça... Tu es dans le bon camp !

Il enserra ses doigts dans son poing, les retira de sa veste.

— J'arrive pas à m'y faire, Monique. Tout ça me dégoûte.

Elle insista, caressa de la paume ses joues râpées d'une barbe sèche.

— Prends soin de toi, Lulu. Des bruits courent sur ton compte.

— La faute à qui ?

Il claqua les talons et la porte.

Le gavot resserra son col dans le matin frisquet. L'heure de pointe venait de passer. La frénésie des va-et-vient du matin se délitait. Les trams étaient moins pleins, les cafés ne conservaient que les vieux et les désœuvrés. Aux terrasses, les serveurs ramassaient mollement les tasses délaissées. Au ras du comptoir, le sol était déjà jonché de mégots. Il traversa vers les Allées, ses semelles glissaient sur le tapis roux des feuilles de platane. Des vieilles se croisaient et interrompaient un moment la course de leurs chariots, posaient leurs paniers à leurs pieds pour échanger des nouvelles de la famille ou du quartier. Leur babil paresseux, mâtiné d'italien, de provençal et de corse, se parait de ces marques d'affection qui rendaient la conversation plus tendre et la vie plus tenable : « Ma toute belle ! », « Ma gâtée ! ». Elles se quittaient dans un *Adiu !* sonore, qui résonnait à la ronde. Sourdingues, elles n'avaient rien à cacher.

Théroz s'enfonça dans le boulevard du Nord, longea le Grand Café, un repaire de Sabiani où le patron, en bras de chemise sur le perron malgré la fraîcheur matinale, l'accompagna d'un sourire malveillant. Des coursiers sortaient en trombe de la banque Bergasse et s'égaillaient aux quatre coins. Lui tourna dans la rue Tapis-Vert, où les tapissiers du matin cédaient le soir la place aux tapineuses. Des ombres grises, silhouettes malingres dans des costumes fripés, se lovaient dans les couloirs des hôtels borgnes et des meublés. Elles observaient le manège des porte-faix, des pousseurs de diables et des braqueurs de cartons.

L'Étoile se vidait aussi de ses clients matinaux. Au bar, un aïeul parcheminé, la peau ridée, cuivrée par des décennies de mauvais gris, fixait son verre d'un blanc corse râpeux. Mémé essuyait des verres.

— Antoine est là ?

— Oh, commissaire ! Non. Je ne pense pas qu'il est levé. Je vais vous l'appeler.

Il empoigna le téléphone, attendit longuement, échangea quelques banalités en corse, parmi lesquelles le flic reconnut son nom, puis raccrocha.

— Buvez un café, il arrive.

Il lui tendit *Le Petit Marseillais*. La guerre d'Espagne faisait la une.

Raoul était descendu à son hôtel habituel sur la Rambla, mais il eut un mal fou à atteindre la Plaza de Catalunya, pourtant distante d'une centaine de mètres à peine. Depuis l'assassinat du roi de Yougoslavie, il n'avait jamais vu de tels mouvements de foule, un tel chaos. C'était l'anarchie, au sens propre du terme, et elle était parfaitement adaptée aux circonstances. L'idée le traversa que Marseille, finalement, était encore une pionnière en la manière. Anarchiste sans le savoir. Gérée à la petite semaine par des notables d'opérette sans vrai pouvoir, sans vraies compétences. Une ville improvisée. Les banderoles des FAI et du CNT se croisaient, s'entrecroisaient. Chaque cortège suivait son chemin sans tenir compte de celui des autres. D'ailleurs, personne ne savait vraiment où se trouvait le catafalque de Durruti. Des femmes en pleurs jetaient des œillets au hasard sur les passants. Le corbillard n'avait jamais réussi à quitter l'ancienne chambre de commerce où avait été entreposée la dépouille. Aussi une douzaine de solides gaillards de la colonne Durruti avaient empoigné le cercueil et avançaient à présent en direction du cimetière de Montjuich avec une volonté aussi farouche que celle qu'ils avaient montrée au combat. Jetée sur la bière, une simple bannière avec le prénom du martyr, Buenaventura, ce prénom qu'il partageait avec Carbone. Un confrère catalan qui lui collait aux basques expliqua à Raoul que le défunt n'appartenait à personne. Ce n'était pas un chef, pas même un camarade, juste un combattant parmi des milliers d'autres. Ce n'était ni un anarchiste ni un révolutionnaire, mais un antifasciste. Ni un Espagnol ni un Catalan, seulement un homme épris de liberté. Au cours de ces longs mois où l'anarchie tentait d'imposer en Catalogne son absence de loi, chacun s'exerçait à l'égalitarisme, au sens de l'intérêt commun. Cela ne marchait pas toujours. Comme le disait Durruti lui-même, « la guerre détruit aussi les principes les plus sacrés ». Il avait fallu commander.

Aujourd'hui, personne ne commandait rien. Des discours avaient été prononcés en bas de la Rambla au pied de la statue de Colomb où la foule était un peu plus clairsemée. Une estrade avait bien été montée sur la place de Catalogne, mais personne n'avait pu l'atteindre et elle était depuis assaillie par les badauds, les curieux. Au milieu de la rumeur assourdissante de la foule montait une cacophonie qui accentuait l'aspect irréel de cette journée. Éparpillés dans la meute, les musiciens tentaient tant bien que mal de jouer les mêmes airs, à l'oreille.

C'est au cimetière que l'historien de l'art Carl Einstein, compagnon de route du défunt, prononça l'éloge funèbre :

— Anonymat et communisme ne font qu'un. Le camarade Durruti agissait en marge de toute la vanité des vedettes de gauche. Il vivait avec les camarades, luttait comme compagnon à leurs côtés. Exemple lumineux, il nous remplissait d'enthousiasme. Nous n'avions pas de général. Mais la passion du lutteur, la modestie profonde devant la grande cause de la révolution qui brillait dans ses bons yeux inondaient nos cœurs et les faisaient battre à l'unisson avec le sien, qui continue à vivre parmi nous dans la montagne. Toujours nous entendons sa voix : « Adelante, adelante ! » Durruti n'était pas un général, il était notre camarade. Cela manque de décorum, mais dans notre colonne prolétarienne on n'exploite pas la révolution, on ne fait pas de publicité. On ne songe qu'à une chose : la victoire et la révolution.

Raoul songea que la veille, à 1 500 kilomètres de là, alors qu'il faisait route vers Barcelone, des centaines de milliers de personnes accompagnaient Salengro vers les tréfonds de cette terre nordiste qui avait nourri son combat. Combien étaient-ils aujourd'hui ? Sans doute aussi nombreux. Il était difficile de ne pas voir dans ces commémorations de masse les présages d'un deuil plus grand et plus profond encore. Son confrère catalan avait ainsi résumé les choses :

— Tu parles de guerre civile, mais ce n'en est pas une. Même si vous les Français venez à reculons, les Allemands, les Italiens, les Russes sont ici et se battent. Ce n'est pas une guerre civile. C'est la guerre tout court. Bientôt, elle s'étendra.

Il prit le train pour Gérone. Un calme précaire y régnait. Les rues étaient envahies de gamins qui ne jugeaient plus utile d'aller à l'école. Raoul alla se perdre dans la vieille ville jusqu'au *carrer Força*, qui délimite le quartier juif, le Call. Blotti derrière la cathédrale, le ghetto était condamné, paralysé dans le temps depuis près de cinq siècles. Il ne vit d'abord que des porches encombrés de briques, des venelles colmatées, des impasses bouclées. Et puis, au détour d'un virage, indiqué par quelques marmots qui le suivaient à la trace, un passage vers le passé. Il n'y avait pas âme qui vive dans ce périmètre oublié. Les fenêtres des antiques maisons étaient murées. Personne n'était revenu, personne ne s'était installé à la place des bannis en exil. Pourquoi les habitants avaient-ils déserté cet endroit, pourquoi ne l'avaient-ils pas investi, détruit, renommé ? Pourquoi en faire ce sanctuaire où plus personne ne venait prier, comme s'il recelait un inavouable secret ? Il chercha dans la pierre usée, noircie, des traces de son âme. Invoqua ses ancêtres. Ne trouva que des murs d'où ne montaient plus d'autre lamentation que la sienne et le roucoulement de bandes rivales de pigeons. Les siens avaient vécu ici. Et lui ne savait toujours pas qui il était. C'est sans doute pourquoi il avait choisi de faire de l'errance son métier.

Dans le bateau du retour, Raoul comprit que l'heure n'était plus aux compromissions. Il laissait son regard dériver vers le large, sanglé dans une écharpe, les joues mordues par un froid vif, lorsqu'il reconnut à la passerelle l'ami de Carbone à Propriano. Montana, en tenue d'officier de la Marine marchande.

80

La Canebière et le port pavoisaient. La mairie avait beau assurer que l'heure était aux économies, des guirlandes lumineuses envahissaient les rues, parcouraient les devantures, traversaient les artères. Les fêtes approchaient. La foire aux santons s'installait sur les Allées. Adèle songea qu'elle n'avait personne à qui souhaiter Noël. Son cœur se serra et elle se prit à espérer qu'Antoine tiendrait jusque-là. Elle longea, sans oser la regarder, la devanture des établissements Thiéry, plongés dans la pénombre. Le bâtiment des Nouvelles Galeries avançait devant elle comme un paquebot illuminé fendant le soir tombant. Elle entra se mêler à la foule. Chercha un cadeau pour Antoine, qu'elle lui apporterait. Si Dieu le voulait, elle passerait le réveillon à son chevet, à prier pour qu'il rejoigne enfin un monde meilleur. Celui des survivants se faisait plus sombre, plus flou. Quel avenir, quels espoirs restait-il du beau printemps 1936 ? Elle acheta une cravate. Elle la lui nouerait pour son dernier voyage. Pour qu'il se présente avec élégance devant ses derniers juges.

La rue Sénac n'était qu'à quelques centaines de mètres un peu plus haut. Antoine Guérini l'attendait. Elle marchait en quelque sorte sur les traces de son époux puisqu'on lui disait qu'il avait, lui aussi, mangé à tous les râteliers de la pègre, travaillé pour Carbone, Sabiani et les socialistes. Perdu son âme en route. Allait-elle le comprendre en suivant son chemin ? Elle traversa la plus belle avenue du tiers-monde, s'engagea dans la rue montante au coin de l'ancien Palais des Glaces où, gamine, elle venait patiner. Le bordel était au 8, tapi derrière une sonnerie discrète, qu'elle actionna. La porte céda d'un clic. Elle entra.

La pièce était vide, décorée à l'américaine. De grands miroirs biseautés reflétaient les silhouettes géométriques des naïades stylisées peintes sur les murs. Les fauteuils étaient joufflus et pourpres, affalés autour de guéridons coiffés de lampes Tiffany. La moquette était vert pomme. Trois canapés profonds serviraient aux premiers ébats. Un homme était accoudé au bar du fond, les cheveux ramenés vers l'arrière, les pattes du pantalon un peu trop longues. Il lui fit signe d'approcher. Il lui proposa une Dunhill, qu'elle refusa. Lui tendit une main sèche.

— Vous êtes Adèle Cardella ? Antoine Guérini. J'ai très peu connu votre mari. Mais on me dit qu'il était des nôtres et son oncle est un ami de la famille. Je suis désolé de ce qui est arrivé et c'est un plaisir de soulager votre peine, si je le peux, en vous offrant cet emploi.

Elle le remercia.

— Je pense que vous savez ce qu'on attend de vous. La même chose que chez Spirito. L'accueil, une surveillance bienveillante. Pour le reste, nous sommes là. Vous verrez, les filles sont gentilles. Vous vous en ferez des amies.

Il lui présenta une certaine Monique, une gentille fille, en effet, qui la rassura sur ce qu'on attendait d'elle. Elle remercia encore.

Guérini la toisait en souriant. Elle savait bien ce qu'il pensait. Qu'il ne l'avait embauchée qu'à contre-cœur, pour ménager la susceptibilité de Spirito. Qu'il ne lui faisait pas confiance. Mais que personne n'était dupe et la situation plutôt amusante. Sauf pour elle.

Avait-il convaincu Octave de tirer sur son neveu ? Qu'il eût évoqué le vieux l'avait glacée. S'il était l'instigateur de tout ça, il ne serait certainement pas facile d'en apporter la preuve. Il tira de sa poche une poignée de billets.

— Une avance, pour vos faux frais.

Elle remercia encore.

Il est temps d'y aller. J'ai assez attendu. Bientôt la dame en noir va venir et prononcer l'extrême-onction. Je m'en moque. Il y a longtemps que je serai parti. La mort m'emmènera plus vite que les bateaux de Fraissinet. Adieu, Marseille et ta fange, tes cafés et tes bordels, les demi-mesures de ton demi-monde où les hommes n'ont parfois qu'un œil mais toujours deux paroles. Adieu, Adèle que j'ai si mal aimée... Adieu, mes amis socialistes, je m'en vais retrouver les âmes que vous avez vendues. Adieu, Bory et tes manigances mal ficelées. Au diable Carbone, Guérini, Sabiani, Santucci, mes chers compatriotes... Nous nous retrouverons là-bas, dans cet enfer des Corses plus noir que le maquis. Adieu à toi, cher président, le plus pourri d'entre tous !

Déjà j'aperçois le clocher de l'église de Zevaco. La maison est juste derrière. Je vais entrer parce que la porte n'est jamais fermée. Le vieil Octave sera là et il fera ce qu'il a à faire.

Xavier donna rendez-vous à Raoul dans un café sombre du quartier du Canet qui n'avait pas encore le téléphone. Il préférait ne pas le recevoir à l'Évêché, où les murs avaient des oreilles. Ils s'installèrent au bar, commandèrent des anis en attendant Grimal. Le commissaire arriva en taxi quelques minutes plus tard et préféra un Martini. Le plat unique – des pâtes à l'encre de seiche – convenait à tout le monde. On s'installa promptement à table. Le journaliste raconta Barcelone, la tension tangible, le chaos explosif. Ils pensèrent tous que Marseille n'en était pas si loin.

— Mais vous n'êtes pas venu nous parler de l'Espagne.

— Non, en effet. J'ai tenu ma langue pendant quelque temps, mais l'heure est venue de vous dire ce que je sais. Antoine Cardella a été abattu par son oncle.

— Le vieil Octave Cardella ?

— Oui.

Raoul raconta aux deux flics les confidences du minot des Grands Carmes et sa visite à Zevaco.

— Diable ! s'exclama Filori. Je ne m'attendais pas à celle-là ! Je connais le vieil Octave depuis ma plus tendre enfance. C'est un ami de mes parents…

— Certes, Xavier. Mais cela ne change rien à ce que nous savons et pensons. On l'a forcément poussé à tirer sur son neveu. Qui l'a mis au courant de ses turpitudes ?

— Il n'a pas voulu me le dire. Il m'a parlé de vieux amis. J'ai pensé aux Guérini.

Xavier secoua la tête.

— Ce n'est pas le militant qui parle. Mais le flic. Les Guérini ne sont pas vieux. Ils sont à Marseille de relativement fraîche date. Ils n'étaient rien ici lorsque Octave y était policier. Ce ne peut pas être eux.

— Reste qu'il va vraiment nous falloir aller lui secouer les puces. Pour son rôle dans le plan Greber et pour ce que vient de nous dire Pichotte.

Grimal ne jugea pas utile d'expliquer au journaliste ce qu'était le plan Greber et en quoi il était lié à l'affaire Cardella.

— Merci, Pichotte pour cette information. L'affaire n'est pas close, mais l'étau se resserre.

Raoul ajouta que ce n'était pas tout. Il raconta comment il s'était laissé piéger par Carbone en servant de témoin de moralité à la réunion au sommet avec les Guérini. Xavier manifesta un vif intérêt pour la teneur des débats ce soir-là, mais le journaliste le détrompa. Il tiendrait sa parole. En revanche, il avait peut-être les moyens de se racheter et de se tirer des griffes du gangster sans trahir son engagement.

— Carbone m'avait confié une mission lorsque j'étais en Corse : aller prévenir un de ses amis de Propriano qu'ils passeraient Noël à Cassis.

— Et alors ?

— Alors j'ai revu cet homme sur le bateau qui me ramenait de Barcelone. C'est un officier de marine.

— Et vous en avez conclu ?

— Vous savez comme moi que Carbone n'embarque plus ses marchandises pour l'Espagne depuis Marseille en raison de la surveillance de la CGT et de vos services. Mon impression est qu'il va effectuer un chargement depuis Cassis le soir du réveillon.

Grimal soupira. C'était dans deux jours.

— Arlette ne va pas aimer ça du tout !

Mais la déduction de Pichotte paraissait crédible. C'était une occasion rêvée de coincer Carbone sur le fait. Et pour le journaliste de se libérer de son emprise.

Xavier ramena Grimal à l'Évêché. La secrétaire du commissaire l'intercepta alors qu'il regagnait son bureau. La clinique Sainte-Cécile avait appelé. Antoine Cardella était mort.

83

— Trois morts ! Eh bien, dites-moi, vous n'auriez pas pu téléphoner ?

— Je n'ai pas réfléchi, et puis l'Évêché est tout près, je suis venu tout de suite.

— Attendez là.

Le planton ne savait pas trop s'il devait déranger le patron. Une opération importante était en cours, mais tout de même... Trois morts ! Gasquet posa son auguste postérieur sur le banc métallique. Son nez était encore tuméfié de la rouste que lui avait administrée Théroz. Cela lui apprendrait à jouer au plus malin. « Je suis un honnête homme », se répétait-il depuis une semaine devant la glace. Et ce matin, il avait décidé d'en finir et d'aller tout raconter à la police.

L'homme qui accourut, l'air agacé, les gestes vifs, n'était pas André Grimal. Il se planta devant lui sans lui tendre la main.

— Inspecteur Filori. Suivez-moi, je vais prendre votre déposition.

Le ponte du Panier se dandina jusqu'à un bureau crasseux, qui empestait la cigarette et le papier carbone. Filori le fit asseoir.

— Votre nom ?

— Gasquet, Pierre, Louis, Marie.

— Adresse et qualité ?

— 8, rue du Bourreau. Président du comité d'intérêt de quartier du Panier.

Filori leva les yeux.

— Je vous écoute.

— En tant que président du CIQ, je dispose des clefs d'un ancien réservoir situé sous la place des Moulins. Je m'y rends de temps en temps pour des inspections de routine. Et c'est ainsi que ce matin, je suis descendu à la citerne et j'y ai découvert...

Il s'étrangla.

— ... les corps de trois personnes décédées.

Filori toussota.

— Hommes ? Femmes ? Des idées de leur âge, de leur identité ?

— Deux des corps sont décomposés. Ils doivent être là depuis longtemps. Ils se trouvent juste en dessous d'une ouverture qui donne dans le réservoir et par où ils ont dû tomber. Je n'ai pas trop osé m'approcher.

— Et le troisième ?

Gasquet déglutit.

— Il gît dans l'escalier qui mène à la grille d'entrée et de sortie. Il a dû mourir en cherchant à sortir.

— Vous êtes venu immédiatement après votre... découverte ?

— Oui.

— Vous avez tout laissé en état ?

Le gros homme opina. Il ne parvenait pas à regarder Filori dans les yeux et se passait la main derrière la nuque comme s'il souffrait d'un torticolis.

— Et vous avez refermé la grille ?

— Bien sûr.

Filori empoigna le téléphone posé devant lui. Il laissa sonner longuement et pesta contre cet interlocuteur qui ne « répondait jamais ». Finalement, on décrocha et il se détendit.

— André ? Je crois qu'il faut que tu viennes.

Théroz était en tête en tête avec son café du matin lorsque Loule le prévint.

— Lucien, y a du grabuge près de la place des Moulins. Tes collègues sont en train de boucler le secteur.

Il siffla sa tasse d'un trait, sauta du tabouret et remonta la rue des Belles-Écuelles d'un pas vif. Un collègue en uniforme barrait déjà l'accès à la rue des Moulins. Il le laissa passer d'un signe de tête. Un autre policier en tenue évacuait des curieux et un vendeur de salades installé sur la place à grands coups de sifflet. Le gavot comprit tout de suite quel secteur ils protégeaient. Il mit le cap sur l'entrée du réservoir. Deux voitures de service étaient garées au départ de la rue des Muettes qui descendait vers la cave. Personne ne sembla lui prêter attention, il faisait partie du décor. C'était lui, finalement, le flic du Panier.

Grimal leva les yeux en le voyant arriver.

— Tiens, Théroz ! Tu tombes bien, toi !

Un petit groupe encombrait l'escalier étroit s'enfonçant vers la citerne. Gasquet était posté sur la marche la plus basse, suivi de Grimal, de Filori et de deux collègues de la police scientifique. Un peu plus haut, à son niveau, deux gardiens de la paix attendaient les ordres. Ils le saluèrent d'un geste brusque de la main. Il comprit tout de suite que quelque chose clochait.

— Je ne comprends pas. Je ne comprends pas…

Le vieux Gasquet bafouillait, implorant des yeux un soutien, un renfort.

— Vous ne comprenez pas ? Mais moi je comprends que vous nous faites perdre notre temps, monsieur le président du CIQ !

Le ventru balbutia :

— Mais vous voyez bien que la grille a été forcée !

Filori s'approcha.

— Oui. Et ça ne date pas d'hier. Regarde-moi ça, André, de la poussière sur les deux montants et pas l'ombre d'une empreinte, même pas la vôtre, Gasquet !

Le rondouillard baissait la tête comme un marmot pris en faute. Théroz se mettait à sa place. Dans sa tête. Il imaginait l'implacable cheminement de son raisonnement, accéléré par les circonstances. Cet imbécile n'avait pas jugé bon de revenir vérifier si les cadavres se trouvaient toujours sur place. Qui les aurait enlevés ? Lui seul avait les clefs. Il s'était rendu à l'hôtel de police sûr de son fait, prêt à faire son devoir d'honorable citoyen. Et patatras, pas plus de morts que d'eau potable dans la citerne désaffectée.

— Pourtant, je vous jure, commissaire, ils étaient là !

Sa voix vacillait, son regard s'écarquilla et se porta sur Théroz. Son seul allié, le seul qui puisse confirmer la présence de corps sans vie en ces lieux.

— Commissaire ! Dites-leur…

Grimal et Filori se retournèrent vers lui.

— Patron, foutez-lui la paix. Il a cru bien faire.

Gasquet baissa la tête, moucha son nez tuméfié.

— C'est quoi, cette histoire, Théroz ? Il va falloir que tu parles. Et vite !

— Je vais le faire, patron. Je vous demande juste deux jours.

— Foutredieu !

Grimal balança un grand coup de tatane dans la grille du caveau. Le fracas métallique se répandit dans toute cette caisse de résonance, et alla courir en écho dans tout le Panier, comme le glas d'une cloche aigrelette.

Il avait été difficile d'effectuer des repérages en si peu de temps, mais Grimal connaissait bien Cassis, parce que les parents d'Arlette y avaient une maison de famille. Souvent, le dimanche, ils se rendaient à l'hôtel Liautaud pour y déguster une bouillabaisse, des poissons grillés ou, en saison, de savoureux oursins. En ce soir de Noël, il y aurait sans doute du monde dans le centre du village et sur le quai Barthélemy. Impossible pour un cargo d'affréter à cet endroit, au su et au vu de tous. Mais l'idée de Carbone était assez judicieuse. Voilà une date où personne ne viendrait leur chercher des noises, à la condition d'effectuer leur chargement dans un endroit à la fois pratique et discret. Ce ne pouvait pas être au pied de la falaise du château, où il serait impossible d'acheminer les caisses et les conteneurs. Deux lieux, en revanche, convenaient à merveille. La calanque de Port-Miou abritait depuis des siècles un petit port d'où les tartanes, et aujourd'hui des petits cargos à moteur, chargeaient la fameuse pierre de Cassis, qui avait notamment servi à la construction de la statue de la Liberté. Mais la calanque était assez encaissée, comprenait quelques habitations dont un « château » un peu kitsch, propriété d'un riche pharmacien de Marseille, et Grimal misait plutôt sur la calanque voisine, celle de Port-Pin, où subsistaient des débarcadères datant du siècle de Louis XIV et encore parfaitement adaptés à un chargement discret. L'eau y était assez profonde, le mouillage aisé pour un navire de bonne taille, à condition que la mer ne soit pas trop agitée. Carbone avait de la chance. Eux aussi. Pas un souffle ne venait rider les flots en cette veille de jour de fête. Par acquit de conscience, le commissaire avait posté des hommes dans les cafés, sur les hauteurs du cap Canaille, et Théroz à Port-Miou, pour assurer une surveillance discrète. Il était essentiel de ne pas se faire repérer.

Dès la fin de l'après-midi, le plan de Carbone se précisa. Les policiers en planque observèrent l'étrange va-et-vient des camions de la cimenterie installée en surplomb de Port-Miou. Rien que de bien ordinaire si ce n'est que le jour était férié et les camionneurs en principe au repos. Ils descendaient jusqu'à la calanque et y débarquaient de lourdes caisses, bientôt chargées dans des canots assurant une rotation vers Port-Pin où, dès la tombée de la nuit, accosta le *Propriano*, un caboteur de bon tonnage, presque un cargo. Avec la pénombre, le mouvement s'accéléra à la lueur des lampes à acétylène. Les hommes travaillaient en silence, à une belle cadence, et d'où se trouvait Théroz, avec une poignée de collègues, la vision était irréelle. On aurait dit une bande de lutins affairés à quelque manigance nocturne.

Pichotte avait accompagné Grimal et Filori à la carrière de Port-Pin et, à l'aide de jumelles, il repéra Montana, l'ami de Carbone, qui dirigeait la manœuvre depuis le bord. Mais pas trace du gangster lui-même.

Les policiers n'en espéraient pas tant. Le tatoué devait fêter Noël à Paris, dans l'une de ses boîtes de nuit.

Le navire avait laissé tourner ses moteurs au ralenti, mais éteint toutes les lumières du bord pour ne pas attirer l'attention. Deux passerelles avaient été jetées sur le quai et le chargement des cales se faisait manuellement, le débarcadère désaffecté ne disposant pas de grue. L'équipage – certains torse nu malgré le froid de décembre – exécutait une lente sarabande de diables et de chariots. La bande-son était minimale, seuls le couinement des roues et le choc des caisses posées à fond de cale venaient ponctuer le ronronnement des turbines. Les canots coupaient leurs moteurs à l'entrée de Port-Pin et glissaient en silence vers le bord.

Grimal envoya Filori donner l'ordre à Théroz d'attendre la fin de la livraison pour interpeller les camionneurs de Port-Miou afin de ne pas alerter les hommes du cargo. Il n'y avait qu'un petit kilomètre entre les deux criques. À la faveur de la nuit, le froid s'aiguisait et s'installait sous les pins. Raoul releva son col, Grimal resserra son cache-nez. Au loin, au pied du cap Canaille, dont le bec disparaissait dans l'eau et dans l'obscurité, un fanal clignotait, rythmant chaque seconde de leur attente.

Lorsque Filori revint une bonne demi-heure plus tard, le commissaire comprit que quelque chose ne tournait pas rond. Son adjoint tirait une longue figure qui le faisait ressembler à Fernandel dans ses rôles tragiques.

— Tu en fais une tête, Xavier !

Filori se glissa à leurs côtés en frissonnant. Il chuchota :

— Je ne sais pas si je dois en rire ou en pleurer…

— Que se passe-t-il, bon sang ? renchérit Raoul.

Xavier se tourna vers Port-Miou et désigna la calanque d'un geste vague.

— Eh bien, le chargement des chaloupes terminé, nous avons serré en douceur les camionneurs et les débardeurs. Ils n'ont opposé aucune résistance.

— Et alors ? C'est parfait !

— Oui. Sauf que ce sont tous des dockers de la CGT. Dont certains que je connais très bien. La cargaison est destinée aux républicains !

Grimal inspira longuement, comme s'il avait été longtemps privé d'air.

— Merde !

— Je ne vous dis pas la tête des camarades lorsqu'ils m'ont vu avec Théroz et ses hommes surgir l'arme au poing ! Ho, Xav, a crié l'un d'eux, *Bon Natale !*

Raoul se décomposait. Le tuyau était bon, mais tout de même un peu poreux. Grimal se laissa aller à un rire saccadé et boxa l'épaule du journaliste.

— Ne vous inquiétez pas, Pichotte. Vous m'avez au moins permis d'éviter le réveillon familial, pourtant cela m'aurait fait plaisir de voir mon fils, de retour d'Algérie. Descendons donc saluer votre ami Montana et souhaitons-lui bon vent. Je ne sais pas ce que je vais raconter aux gardes-côtes qui devaient l'arraisonner.

Ils sortirent de leur planque, située en surplomb du débarcadère. Une légère bise s'était levée et, s'engouffrant dans un trou creusé dans la roche, elle sifflait comme pour mieux sanctionner leur fiasco. Filori fit signe aux hommes déployés un peu partout autour de la calanque. Opération terminée. Sur le *Propriano*, l'apparition de la maréchaussée déclencha un vent de panique et quelques pistolets surgirent aux mains des hommes de pont. Mais Grimal leva les bras en signe de paix et fit de grands signes à Montana pour lui demander de les rejoindre. Le capitaine ordonna aux marins de baisser leur garde et sauta du pont sur le quai de fortune. Il s'approcha, le front soucieux, et prit avec prudence la main que lui tendait le flic.

— Bonsoir, Montana. Commissaire Grimal, chef de la Sûreté. Nous étions venus vous intercepter sur la foi d'informations dont nous disposions, mais puisque votre cargaison s'avère être destinée aux autorités légitimes de l'Espagne, nous avons pour consigne de vous laisser partir.

Le capitaine se décrispa. Il se retourna vers l'équipage et écarta deux doigts en signe de victoire.

— Eh bien, joyeux Noël, alors.

— Et bon bout d'an !

Filori ne décolérait pas. L'opération avait mobilisé une vingtaine d'hommes, ainsi privés de leur famille en ce soir de fête. Il avait appris de l'un des dockers que les militants s'approvisionnaient régulièrement auprès de Spirito parce que le gouvernement rechignait à expédier en Espagne des armes officielles de l'armée, qui seraient repérées sur le champ de bataille, mettant en doute la non-intervention des autorités françaises.

— Faute de marchandise, les gars sont obligés de se procurer les armes où ils peuvent. Et comme un certain nombre de dockers sont des amis d'enfance de Venture et de Lydro…

— Je suis désolé, répéta Raoul, dont la rédemption serait pour une autre fois.

Ils décidèrent d'aller dîner chez Liautaud, histoire d'oublier tout cela et de laisser retomber l'adrénaline. La salle de restaurant était bondée, mais on leur trouva une minuscule table dans un coin sombre.

— La part du pauvre, nota Grimal.

La maison, la plus ancienne de Cassis, respectait à la lettre la tradition du Gros Souper de Noël, avec ses trois nappes en hommage à la Sainte-Trinité, ses sept plats représentant les sept douleurs de Marie, et les treize desserts symbolisant le Christ et ses apôtres. Ils attaquaient de bon cœur de belles tranches de morue quand Filori fit signe à un serveur de leur apporter une bonne bouteille de blanc.

— Et de l'appellation contrôlée, s'il vous plaît !

— Cela va de soi !

Cassis se glorifiait d'avoir été le premier vignoble à bénéficier des AOC mises en place quelques mois plus tôt.

— Et ce grâce à l'action résolue des viticulteurs du coin, expliqua Xavier.

Grimal faillit s'étouffer. Il s'excusa et couvrit sa bouche de sa serviette en recrachant des lambeaux de poisson.

— Une arête ? s'inquiéta Raoul.

Le commissaire ne répondit pas tout de suite. Il se racla la gorge :

— Non. C'est juste que, grâce à ce que tu viens de dire, je crois que j'ai tout compris. Tout remis en place.

— Tout compris sur quoi ?

— Sur la mort de Cardella ! Je sais qui en est responsable. Et pourquoi !

— Eh bien, vas-y ! Lâche le morceau !

— Non. Pas maintenant. C'est le soir de Noël, soyons miséricordieux. Et je dois d'abord vérifier mes déductions.

Malgré l'insistance de ses convives, Grimal ne voulut rien ajouter jusqu'à la fin des treize desserts.

85

— Tu veux qu'on aille ailleurs, Théroz ? Je sais que tu n'aimes pas trop l'odeur renfermée de ce vieil Évêché.

— Pas trop, non. Je suis un homme de l'air, patron.

— Alors allons nous promener, tu me raconteras ce que tu sais.

Ils n'allèrent pas très loin. Quelques bancs étaient jetés devant l'entrée de la Vieille Charité. Des femmes dépenaillées entraient et sortaient de l'ancien hospice, tirant des bambins braillards par le bras. Depuis quinze ans, l'ancien chef-d'œuvre de Pierre Puget abritait des familles déshéritées, chassées de leurs maisons par la démolition du quartier insalubre situé derrière la Bourse.

— Si c'est pas malheureux. Un tel bâtiment dans un tel état de délabrement.

— C'est à l'image de la ville, patron. On pare au plus pressé. Marseille est une immense jambe de bois à laquelle s'accrochent des dizaines de milliers d'emplâtres.

Grimal ricana. Les cloches des Carmes meublèrent un silence gêné.

— Qu'est-ce que tu as foutu, Théroz ?

Il éternua un rire nerveux.

— Du bon et du moins bon, patron. Mais au final, je crois que j'ai découvert l'assassin, ou plutôt les assassins de Cardella.

— Tiens donc ! Et de qui s'agit-il ?

Le gavot s'apprêtait à répondre lorsque Grimal l'interrompit.

— Non ! Ne me dis rien. Voyons si nous sommes parvenus aux mêmes conclusions.

Théroz le contempla d'un air conspirateur.

— Ce sont de vieilles connaissances, patron. Nous les avions sous les yeux et nous n'avons rien vu ou rien voulu voir.

Le chef de la Sûreté acquiesça. Il dévisageait Théroz avec le regard satisfait d'un vieux chien repu.

— C'est bien ça. Allez, raconte-moi tout. Je t'écoute.

Et Théroz expliqua à Grimal les raisons de son marché avec les Guérini, l'enquête qu'il avait menée sur le meurtre de Betty Stora, sa découverte des cadavres dans le réservoir de la place des Moulins. Il ne jugea pas utile de préciser comment avait péri Audibert.

— Les Guérini m'ont suivi pas à pas dans cette enquête. Depuis le début, ils avaient des soupçons fondés. Et ce sont eux qui ont escamoté les corps de la citerne.

— Oui, mais pourquoi ?

— Je m'en suis expliqué avec Antoine Guérini. Et si vous voulez mon avis, notre ami Filori est en partie au courant de tout ça. Comme vous le savez, les assassins de Cardella mangent à tous les râteliers, un jour pour Carbone, le lendemain pour les Guérini. Socialistes le lundi, sabianistes le mardi.

— Je le sais. Leur fidélité s'arrête à un seul homme…

— Les Guérini ont découvert que nos amis faisaient pression sur les propriétaires du Panier pour racheter leurs maisons à vil prix. Et ils ont eu d'autant plus l'impression de se faire doubler que leur allié politique, le maire Tasso, a enterré le plan Greber et qu'on ne va finalement pas détruire tout de suite les taudis des vieux quartiers. Nos lascars travaillaient en solo, pour leur compte et celui de leur « protecteur », persuadés qu'un jour ou l'autre la vente de ces immeubles allait rapporter gros.

Grimal retira son chapeau, se gratta la tête et confirma :

— Leur vente, et aussi leur démolition. Mais je t'en prie, continue.

Théroz ralluma une Celtique à la flamme bleutée de son briquet.

— Si les Guérini m'ont demandé un délai, c'est pour pouvoir démasquer les fauteurs de troubles et les retourner en leur faveur. Antoine m'a assuré qu'avec les dossiers qu'il détenait il n'avait eu aucun mal à les convaincre de travailler pour eux, notamment pour le trafic d'armes en faveur des républicains espagnols.

— Et c'est la raison pour laquelle tu as laissé faire ?

— Exact. Vous m'aviez dit à quel point il était important de favoriser ces opérations clandestines au profit du régime légitime de l'Espagne. Que vous aviez des ordres…

— Et il leur fut d'autant moins difficile de les retourner que leur allié politique s'entend comme larrons en foire avec Tasso.

Théroz applaudit doucement.

— Je vois que nous sommes d'accord, patron. Cela ne m'étonne pas. Mais comment avez-vous fait, vous ?

Grimal s'esclaffa.

— Je lis dans le marc de cassis, mon bon Théroz !

86

Adèle savait bien qu'Antoine voulait être enterré à Zevaco. Le vieil Octave s'y était farouchement opposé. Sans donner d'explication, mais chacun avait compris qu'il ne voulait pas de ce neveu qui l'avait trahi dans le caveau familial. Adèle avait obtenu qu'il soit incinéré pour ne pas le voir se décomposer pour l'éternité dans cette ville qui avait entamé cet inexorable processus de putréfaction. Elle était décidée, le jour venu, à disperser ses cendres dans le maquis. Son mari était peut-être un pas grand-chose, mais cela ne se voyait pas, tant les célébrités se pressaient à ses obsèques. Son frère, avec qui il était fâché depuis que la famille avait refusé d'accepter sa vocation de prêtre, prononça l'éloge funèbre. Et Adèle dut le reconnaître, ce fut un discours courageux.

— Mon frère n'était sans doute pas parfait. Mais convenez-en, il était à notre image. À l'image aussi de cette ville où nous vivons, et qui semble souvent plus encline à flatter nos bas instincts qu'à les réprimer. Je me souviens d'Antoine enfant. C'était un être pur et innocent, déterminé à faire le bien autour de lui. Le métier qu'il avait choisi, dans cette ville qui l'avait choisi, ne l'a pas vraiment aidé dans cette tâche. Mais aujourd'hui, il va enfin retrouver son créateur et cette pureté originelle que certains d'entre nous lui avons volée. Que sa mort violente, injuste, soit un avertissement à ceux d'entre nous qui en sont en partie responsables, ou à ceux qui ont dérivé encore plus loin sur les chemins glissants du péché. Beaucoup d'entre nous risquent de finir plus mal encore.

Si quelqu'un se sentit visé, personne ne le montra. Mais ce sermon ne fit rien pour relâcher la tension qui régnait autour du crématorium du cimetière Saint-Pierre. Carbone et Spirito avaient eu la décence de rester en retrait, à l'ombre de grands pins, tout comme les frères Santucci. Les Guérini n'étaient même pas venus. Bory brillait lui aussi par son absence. Tous les politiques, en revanche, défilèrent un à un pour le dernier hommage.

Le maire Henri Tasso, flanqué de Ferri-Pisani, embrassa longuement Adèle puis Octave, en l'assurant que la police faisait tout son possible pour retrouver le tueur. Le tonton ne broncha pas. Les effusions furent plus longues encore avec le bon président Buitton, ami de longue date du vieux militant. Les deux hommes se fixèrent profondément dans les yeux, comme s'ils partageaient un secret, et le maire de La Ciotat expédia de lourdes tapes amicales sur l'épaule du vieil homme, à la manière du sportif qu'il avait été. Cardella senior refusa en revanche la main tendue par Sabiani.

— Va-t'en, *u berciu*, tu n'as rien à faire ici.

— Cela t'embête sans doute, *anzianu*. Mais ton neveu était des nôtres. Non seulement c'était son droit, mais même son devoir de flic. Tu devrais être fier qu'il ait choisi la France contre le socialisme dévoyé.

— Dégage avec tes beaux discours, Sabiani. Ou je demande à mes amis de te faire partir.

Il leva les yeux en direction des Santucci, postés aux côtés de leur cousin Carbone et de ses hommes. Sabiani s'éloigna, une moue pincée aux lèvres. François Billoux lui succéda brièvement, avant de rejoindre son service d'ordre, posté bien à l'écart des gangsters qu'il combattait à longueur de colonnes dans *Rouge Midi*.

Grimal attendit que la file des amis et des notables se soit clairsemée pour venir à son tour présenter ses condoléances à Adèle. Puis il serra la lourde main de l'oncle, la maintint un moment dans la sienne et tenta d'accrocher son regard.

— Commissaire Grimal, chef de la Sûreté. Ce n'est peut-être pas le lieu, mais je suis en mesure de vous dire que nous sommes sur le point de résoudre l'enquête sur le meurtre de votre neveu. Il faudra d'ailleurs, à ce propos, que nous ayons un petit entretien.

— À propos de quoi ?

— De l'avenue Camille-Pelletan, d'un pistolet Walther, d'une confession. Et des vraies raisons pour lesquelles vous avez tiré sur Antoine. Je ne suis même pas sûr que vous les connaissiez.

Le vieux cracha par terre. Grimal s'éclipsa, laissant la place à Filori.

Antoine Cardella n'était pas un militaire. Pas un héros. Pourtant, lorsque le cercueil avança dans le brasier, les hommes de Carbone, ceux des Santucci, et même Filori sortirent leurs armes pour tirer en l'air. Le bruit des détonations ricocha sur les tombes, chassant une nuée de pigeons réfugiés dans les pins. Personne ne trouva rien à redire à ce rite funéraire.

S'il n'était maire de La Ciotat que depuis un peu plus d'un an, Victor Buitton était une des personnalités les plus populaires de la ville. Dès les années 10, il avait « prêté » de l'argent aux syndicalistes des chantiers navals pour qu'ils puissent acquérir des parts dans les Messageries maritimes, contraignant la compagnie à faire construire ses bateaux par leurs soins. Depuis, il avait su jouer de son influence comme ancien président du Sénat pour s'assurer que les commandes publiques passent par le chantier ciotadin, pourtant réputé l'un des plus chers de France. Comme il aimait à le dire, grâce à lui, en près de trente ans, aucune grève n'avait paralysé l'activité des chantiers navals. Il avait fallu l'avènement du Front populaire pour que les syndicats trahissent la confiance du « bon président » et débraient pendant près de deux mois. Cette interruption du travail l'avait renforcé dans l'unique conviction politique profonde qui l'animait : la haine des communistes. Il avait longtemps été socialiste. Il était aujourd'hui « socialiste indépendant ». Au fond, comme tout bon homme politique provençal, il roulait avant tout pour lui-même. Il était buittoniste. Son long bail au

« perchoir » avait cessé en mai dernier. Mais pour tous ici, il restait « le président ».

Les femmes adoraient son air grave, son ton docte et la barbichette rassurante qui attestait de sa longue expérience de la IIIe République et de ses nombreux postes ministériels, de la Marine marchande à l'Intérieur, sans oublier son passage éphémère à la présidence du Conseil. Les hommes appréciaient la carrure de l'ancien international de rugby, sa poignée de main franche, sa voix forte qui, lorsque les femmes avaient le dos tourné, n'hésitait pas à parler gras.

Les enfants se résignaient à laisser sa grosse paluche leur caresser la tête en les gratifiant de *pitchoun*. Le président s'en donnait à cœur joie en cet après-midi de fin décembre. C'étaient les étrennes de la Ville et les enfants des ouvriers des chantiers, comprimés dans leurs souliers vernis, prenaient leur douleur en patience en lorgnant les cadeaux alignés sous le sapin. Il avait fallu attendre les discours, les chants et les danses de l'ensemble folklorique local avant d'avoir enfin droit à la grenadine, au pain d'épice et au paquet tant convoité. Tous savaient d'ailleurs déjà de quoi il s'agissait : une jolie réplique d'un bateau fabriqué par leurs pères. Après les remises de décoration aux sportifs méritants, aux écoliers doués et aux bénévoles dévoués, la distribution put commencer et le bon président jouer les Pères Noël.

Grimal songea qu'il aurait tout aussi bien pu offrir aux têtes rarement blondes de l'assistance des copies de pistolets Walther pour jouer aux cow-boys et aux Indiens et charger ses acolytes, les Santucci, d'en apprendre le maniement aux *pitchouns*. Mais le commissaire chassa cette mauvaise pensée en s'approchant des tréteaux où débutait le traditionnel pot de l'amitié.

Buitton le repéra de loin et le détailla d'un air goguenard avant de lui tendre sa large main présidentielle.

— Commissaire Grimal ! Je n'ai pas eu l'honneur de vous féliciter en personne pour votre promotion. Vous avez des enfants scolarisés à La Ciotat ?

Grimal esquissa un sourire poli.

— Pas du tout, président, je souhaitais m'entretenir tranquillement avec vous d'une affaire délicate et je me suis dit que cette petite cérémonie pouvait en être l'occasion.

Buitton lui présenta le visage impavide sculpté par un quart de siècle au Parlement pour lui expliquer qu'il serait à son entière disposition dès qu'il en aurait fini avec ses hôtes.

— En attendant, goûtez donc ce petit vin de Cassis qui est une des fiertés de notre belle région.

La partie de cache-cache commençait.

Grimal s'exécuta et constata que le maire n'avait pas poussé la provocation jusqu'à servir l'un des crus produits par la maison Bodin, à laquelle il s'était opposé violemment quelques années plus tôt lors de la construction d'une cimenterie sur le terroir de Cassis. Le viticulteur Bodin, allié de circonstance des communistes, avait lancé une campagne farouche contre Buitton, qu'il accusait à juste titre d'avoir retourné sa veste après un rejet initial du projet en prenant des participations importantes dans cette usine. Peu importait qu'elle dénaturât le site et le village, récemment classé comme station climatique. L'affaire avait ébranlé le président de la Chambre, mais tous les recours des producteurs de vin avaient été rejetés, et aucune charge n'avait été retenue contre le roué parlementaire.

Le soir tombait, voilant les crêtes qui dominaient le port, lorsque Buitton pria Grimal de le suivre dans un bureau discret. Le président s'empara d'une bouteille de cassis et de deux ballons qu'il emporta avec eux. Il offrit un verre au commissaire et s'en servit un autre. Ils restèrent ainsi debout à observer le soir couchant par la baie vitrée, comme deux vieux associés parlant affaires en marge d'un apéritif mondain.

— Alors, mon cher, que puis-je faire pour vous ?

Grimal avala une lampée de vin blanc pour se donner de l'allant, sinon du courage.

— Comme je vous l'ai dit, c'est un peu délicat.

Il plongea la main dans la poche intérieure de son veston et en sortit la lettre de Bory, qu'il lui tendit. Buitton s'en saisit, y jeta un regard rapide, sans même prendre le temps de la lire.

— Commissaire, au rugby, nous avons deux manières de jouer. Côté ouvert et côté fermé. Je vous propose la première. La seconde est usante et son issue incertaine.

Il reposa son verre sur le bureau.

— Je connais cette lettre. Elle m'a été présentée ici même par Antoine Cardella, que nous avons accompagné avant-hier vers sa dernière demeure. Ce pauvre garçon prétendait que j'en étais le destinataire. Vous connaissez forcément la réputation louche de notre homme, dont l'oncle est pourtant un militant et un ancien policier d'une grande probité. Il a tenté de me faire chanter.

— Et alors ? Avez-vous chanté ?

Buitton se cabra d'un rire tonitruant.

— Vous voulez rire ? Rien ne démontre que cette lettre est authentique. De plus, mon nom n'y est jamais cité. Quelle preuve avait ce pauvre Cardella contre moi ? Aucune !

— Mais vous admettez que vous avez participé à cette réunion sur le plan Greber ?

L'élu se resservit, en proposa à Grimal, qui refusa d'une main levée.

— Quelle importance ? Ce plan a été rejeté. C'est un ex-plan, un projet mort-né.

— Pourtant, une poignée de retraités corses sont toujours sur les rangs pour acquérir une partie des maisons appelées à être démolies dans le cadre de ce plan.

— C'est possible. Mais je ne vois pas en quoi cela me concerne.

— Je vais vous le dire.

Revenant sur sa décision, le commissaire attrapa la bouteille et se servit à son tour.

— Je vais, si vous le permettez, vous livrer ma petite histoire et vous me direz, quand j'en aurai fini, ce que vous en pensez.

Buitton leva son verre. Ils trinquèrent.

— En 1928 ou 1929, la société Poliel et Chausson a entrepris de racheter l'ancienne cimenterie Villeneuve à Cassis et d'en construire une autre, plus grande et plus productive, sur des terres appartenant au vignoble cassidin. Comme la plupart des élus locaux, vous vous y êtes fermement opposé. Et puis, en 1931, du jour au lendemain, vous avez changé d'avis et soudainement soutenu mordicus le projet que vous aviez si ardemment combattu. Que s'est-il passé ? Eh bien, entre-temps, la municipalité marseillaise a changé. Ribot et Sabiani, qui était déjà dans la place, mais prenait encore du galon, sont arrivés aux affaires. C'est à ce moment-là que le plan Greber a été proposé et adopté en conseil municipal.

Les lèvres posées à la surface du vin, prêtes à le siroter, Buitton écoutait avec gourmandise le récit de son hôte.

— Et je pense que c'est à ce moment-là que vous avez eu l'idée ingénieuse de profiter de ce projet d'urbanisme pour lever des fonds. À mon avis, vous n'avez jamais eu en tête un enrichissement personnel, seulement le souci de financer des campagnes électorales coûteuses, surtout lorsqu'il faut assouvir l'appétit d'auxiliaires aussi voraces que vos amis les Santucci ou, pour Sabiani, Carbone et Spirito.

Le président arborait le sourire contenu des enfants pris en faute.

— Votre projet était double. D'abord, bien entendu, charger la cimenterie dont vous êtes actionnaire des travaux de démolition et de reconstruction. Mais aussi et surtout acquérir, par le biais de prête-noms, des bâtiments voués à la destruction afin de les revendre à la mairie, c'est-à-dire à vous-mêmes ou à vos amis, moyennant une jolie plus-value appelée à disparaître au passage dans les caisses de vos partis respectifs. Malheureusement pour vous, les viticulteurs de Cassis n'ont pas apprécié votre revirement et ont fait longuement campagne pour le dénoncer. Leur cause paraissait juste – vous l'aviez d'ailleurs bien défendue dans un premier temps –, mais votre influence a permis à tous les recours d'être rejetés. Quant à vous, jugé par vos pairs, vous avez su les convaincre que ce type d'opération souterraine pouvait bénéficier à tout le monde et permettre de financer discrètement des formations politiques largement discréditées par l'affaire Stavisky. Votre habileté légendaire vous a tiré d'affaire.

Ébranlé, Buitton tira vers lui l'unique fauteuil de la pièce et se laissa tomber dedans. Grimal n'avait pas terminé.

— Tout ce beau projet aurait pu se mettre en place si Sabiani n'avait pas été battu par Tasso aux municipales de l'an dernier, mettant un coup d'arrêt à toute l'opération, au moins momentanément.

Le maire se redressa sur son siège.

— En somme, tout est bien qui finit bien ! Comme Cardella, vous venez ici m'accuser de malversations qui auraient pu avoir lieu, mais qui dans les faits relèvent de la fiction. De l'imagination pure ! L'intention de commettre un délit, s'il s'avère que j'en avais une, est-elle répréhensible ? Monsieur le juge, je plaide coupable d'avoir pensé à m'enrichir par une opération frauduleuse. Vous imaginez les risques que j'encourrais devant une cour ? Aucun !

— Cette opération est loin d'être terminée, monsieur le président ! Elle est pour ainsi dire dormante. Comme vous le savez mieux que moi, même si vous allez le nier, les opérations d'achat sont en cours au profit de paisibles retraités auxquels vous envisagiez d'acheter en viager les immeubles condamnés.

Buitton se leva, opposant sa masse athlétique à la carrure voûtée du commissaire.

— Mais là encore vous fantasmez, Grimal ! Si vous trouvez trace d'un seul de ces viagers que vous évoquez, je m'engage à démissionner de tous mes postes électifs immédiatement. Mais il n'y en a pas. Aucun. Zéro. Nib. Que dalle !

Le ton était monté. Mais Grimal reprit calmement :

— Parmi ces braves vieux, tous militants à la solde de l'un des partis impliqués, il y a comme par hasard Octave Cardella, l'oncle d'Antoine, que vous connaissez de longue date. L'occasion est trop belle. Il vient à Marseille régler avec vous les détails de ces acquisitions et signer quelques papiers que je ne retrouverai pas, je le sais bien. C'est alors que vous l'informez de la dérive coupable de son neveu, de son acoquinement avec Sabiani et le crime organisé, et lui suggérez fortement qu'il doit laver son honneur et celui de la famille. Il lui faut une arme ? Il s'en procurera une auprès des Santucci, qui n'ont pas manqué, entre-temps, d'exercer des pressions auprès des propriétaires des vieux quartiers. Et même d'en assassiner. J'espère que vous l'ignorez.

Buitton bomba le torse, prêt à défendre son honneur vaille que vaille. Mais Grimal poursuivit sans tenir compte des emportements du « président » :

— De toute façon, vous ne risquez rien et eux non plus. Les corps de ces malheureux ont opportunément disparu. Et pour longtemps. Quoi qu'il en soit, les Santucci fournissent à Octave Cardella un Walther, arme qui accuse les Guérini, et l'informent que son neveu se trouvera, le soir du 16 avril, avenue Camille-Pelletan, où il effectue son habituelle tournée des locaux de campagne. Antoine est probablement allé ce soir-là fouiner auprès des deux camps pour en savoir plus sur ces acquisitions d'immeubles. Le faire abattre à cet endroit était une idée géniale puisque les soupçons vont alors se porter sur les Guérini ou sur Carbone et Spirito, laissant les Santucci tranquilles. J'avoue que c'est du grand art. Qui porte votre signature…

Buitton fit le tour du bureau et vint passer son bras puissant autour de l'épaule du commissaire.

— Vous êtes vous-même un artiste de grand talent, Grimal. Votre récit est beau comme du Jules Verne. De la fiction pure et simple. En somme, vous m'accusez d'avoir projeté une opération immobilière plus ou moins frauduleuse et d'avoir poussé un vieil homme à assassiner son neveu. Allez donc prouver tout cela ! Je vous souhaite bien du plaisir. En attendant, si vous le permettez, je vais y aller. Nous avons tous les deux des emplois du temps trop chargés pour nous autoriser à nous raconter ainsi des fables. Merci de votre visite, commissaire. Et au plaisir !

Il le raccompagna fermement vers la sortie. La mairie était déserte. Seul un planton de faction les salua avec déférence. Sur le perron, remontant son col, Grimal se retourna vers son hôte.

— Je sais parfaitement, président, que je ne peux rien démontrer. Mais il fallait que vous sachiez que je sais. Et que, désormais, je ne vous lâcherai plus d'une semelle. Au moindre faux pas, je vous aurai. Je vous le promets.

Buitton se caressa la barbiche et fixa le flic avec morgue.

— Commissaire, j'adore les défis. Et le combat. À bientôt, alors.

Une légère bruine se mit à tomber lorsque le patron de la Sûreté rejoignit son chauffeur au café de la gare. Il la sentait qui montait doucement, sa bonne vieille colère. Il ne lutta pas pour la refréner. Son poing partit tout seul percuter le volet d'une maison. Ses doigts le firent souffrir tout le chemin du retour.

88

Le père Cardella se rendit à la convocation de Grimal. Un curé à l'Évêché, c'était paradoxalement inhabituel. Il ressemblait à son frère, en plus massif. Les traits plus rugueux aussi. Il aurait peut-être fait un meilleur policier. Allez savoir... Le rejet de sa vocation par ses proches, la brouille qui en avait résulté étaient peut-être la cause de tout. Antoine s'était sans doute senti obligé d'entrer dans la police par tradition familiale. Peut-être n'était-il pas fait pour ça. Y avait-il des vocations policières ? Grimal en doutait, même s'il adorait son métier. Et voilà qu'il allait se muer en confesseur et tenter de pousser un peu plus loin la trahison d'un homme envers les siens. Le prêtre le détrompa.

— Je ne peux, en tout état de cause, rien vous rapporter de ce que m'a dit mon oncle, puisqu'il s'est confié à moi sous le sceau de la confession.

— Nous avons entendu votre oncle.

— Et que vous a-t-il dit ?

— Rien. Une tombe. Et c'est sans doute là qu'il emportera son secret. Ce n'est pas très grave. Nous savons qu'il a tué votre frère. Malheureusement, nous n'avons ni preuve ni témoin, puisque vous refusez d'en être un.

— Je ne le refuse pas. C'est à Dieu que mon oncle s'est confié. Et c'est le Seigneur qui décidera de son sort. Je ne peux rien faire d'autre, même si je comprends votre embarras.

C'était pour un flic le pire des crève-cœur que de connaître l'identité d'un coupable et de ne pouvoir le confondre. Octave Cardella n'avait rien avoué, Pichotte refusait de témoigner, il n'y avait pas d'arme, pas d'empreinte. Rien qui puisse incriminer le vieil homme. Il se trouvait bien à Marseille le soir du crime, mais cela n'était pas un motif suffisant pour l'inculper. Ils avaient recherché le bambin qui s'était confié à Raoul. En vain. Après tout, Grimal s'en moquait. Pour lui, les vrais coupables étaient Buitton et les Santucci. Il ressentait la même rage impuissante qu'Antoine après l'assassinat de Carini. Xavier avait désapprouvé sa visite à La Ciotat, persuadé que son patron s'était mis en danger de mort en allant ainsi défier « le président ».

— S'ils ont tué Cardella, ils n'hésiteront pas à t'abattre.

Grimal avait pouffé. Il croyait en son étoile et restait convaincu, à tort sans doute, que l'on n'assassinait pas le chef de la Sûreté. Et puis il y avait d'autres moyens de neutraliser un policier. L'avancement. La mutation. Bory en savait quelque chose. Pour se couvrir, le commissaire avait envoyé un rapport à Moitessier. Il y aurait quelque part une trace officielle de ses soupçons. Buitton était de toute façon trop malin pour s'en prendre à lui directement.

Le père Cardella pouvait en revanche leur parler de sa conversation avec Antoine peu de temps avant l'agression.

— Il est venu pour tenter de me convaincre d'agir contre la démolition des vieux quartiers. Il prétendait que cette destruction était imminente, que ni les politiques ni la police ne feraient rien pour l'éviter. Que des dizaines de milliers de personnes allaient être jetées à la rue comme lors de la construction de la rue de la République et le creusement de la butte des Carmes. Il disait qu'on écouterait un prêtre.

— Que lui avez-vous répondu ?

— Qu'il dramatisait. Que je n'avais entendu parler de rien. Qu'il serait temps d'agir le jour venu. Mais il était survolté. Comme si cette cause perdue était sa rédemption. J'ai eu l'impression qu'il venait chercher auprès de moi une approbation, un soutien.

— On me dit que vous vous êtes querellés ?

Le curé soupira.

— Il s'emportait, il était hors de lui. Je vous le dis, il venait chercher auprès de moi une caution morale. J'ai eu l'impression qu'il espérait trouver son salut dans cette croisade. Il m'a hurlé dessus, affirmant que puisque je ne voulais rien faire, il allait s'en prendre directement aux responsables.

— A-t-il cité des noms ?

— Oui, Ferri-Pisani, Sabiani. Il m'a dit qu'il allait les voir et leur montrer une certaine lettre qui, selon lui, expliquait tout. Je l'ai dissuadé de le faire.

Le prêtre s'étrangla.

— Mais je sais aujourd'hui qu'il y est allé.

— Vous paraissait-il dans son état normal ?

— Je ne crois pas, non. Il sentait le pastis. Je... J'ai eu l'impression qu'il voulait se jeter sciemment dans la gueule du loup. Courir au front, si vous voulez, avec l'espoir d'être touché. Je sais bien que ce ne sont pas ces hommes qui l'ont tué. Le coup est venu d'ailleurs. Mais je suis aussi intimement convaincu qu'Antoine voulait en finir. Dans une certaine mesure, celui qui l'a abattu l'a soulagé.

Xavier, qui écoutait sans mot dire, se dressa.

— Vous n'avez pas étudié chez les jésuites, vous ? Bientôt, vous allez nous sanctifier le vieil Octave et justifier son geste !

— Je sais que vous comprenez ce que je veux dire. La main qui l'a tué n'a fait que servir la volonté de ces hommes. Ils l'ont guidée. Ils ont pour ainsi dire attiré mon frère dans un guet-apens. Antoine a fini par gêner parce qu'il était prêt à rompre la loi du silence. À sortir du jeu. Et cela, Marseille ne le tolère pas. Si vous ne marchez pas ou plus dans ses combines, elle vous broie.

Filori haussa les épaules et pensa appeler Pichotte pour lui suggérer un titre : *Le gardien de la paix Cardella s'est suicidé d'une balle dans le dos.*

ÉPILOGUE

Le tramway s'immobilisa aux Cinq-Avenues. Adèle leva les yeux de son journal. Cela faisait presque deux ans qu'elle travaillait au Cancan et qu'elle effectuait le trajet en tram. Cet arrêt inopiné bousculait la routine. Le machiniste cria qu'il n'allait pas plus loin.

— Il y a un incendie sur la Canebière ! Tout est bouché.

Tous les passagers descendirent en grommelant. Un qui savait mieux que les autres assurait que les Nouvelles Galeries étaient en flammes et qu'il y avait des morts. Une intense odeur de brûlé se glissait entre les rafales d'un mistral violent. Ce n'étaient pas les effluves agréables d'un gril ou d'une rôtisserie, mais un fumet âcre, entêtant, qui agressait les narines, attaquait la gorge. Adèle prit le boulevard Longchamp, qui filait vers les Réformés et le haut de la Canebière. Il était un peu moins de quinze heures et elle n'était pas en retard. Elle avait juste prévu de mettre un peu d'ordre avant le week-end. Le mistral et le froid attiraient le client. À mi-chemin du boulevard, la fumée se faisait plus dense. Des passants se hâtaient de remonter, fuyant le brasier.

Faites demi-tour, lui conseilla une vieille. C'est un carnage là-bas.

Adèle poursuivit son chemin. La rue Sénac était à plus de trois cents mètres du grand magasin. Que risquait-elle ? Ce n'est que parvenue en haut des Allées, où s'attroupaient des centaines de curieux, qu'elle prit vraiment conscience de l'ampleur de la catastrophe. Les Nouvelles Galeries n'étaient plus qu'une boule de feu, de poussière et de fumée qui projetait encore des morceaux de vitre et de ferraille. Des sirènes de pompiers résonnaient aux quatre coins de la ville, faisant écho aux gémissements des victimes coincées dans la carcasse de fer forgé. Elle se mêla à la foule, fascinée par cette vision de l'enfer. Elle sentit les larmes monter, ne chercha pas à les retenir. Voilà longtemps qu'elle n'avait plus pensé à Antoine. Et voilà qu'elle revoyait le cercueil avancer inexorablement dans la bouche incandescente du four crématoire. Elle eut l'impression que c'était Marseille, cette fois, qu'on incinérait.

L'éditeur de cet ouvrage s'engage dans une démarche
de certification FSC® qui contribue à la préservation
des forêts pour les générations futures.

Pour en savoir plus :
www.editis.com/engagement-rse/

10/18 – 92 avenue de France, 75013 PARIS

Imprimé en France par CPI

N° d'impression : 2066041
Suite du premier tirage : juillet 2022
X07403/06